古典文獻研究輯刊

三五編

潘美月・杜潔祥 主編

第 18 冊

王陽明詩集編年校注（上）

趙 永 剛 著

國家圖書館出版品預行編目資料

王陽明詩集編年校注（上）／趙永剛 著 -- 初版 -- 新北市：
花木蘭文化事業有限公司，2022〔民 111 〕
目 18+230 面；19×26 公分
（古典文獻研究輯刊 三五編；第 18 冊）
ISBN 978-626-344-120-0（精裝）
1.CST：（明）王守仁 2.CST：中國詩 3.CST：作品集
011.08   111010309

ISBN-978-626-344-120-0

古典文獻研究輯刊
三五編　第十八冊　　　　　　ISBN：978-626-344-120-0

王陽明詩集編年校注（上）

作　　者　趙永剛
主　　編　潘美月、杜潔祥
總 編 輯　杜潔祥
副總編輯　楊嘉樂
編輯主任　許郁翎
編　　輯　張雅淋、潘玟靜、劉子瑄　美術編輯　陳逸婷
出　　版　花木蘭文化事業有限公司
發 行 人　高小娟
聯絡地址　235 新北市中和區中安街七二號十三樓
　　　　　電話：02-2923-1455 ／傳真：02-2923-1452
網　　址　http://www.huamulan.tw 信箱 service@huamulans.com
印　　刷　普羅文化出版廣告事業
初　　版　2022 年 9 月
定　　價　三五編 39 冊（精裝）新台幣 98,000 元　　　版權所有・請勿翻印

王陽明詩集編年校注（上）

趙永剛 著

作者簡介

趙永剛，山東鄒城市人。2011 年，畢業於南京大學文學院，獲文學博士學位。現為貴州大學文學與傳媒學院副教授、副院長、中國古代文學專業碩士生導師、中國古典文獻學專業碩士生導師、貴州大學學術骨幹、貴州省社科聯新型智庫專家。學術兼職：貴州省紅樓夢研究學會副會長、北京曹雪芹學會理事、中華詩教學會理事、貴州省儒學研究學會常務理事。出版學術專著《杭世駿年譜》《清代文學文獻學論稿》《中國古代文學傳習錄》《王陽明年譜輯存》等。

提　　要

　　本書是 2016 年度貴州省哲學社會科學規劃國學單列課結項（2021 年結項）成果，是目前學界最早的王陽明詩歌編年校注之作。本書以現存王陽明詩歌為研究對象，對其施以詳實之編年校注。本書主體分為四個部分，即前言、凡例、正文和參考文獻。校注部分為本書之主幹，主要包括編年、校注、著錄三項。採用詩史互證之考據方法，結合王陽明生平及所處之時代，對其詩歌進行編年。校注由校勘與注釋兩者構成。校勘部分採用對校、理校等基本校勘方法，廣泛收集王陽明詩歌之不同版本，去偽存真，擇善而從，進行文本校勘。注釋部分，既注釋疑難字句，又注釋典故出處。且典故注釋古典與今典並重，通過查閱《明實錄》《明史》《明通鑒》《明史紀事本末》等史料，考證王陽明詩歌之本事。著錄部分，詳列文學選本、地方志書對王陽明詩歌著錄信息，以資呈現後世對王陽明詩歌之接受樣態。

貴州省哲學社會科學規劃
國學單列課題成果

目

次

下 冊

前　言

一

　　王守仁（1472～1529），字伯安，號陽明，後世尊稱為陽明先生，浙江餘姚人。祖籍瑯琊，晉光祿大夫王覽之後。王陽明家族世代書香，父王華成化十七年狀元及第，官至南京吏部尚書。陽明生於成化八年九月三十日，陽明幼年時期，王華為生計長期在外坐館，陽明的教育之責就落在了祖父王天敘身上。陽明十一歲時，王天敘攜之入京，路過金山寺，作詩兩首，這是王陽明第一次表現出超邁的詩學才華，錢德洪《陽明先生年譜》載其事曰：

> 龍山公迎養竹軒翁，因攜先生如京師，先生年才十一。翁過金山寺，與客酒酣，擬賦詩，未成。先生從傍賦曰：「金山一點大如拳，打破維揚水底。天醉倚妙高臺上月，玉簫吹徹洞龍眠。」客大驚異。復命賦蔽月山房詩，先生隨口應曰：「山近月遠覺月小，便道此山大於月。若人有眼大如天，還見山小月更闊。」〔註1〕

　　陽明十一歲時還立下了「讀書學聖賢」的第一等志向，只是陽明少年狂放，這種志向並不十分堅定，正如其好友湛若水《陽明先生墓志銘》所歸納的那樣，陽明經歷了五次陷溺，湛若水曰：

> 初溺於任俠之習，再溺於騎射之習，三溺於辭章之習，四溺於神仙之習，五溺於佛氏之習。正德丙寅，始歸正於聖賢之學。〔註2〕

〔註1〕〔明〕王守仁撰，吳光、錢明、董平、姚延福編校《王陽明全集》，上海古籍出版社，2018年版，第1346頁。

〔註2〕〔明〕王守仁撰，吳光、錢明、董平、姚延福編校《王陽明全集》，第1538～1539頁。

—1—

　　弘治五年（1492），王陽明舉浙江鄉試。弘治十二年，舉南宮第二人，賜二甲進士出身，觀政工部。此後三四年時間，王陽明的主要精力幾乎都集中在詩文創作上，如黃綰《陽明先生行狀》曰：

　　　　與太原喬宇，廣信汪俊，河南李夢陽、何景明、姑蘇顧璘、徐禎卿，山東邊貢諸公以才名爭馳騁，學古詩文。〔註3〕

　　弘治十三年，授刑部雲南清吏司主事。弘治十七年（1504），主考山東鄉試，本年九月，改授兵部武選清吏司主事。在父親的庇護與個人努力下，王陽明的仕途本該十分順暢，可是正德元年的一場黨爭，徹底改變了王陽明的人生軌跡。

　　正德元年（1506），宦官劉瑾專權，在戶部尚書韓文的帶領下，外朝官員紛紛彈劾以劉瑾為首的八位權奸——「八虎」，外朝官員有內閣三老劉健、謝遷、李東陽等人的支持，看似佔據極大優勢，未曾想劉瑾等扭轉政局，黨爭以外朝官員失敗而告終。王陽明為營救南京科道戴銑、薄彥徽等，觸怒劉瑾，被庭杖囚禁，出獄後被貶謫為貴州龍場驛丞。

　　在龍場兩年多，王陽明克服了種種困境，不僅頑強地生存下來，還以書信形式遏制了貴州宣慰使安貴榮的謀逆計劃，為當地政治事業做出貢獻。另外，王陽明在龍場徹悟了格物致知學說，創造性地提出心即理、知行合一的劃時代理論，史稱龍場悟道。王陽明還應貴州提學副使席書之邀，出任貴陽文明書院教職，培養了一批傑出門生，後世將其稱之為黔中王門。

　　劉瑾以謀逆罪被處死之後，王陽明得到平反。正德五年（1510），陞廬陵知縣；本年十二月，陞南京刑部四川清吏司主事。正德六年（1511）正月，調吏部驗封清吏司主事；十月，陞文選清吏司員外郎。正德七年（1512）三月，陞考功清吏司郎中；十二月，陞南京太僕寺少卿。正德九年四月，陞南京鴻臚寺卿。正德十一年（1516）九月，在兵部尚書王瓊的薦舉之下，陞督察院左僉都御史，巡撫南、贛、汀、漳等處。之後兩年，先後平定漳州、橫水、桶岡、大帽、浰頭等土匪叛亂，江西數十年的匪患，被王陽明徹底解決，王陽明軍事家的身份傳播遠近，正如《明史・王守仁傳》所言：

　　　　初，朝議賊勢強，發廣東、湖廣兵合勦。守仁上疏止之，不及。桶岡既滅，湖廣兵始至。及平浰頭，廣東尚未承檄。守仁所將皆文

〔註3〕〔明〕王守仁撰，吳光、錢明、董平、姚延福編校《王陽明全集》，第1556頁。

吏及偏裨小校，平數十年巨寇，遠近驚為神。〔註4〕

正德十三年（1518）六月，陞督察院右副都御史。正德十四年六月，命勘福建叛軍。行至江西豐城縣，寧王朱宸濠謀反。王陽明急忙返回吉安，與伍文定等徵調兵馬，巧妙採用反間計，離間朱宸濠與謀士之間的關係，迫使朱宸濠短期不敢離開南昌，為平定叛亂爭取了時間。待朱宸濠發兵東下之時，以精銳之兵，攻其不備，一舉攻克朱宸濠老巢南昌。朱宸濠回軍搶奪南昌，王陽明又在鄱陽湖主動出擊，以高超的謀略和戰術生擒朱宸濠，平定了這場叛亂，距離朱宸濠謀反之日僅用了三十五天，這是明代軍事史上的奇跡，誠如《明史·王守仁傳》所言：

> 王守仁始以直節著。比任疆事，提弱卒，從諸書生掃積年逋寇，平定孽藩。終明之世，文臣用兵制勝，未有如守仁者也。當危疑之際，神明愈定，智慮無遺，雖由天資高，其亦有得於中者歟！〔註5〕

禍福相依，平定寧王叛亂，王陽明也被置於極為危險的境地。明武宗好大喜功，差安邊伯許泰為總督軍務充總兵官，平虜伯江彬為提督等官，明武宗自稱總督軍務威武大將軍總兵官後軍都督府太師鎮國公，統領大軍往江西親征。行至中途，王陽明捷報已至。這位荒唐的明武宗竟然拒絕接受獻俘，命令王陽明將朱宸濠釋放，待其大軍到達之後，再捉一次。明武宗視軍國大事等同兒戲，王陽明拒不執行明武宗的荒唐決議，堅持獻俘，這就激怒了明武宗。另外，江彬、許泰也費盡心機攘奪王陽明之功勞為己有，整日在明武宗面前詆毀王陽明，誣陷王陽明與寧王夥同謀反，時機不順，王陽明才倒戈。這種誣陷不僅使得王陽明難以獲取封賞，一旦坐實，甚至還有抄家滅門的危險。王陽明通過忠良內侍張永向明武宗詳陳事情原委始末，並將朱宸濠交於張永，張永再獻給明武宗，經過張永的幾番從中斡旋，王陽明的冤情上達天聽，明武宗才洞悉其情。明武宗乃命王陽明重上江西捷音疏，王陽明改易前疏，稱平定寧王叛亂都是奉威武大將軍方略，並且把許泰、江彬等佞倖之人列入疏中，此事才得以平息。

明世宗繼位，召王陽明入朝受封，內閣大學士楊廷和嫉妒王陽明功勛，以各種理由阻礙王陽明進京面聖，因拜王陽明南京兵部尚書。經歷了寧王叛

〔註4〕〔清〕張廷玉等撰《明史》，中華書局，1974 年版，第 5162 頁。
〔註5〕〔清〕張廷玉等撰《明史》，第 5170 頁。

亂之後，官場的傾軋令王陽明寒心不已，王陽明決定歸省家人，居鄉授徒講學，再不出仕為官，所以也就沒有去南京赴任，而是返回故里。明世宗論江西功勞，特進王陽明為光祿大夫、柱國、新建伯。

王陽明在家賦閒六年，期間很多官員多次舉薦王陽明入閣參讚機務，又被大學士楊一清等阻撓，未能實現。嘉靖六年（1527），廣西思恩、田州土司盧蘇、王受謀反，總督姚鏌平叛不力，被革職。明世宗命王陽明以原官兼左都御史，總督兩廣兼巡撫。此時王陽明已是五十六歲，多病纏身，極為虛弱，且厭倦了官場爭鬥，多次上疏懇辭，未能獲允。只好拖著纏綿病體勉強上道，抵達廣西之後，很順利地平定了叛亂。王陽明的病情也非常危重，疏乞骸骨，舉鄖陽巡撫林富自代，行至江西南安，溘然病逝，年五十七歲。

隆慶初年，贈新建侯，謚文成。萬曆年間，詔從祀孔廟，稱先儒王子。

王陽明是立德、立言、立功真三不朽的奇偉之士，其心學思想廣為人知，事功方面的研究也有諸多關注，可是王陽明在文學方面的成就，尤其是詩歌方面的成就，關注比較少。然而，王陽明詩歌卻有著非常重要的價值，值得深入研究。

二

關於王陽明的文學道路，青少年時期，王陽明受其祖父王天敘的影響比較大。關於王天敘的生平及文學成就，**魏瀚**《竹軒先生傳》曰：

> 先生名倫，字天敘，以字行。性愛竹，所居軒外環植之，日嘯詠其間。視紛華勢利，泊如也。客有造竹所者，輒指告之曰：「此吾直諒多聞之友，何可一日相舍耶？」學者因稱曰竹軒先生。……於書無所不讀，而尤好觀《儀禮》《左氏傳》、司馬遷《史》。雅善鼓琴，每風月清朗，則焚香操弄數曲。弄罷，復歌古詩詞，而使子弟和之。識者謂其胸次灑落，方之陶靖節、林和靖，無不及焉。……先生容貌瓌偉，細目美髯。與人交際，和樂之氣，藹然可掬。而對門人弟子，則矩範嚴肅，凜乎不可犯。為文章好簡古而厭浮靡，賦詩援筆立就，若不介意，而亦未嘗逸於法律之外。所著有《竹軒稿》及《江湖雜稿》若干卷，藏於家。〔註6〕

根據上文記載，有三點值得注意：

〔註6〕〔明〕王守仁撰，吳光、錢明、董平、姚延福編校《王陽明全集》，第1530頁。

第一，王天敍篤好陶潛、林逋的胸次人品、道德文章，王陽明很多詩歌受陶潛影響很深，無疑是與王天敍不無關聯。

第二，王天敍雅好彈琴賦詩，一門之內，詩詞賡和，王陽明長期浸潤在此氛圍中，奠定對詩歌的篤好之情與最初記憶，如錢德洪《陽明先生年譜》記載，王陽明五歲能夠記誦一些詩書名句，乃是由於王天敍平日之吟詠，其文曰：

> 先生五歲不言。一日與群兒嬉，有神僧過之，曰：「好箇孩兒，可惜道破。」竹軒公悟，更今名，即能言。一日誦竹軒公所嘗讀過書，訝問之，曰：「聞祖讀時已默記矣。」〔註7〕

第三，王天敍的寫詩態度率性自然，不拘泥於格律聲色，又未嘗逸出法度之外，王陽明很多詩歌也是如此，看似脫口而出，實則渾然天成。如《憶龍泉山》詩曰：

> 我愛龍泉寺，寺僧頗疎野。盡日坐井欄，有時臥松下。
>
> 一夕別山雲，三年走車馬。愧殺巖下泉，朝夕自清瀉。

如前文所述，王陽明十一歲金山寺的兩首詩已經看出他在詩學方面的天賦。二十一歲中舉以後，為了應付之後的進士考試，在辭章方面下了很多工夫，也曾在龍泉山結詩社，與里中前輩魏瀚等賦詩聯句，其傑出的詩學才華頗受魏瀚稱譽，錢德洪《陽明先生年譜》載其事曰：

> 五年壬子，先生二十一歲，在越，舉浙江鄉試。……是年為宋儒格物之學。先生始侍龍山公於京師，徧求考亭遺書讀之。一日，思先儒謂「眾物必有表裏精粗，一草一木，皆涵至理」，官署中多竹，即取竹格之；沉思其理不得，遂遇疾。先生自委聖賢有分，乃隨世就辭章之學。明年春，會試下第。……歸餘姚，結詩社龍泉山寺。致仕方伯魏瀚平時以雄才自放，與先生登龍山，對奕聯詩，有佳句輒為先生得之，乃謝曰：「老夫當退數舍。」〔註8〕

在論述到王陽明的成學歷程時，一般都會提到王陽明早年篤好辭章的經歷，如陽明弟子黃綰《陽明先生行狀》所言：

> 公生而天資絕倫，讀書過目成誦。少喜任俠，長好詞章、仙

〔註7〕〔明〕王守仁撰，吳光、錢明、董平、姚延福編校《王陽明全集》，第1346頁。

〔註8〕〔明〕王守仁撰，吳光、錢明、董平、姚延福編校《王陽明全集》，第1348～1349頁。

釋，既而以斯道為已任，以聖人為必可學而至。實心改過，以去已
之疵；奮不顧身，以當天下之難。〔註9〕

湛若水在《陽明先生墓誌銘》中歸納經歷王陽明了五次陷溺之後，在
「正德丙寅，始歸正於聖賢之學」，正德丙寅是正德元年，經過劉瑾的迫害之
後，王陽明反而更加篤定了儒家信仰。在此之後，王陽明主要精力集中於儒
家典籍的研讀，授徒講學，學為聖賢，王陽明本人也更願意以儒者的身份示
人，而不單是一位詩人。王陽明認為聖賢事業是根本，而詩詞辭章之學乃是
末節，聖賢事業是第一義的，辭章之學應該在聖賢事業的統轄之下，而不能
反其道而行之。王陽明在《示諸生三首》其二中申發其意，其詩曰：

> 人人有路透長安，坦坦平平一直看。
>
> 盡道聖賢須有秘，翻嫌易簡卻求難。
>
> 只從孝弟為堯舜，莫把辭章學柳韓。
>
> 不信自家原具足，請君隨事反身觀。

對於學生是如此教育，對於家中子姪亦是如此。正德十六年（1521），王
陽明功成身退，居家講學，對其子王正憲的教育更為集中全面。嘉靖六年
（1527）春末夏初，王陽明在王正憲的扇子上題詩一首，詩題為《書扇示正
憲》，這是一首誡子詩，其詩曰：

> 汝自冬春來，頗解學文義。吾心豈不喜？顧此枝葉事。
>
> 如樹不植根，暫榮終必瘁。植根可如何？願汝且立志。

本年王正憲十四歲，方才粗通文義，足見其天資不高，並非少年早慧之
人。知子莫若父，王陽明對王正憲的資質早有洞察。早在正德十二年（1517），
王陽明在《與徐曰仁書》中說：「正憲讀書極拙，今亦不能以此相望，得渠稍
知孝弟，不汲汲為利，僅守門戶是矣。」王正憲本人卻不這麼認為，初生牛犢
不怕虎，粗通文義的王正憲竟然提出出試的請求，欲在考場上一展才華。對
於王正憲的請求，王陽明的態度是聽之任之，不勸不阻，成則固然可喜，敗
亦在常理之中，畢竟王正憲此時「本領未備」。王陽明在《寄正憲男手墨·書
五》中說：「守悌叔書來，云汝欲出應試。但汝本領未備，恐成虛願。汝近來
學業所進吾不知，汝自量度而行，吾不阻汝，亦不強汝也。」

王陽明在題詩中說，王正憲粗通文義，作為父親自然是高興的。但是王
正憲也不必以此為傲，在王陽明看來，能解文義，只不過是枝葉之事，於立

〔註9〕〔明〕王守仁撰，吳光、錢明、董平、姚延福編校《王陽明全集》，第1580頁。

身而言，並非根本。譬如種樹，如果斤斤於枝葉，而不是培植根本，輕重不分，本末倒置，即使有枝葉暫時的光鮮亮麗，終究難免枯萎凋零的命運。種樹如此，人生依然。那麼立身處世，應當如何培植根本呢，一言以蔽之，唯有立志二字，而且此志並非尋常意義的志向，而是儒家聖賢之志。

後世論者往往都說王陽明的詩歌聲名被其心學聲名所遮蔽，如果追溯其源頭的話，這種遮蔽的始作俑者不是別人，正是王陽明自己。王陽明重道輕文的態度雖然沒有二程那樣嚴重，可是在王陽明看來，與聖賢事業相比，文學尤其是詩歌，並不佔據第一義的地位。然而奇怪的是，王陽明對於詩歌可謂是屢屢批評之，而又屢屢創作之，目前遺存下來的詩作還有七百餘首，數量不可謂不多，其水平也不可謂不高。

三

關於王陽明詩歌的詩學淵源，或者說王陽明學習宗奉的詩學典範，隨著個人遭遇的變化，以及詩歌創作的需要，王陽明也是轉益多師的。王陽明的農事詩主要學習陶潛，貶謫龍場期間，為了解決生活問題，尤其是糧食問題，王陽明親耕壟畝，創作了大量農事詩，這些詩作中明顯有陶潛的影子。當然，王陽明作為哲學家，在農事詩中植入了諸多哲理，一定程度上開拓了農事詩的邊界。

如《謫居糧絕請學於農將田南山永言寄懷》詩曰：

> 謫居屢在陳，從者有慍見。山荒聊可田，錢鎛還易辦。
> 夷俗多火耕，仿習亦頗便。及茲春未深，數畝猶足佃。
> 豈徒實口腹，且以理荒宴。遺穗及鳥雀，貧寡發餘羨。
> 出来在明晨，山寒易霜霰。

王陽明以孔子在陳絕糧寬慰自己，至聖孔子尚且有此磨難，自己的絕糧就權且當作通往聖賢之路的一種歷練吧。王陽明就帶著僕人在龍場開荒，簡單購置了一些農具。當地還是刀耕火種的老傳統，耕作技術並不複雜，學習起來還比較方便。時間還沒到暮春，沒有錯過耕種季節。幾畝荒田，收成之後，口糧就有了，盈餘的部分，還可以釀點酒，搞個小宴會。再多餘的糧食，周濟一下更為窮困的百姓，稻穗也可以餵餵鳥雀等。孔子、孟子沒有躬耕壟畝的經驗，對於農事也有輕鄙之意。古代中國耕讀持家傳統的形成不會太早，當然也不會晚於陶潛。陶潛的耕作經驗是詩人型的，王陽明的耕作則是哲人

型，儘管我們也不否認陶潛農事詩的哲理趣味，就好像我們同樣重視王陽明農事詩的文學價值那樣。

關於王陽明農事詩的哲理意味，以《觀稼》為例：

> 下田既宜稌，高田亦宜稷。種蔬須土疏，種蕷須土濕。
>
> 寒多不實秀，暑多有螟螣。去草不厭頻，耘禾不厭密。
>
> 物理既可玩，化機還默識。即是參贊功，毋為輕稼穡。

高處的田應該種什麼，低處的田應該種什麼；種植蔬菜需要何種土，種植山蕷需要何種土。諸如此類，種田要順應田土的本性，也要順應作物的習性，都不是人力安排所能主觀決定的。王陽明從細碎繁重的農事勞動中，體悟到事物運行的必然規律，以及天地創生萬物的天然化機。這些見識，在之前的農事詩史上，是很少看到的。

王陽明詩歌主要的師法對象還是唐詩，王陽明詩集中保留了很多用唐韻的例子，如《夏日登易氏萬卷樓用唐韻》：

> 高樓六月自生寒，沓嶂廻峰擁碧闌。
>
> 久客已忘非故土，此身兼喜是閒官。
>
> 幽花傍晚煙初暝，深樹新晴雨未乾。
>
> 極目海天家萬里，風塵關塞欲歸難。

此詩用的就是唐人岑參《和賈至早朝大明宮》韻，其詩曰：

> 雞鳴紫陌曙光寒，鶯囀皇州春色闌。
>
> 金闕曉鐘開萬戶，玉階仙仗擁千官。
>
> 花迎劍珮星初落，柳拂旌旗露未乾。
>
> 獨有鳳凰池上客，陽春一曲和皆難。

又如，《再試諸生用唐韻》詩曰：

> 天涯猶未隔年回，何處嚴光有釣臺？
>
> 樽酒可憐人獨遠，封書空有雁飛來。
>
> 漸驚雪色頭顱改，莫漫風情笑口開。
>
> 遙想陽明舊詩石，春來應自長莓苔。

此詩用唐人許渾《凌歊臺》韻，其詩曰：

> 宋祖凌高樂未回，三千歌舞宿層臺。
>
> 湘潭雲盡暮山出，巴蜀雪消春水來。
>
> 行殿有基荒薺合，寢園無主野棠開。

百年便作萬年計，亞畔古碑空綠苔。

再如，《春日遊齊山寺用杜牧之韻二首》其一曰：

即看花發又花飛，空向花前嘆式微。

自笑半生行腳過，何人未老乞身歸。

江頭鼓角翻春浪，雲外旌旗閃落暉。

羡殺山中麋鹿伴，千金難買芰荷衣。

其二曰：

倦鳥投枝已亂飛，林間暝色漸霏微。

春山日暮成孤坐，遊子天涯正憶歸。

古洞濕雲含宿雨，碧溪明月弄清暉。

桃花不管人間事，只笑山人未拂衣。

這兩首詩用的是杜牧《九日齊山登高》韻，其詩曰：

江涵秋影雁初飛，與客攜壺上翠微。

塵世難逢開口笑，菊花須插滿頭歸。

但將酩酊酬佳節，不用登臨歎落暉。

古往今來只如此，牛山何必淚霑衣。

　　通過以上舉例，不難看出唐代詩人岑參、杜牧、許渾等詩人對王陽明的影響。通觀王陽明的詩作，可以發現，王陽明詩歌受李白和杜甫的影響最大，可以說王陽明早期的詩歌受李白影響，歸正儒學之途以後，主要受杜甫的影響。

　　王陽明早期詩歌，尤其是三十歲前後寫於九華山的諸多詩歌，均受李白的影響。根據錢德洪《陽明先生年譜》記載：

十有四年辛酉，先生三十歲，在京師。奉命審錄江北。先生錄囚多所平反。事峻，遂遊九華，作《遊九華賦》，宿無相、化城諸寺。〔註10〕

　　天寶十三載（754），李白遊青陽，改九子山為九華山，有《望九華山贈青陽韋仲堪》《九華山聯句》等詩。王陽明遊覽了李白遺跡，留下很多詩篇，在詩中表現出對李白的無限敬仰之情，如《李白祠二首》其一曰：

千古人豪去，空山尚有祠。竹深荒舊徑，蘚合失殘碑。

雲雨羅文藻，溪泉繫夢思。老僧殊未解，猶自索題詩。

〔註10〕〔明〕王守仁撰，吳光、錢明、董平、姚延福編校《王陽明全集》，第 1350 頁。

其二曰：

謫仙棲隱地，千載尚高風。雲散九峰雨，巖飛百丈虹。

寺僧傳舊事，詞客弔遺蹤。回首蒼茫外，青山感慨中。

此時王陽明仰慕李白，一方面是被李白的超凡脫俗的詩才所震懾，這是文學方面的原因；另一方面是思想的相似性，此時王陽明醉心於神仙道教〔註11〕，與李白在思想上有一致性，王陽明詩文中流露出對仙界的嚮往之情，如《九華山賦》曰：

蓬壺之藐藐兮，列仙之所逃兮，九華之矯矯兮，吾將於此巢兮。匪塵心之足攬兮，念鞠育之劬勞兮。苟初心之可紹兮，永矢弗撓兮。

雖然王陽明三十一歲就漸漸覺悟到神仙養生之說的弊端，可是始終未能忘情於此道，三十三歲主考山東鄉試事畢，遊覽東岳泰山，所作詩歌仍有對神仙世界的渴望，如《登泰山五首》其一曰：

曉登泰山道，行行入煙霏。陽光散巖壑，秋容淡相輝。

雲梯掛青壁，仰見蛛絲微。長風吹海色，飄颻送天衣。

峰頂動笙樂，青童兩相依。振衣將往從，凌雲忽高飛。

揮手若相待，丹霞閟餘暉。凡軀無健羽，悵望未能歸。

正德元年，王陽明歸正於儒家學說，這對於王陽明來說，是一次非常重

〔註11〕錢德洪《陽明先生年譜》多次記載王陽明早年篤好道教的事跡，如十七歲時，《年譜》曰：「孝宗弘治元年戊申，先生十七歲。在越，七月親迎夫人諸氏於洪都。合卺之日，偶閒行入鐵柱宮，遇道士趺坐一榻，即而叩之，因聞養生之說，遂相與對坐忘歸。諸公遣人追之，次早始還。」三十歲時，《年譜》曰：「十有四年辛酉，先生三十歲，在京師。……是時道者蔡蓬頭善談仙，待以客禮。請問。蔡曰：『尚未。』有頃，屏左右，引至後亭，再拜請問。蔡曰：『尚未。』問至再三，蔡曰：『汝後堂後亭禮雖隆，終不忘官相。』一笑而別。聞地藏洞有異人，坐臥松毛，不火食，歷巖險訪之。正熟睡，先生坐傍撫其足。有頃醒，驚曰：『路險何得至此！』因論最上乘曰：『周濂溪、程明道是儒家兩箇好秀才。』後再至，其人已他移，故後有會心人遠之歎。」三十一歲時，《年譜》曰：「十有五年壬戌，先生三十一歲。在京師。八月疏請告。是年先生漸悟仙釋二氏之非。先是，五月復命，京中舊遊俱以才名相馳騁，學古詩文，先生歎曰：『吾焉能以有限精神，為無用之虛文也！』遂告病歸越，築室陽明洞中，行導引術。久之，遂先知。一日，坐洞中，友人王思輿等四人來訪，方出五雲門，先生即命僕迎之，且歷語其來迹。僕遇諸途，與語良合，眾驚異以為得道。久之，悟曰：『此簸弄精神，非道也。』又屏去。已而靜久，思離世遠去，惟祖母岑與龍山公在念，因循未決久之。」

要的思想轉折，在此之後，王陽明再也沒有動搖過儒家信仰。另外，這也是
王陽明詩學理念的重要轉折，從內容上來說，神仙道教的描寫漸漸淡出；從
師法的對象方面而言，王陽明從學習李白，轉向獨尊杜甫。這種轉向當然也
有思想的背景在起作用，畢竟杜甫是純正的儒家詩人，而且杜甫在儒學方面
也有比較深刻的見解，莫礪鋒《杜甫評傳》對於杜甫的儒學思想有較為深入
的論述。

四

　　王陽明對杜甫詩歌的宗奉，每每見之於詩歌創作中，有比較淺層次的擬
效，如用杜甫詩韻作詩，《因雨和杜韻》曰：

> 晚堂疏雨暗柴門，忽入殘荷瀉石盆。
> 萬里滄江生白髮，幾人燈火坐黃昏。
> 客途最覺秋先到，荒徑惟憐菊尚存。
> 卻憶故園耕釣處，短簑長笛下江村。

此詩用杜甫《白帝》詩韻，其詩曰：

> 白帝城中雲出門，白帝城下雨翻盆。
> 高江急峽雷霆鬥，翠木蒼藤日月昏。
> 戎馬不如歸馬逸，千家今有百家存。
> 哀哀寡婦誅求盡，慟哭秋原何處村。

　　還有一些詩句的練字造語，有意擬效杜甫，正如吳喬《圍爐詩話》卷四
所言：

> 杜詩無可學之理，詩人久道化成，則出語有近之者。亦有天降
> 名世，匠心出語近之者，王伯安之「客來湖上逢雲起，僧住峰頭話
> 月明」是也。

　　七律是杜甫非常擅長的詩體，杜甫七律中有很多字斟句酌、影響深遠的
詩句，王陽明在七律的創作過程中，也著力於七言律句的構造，王陽明這方
面的成就，很受後人讚賞，如王世貞《藝苑卮言》曰：

> 講學者動以詞藻為雕鎪之技，工文者則舉拙語為談笑之資，若
> 枘鑿不相入，無論也。七言最不易工，吾姑舉數聯，如：萬里滄江
> 生白髮，幾人燈火坐黃昏。半空虛閣有雲住，六月深松無暑來。青
> 山日暮成孤坐，遊子天涯正憶歸。河邊宿鳥寒無影，洞口流雲夜有

聲。春巖過雨林芳淡，暗水穿花石瀨分。且留南國春山興，共聽西堂夜雨聲。天迴樓臺含氣象，月明星斗避光輝。幽人月出每孤往，棲鳥山空時一鳴。山色古今餘王氣，江流天地變秋聲。棋聲竹裏消閒晝，藥裡窗前對病僧。月繞旌旗千嶂暗，風傳鈴柝九溪寒。此正文成句也。何嘗不極其致。

這些都是屬於吳喬所言「好句」，吳喬也舉了一些王陽明的好句，有些與王世貞的選擇有交集，吳喬《圍爐詩話》卷六曰：

> 無好句不動人，而好句實非至極處，唐人至處，乃在不著議論聲色，含蓄深遠耳。以此求明詩，合者十不得一，惟求好句，則叢然矣。如王伯安有：萬里滄江生白髮，幾人燈火坐黃昏。半空虛閣有雲住，六月深松無暑來。春山日暮成孤坐，遊子天涯正憶歸。沙邊宿鷺寒無影，洞口流雲夜有聲。幽人月出每孤往，棲鳥山空時一鳴。山色古今餘王氣，江流天地變秋聲。棋聲竹裏消閒晝，藥裏窗前對病僧。

如果是詩韻的擬效、好句的錘煉還是屬於表層，那麼王陽明在深層次上也有對杜甫的模擬，這就是吳喬《圍爐詩話》卷六所言：「王伯安胸襟好，七律得子美骨，有數十篇可觀。」

所謂得子美骨，既有詩法詩律方面的精緻追求，也有關懷民瘼、以詩作史等詩學真精神的傳承。王陽明筆下也有很多關心民間疾苦，批判統治者奢靡之風的詩作，如貶謫龍場期間所作《元夕二首》其二曰：

> 去年今日臥燕臺，銅鼓中宵隱地雷。
> 月傍苑樓燈彩淡，風傳閣道馬蹄回。
> 炎荒萬里頻回首，羌笛三更謾自哀。
> 尚憶先朝多樂事，孝皇曾為兩宮開。

尾聯「孝皇曾為兩宮開」，指的是成化四年（1468）元宵節，明憲宗為兩宮太后——錢太后與生母周太后張燈慶賀之事。此事成化三年十二月就已經擬定，而且明憲宗還命令翰林詞臣撰寫詩詞。當時外有邊患，內有叛亂，且有江西湖廣旱災，翰林編修章懋等上疏勸諫，觸怒明憲宗，被庭杖貶謫。《明實錄》成化三年十二月九日載其事曰：

> 調翰林院編修章懋為湖廣臨武縣知縣、黃仲昭湘潭縣知縣、檢討莊㫤桂陽州判官。時以明年上元張燈，命翰林詞臣撰詩詞。懋等

上疏，以為：「陛下張燈之舉，或者兩宮皇太后在上，欲極孝養，奉其歡心。然大孝在乎養志。臣等伏覩兩宮母后恭儉慈仁之德著於天下，坤儀貞靜，豈以張燈為樂哉？況今兩廣弗靖，四川未寧，遼東賊情難測，北虜尤當深慮，江西、湖廣亢旱數千里，民不聊生，雖蒙優詔賑卹，而公私匱乏，計無所出，可為寒心。此正宵旰焦勞，不遑暇食之時，兩宮母后同憂天下之日。至如翰林之官，以論思代言為職，雖曰供奉文字，然鄙俚不經之詞，豈宜進於君上？固不可曲引宋祁、蘇軾之教坊致語，以自取侮慢不敬之罪。臣等又嘗伏讀宣宗章皇帝《御製翰林院箴》有曰：『啟沃之言，惟義與仁，堯舜之道，鄒孟以陳。』今張燈之舉，恐非堯舜之道；應制之詩，恐非仁義之言。臣等知陛下之心，即祖宗之心，故不敢以是妄陳於上。且知其不可，猶順而為之，是不忠也。知不可為，而不以實聞，是不直也。不忠不直，臣罪大矣。伏願採芻蕘之言，於此等事，一切禁止。」疏入，上曰：「元宵張燈，儒臣應制撰詩，歷代有之。祖宗以來，不廢此典。朕今視舊減省，止存其裡，以奉兩宮聖母，豈至妨政害民？懋等不通典故，妄言譏議，難居文翰之職。」命杖之，調外任。

《明史》卷一百七十九《章懋傳》亦載其事。明憲宗所言「視舊減省」以及「奉兩宮聖母」等並不屬實，皇家燈會，無論如何減省，都是一筆重大開銷。另據《明史》卷一百十三《孝肅周太后傳》記載：

孝肅周太后，英宗妃憲宗生母也，昌平人。天順元年封貴妃。憲宗即位，尊為皇太后。……先是憲宗在位，事太后至孝，五日一朝，燕享必親，太后意所欲，惟恐不懌。

明憲宗對於其生母周太后確實比較孝順，至於錢太后則未必如此，《明史》卷一百十三《英宗孝莊錢皇后傳》曰：

英宗孝莊皇后錢氏，海州人。正統七年，立為后。帝憫后族單微，欲侯之，后輒遜謝，故后家獨無封。英宗北狩，傾中宮貲佐迎駕。夜哀泣籲天，倦即臥地，損一股。以哭泣復損一目。英宗在南宮，不自得，后曲為慰解。后無子，周貴妃有子，立為皇太子。英宗大漸，遺命曰：「錢皇后千秋萬歲後，與朕同葬。」大學士李賢退而書之冊。憲宗立，上兩宮徽號，下廷臣議。太監夏時希貴妃意，

傳諭獨尊貴妃為皇太后。大學士李賢、彭時力爭,乃兩宮並尊,而
稱后為慈懿皇太后。

明憲宗繼位以後,在錢太后徽號以及錢太后合葬裕陵等事,有意抬高其
生母而貶抑錢太后,作為孝子,明憲宗之舉亦是人之常情。只是為滿足個人
奢靡之生活追求,在元宵節張燈作樂,反倒以孝養兩宮太后為由,則甚為荒
唐,且花費定然不菲。王陽明《家僮作紙燈》對此亦有委婉批評,其詩曰:

寥落荒村燈事賒,蠻奴試巧剪春紗。

花枝綽約含輕霧,月色玲瓏映綺霞。

取辦不徒酬令節,賞心兼是惜年華。

何如京國王侯第,一盞中人產十家。

尾聯與杜甫《自京赴奉先縣詠懷五百字》所言「彤庭所分帛,本自寒女
出。鞭撻其夫家,聚斂貢城闕。聖人筐篚恩,實願邦國活。臣如忽至理,君豈
棄此物。多士盈朝廷,仁者宜戰慄」,在精神實質上是一致的。

五

至於王陽明詩歌的分類與風格,隆慶本《王文成公全書》是按照地域分
類,如山東詩、京師詩、獄中詩、居夷詩、江西詩等。施邦曜《陽明先生集
要》分類比較雜糅,一方面是仍然按照地域分類,保存了山東詩、盧陵詩、
京師詩等條目;另外,又按照詩歌的內容分類,比如分為戰伐詩、道學詩等
類別。

筆者認為對於王陽明詩歌的分類,仍以地域分類為優,因為地域裡面也
關聯著時間,比如山東詩,就是王陽明在弘治十七年主考山東鄉試時期所創
作;獄中詩,是王陽明在正德元年言事被囚時所作。

有了明確的時間和地域,當然也就與王陽明生平經歷密切相關,這些經
歷體現在詩歌中,就呈現出不同的藝術風格。王陽明一生歷經豐富,舉凡研
習仙佛、剿滅匪患、平定叛亂、授徒講學等,都曾一一經歷,生平事跡的豐富
也決定了王陽明詩歌風格的多樣,所以我們很難用一兩個特徵來歸納王陽明
所有詩作。

關於王陽明詩歌的內容與風格,可謂是見仁見智,很難統一。當然,很
多概括既有合理性,也存在片面性。如錢穆《理學六家詩鈔·自序》曰:

理學者,所以學為人。為人之道,端在平常日用之間。而平

常日用，則必以胸懷灑落、情意恬淡為能事。惟其能此，始可體
道悟真，日臻精微。而要其極，亦必以日常人生之灑落恬淡為歸
宿。〔註12〕

錢穆從理學的特色，推導出理學詩歌的特色，這種特色從內容上來講就
是寫平常日用，而在風格上，受創作主體的人格境界薰陶，詩風也呈現出灑
落恬淡的特徵。錢穆的這個概括，在《居夷詩》可以找到佐證，如《雪夜》
詩曰：

天涯久客歲侵尋，茆屋新開楓樹林。

漸慣省言因病齒，屢經多難解安心。

猶憐未繫蒼生望，且得閒為白石吟。

乘興最堪風雪夜，小舟何日返山陰。

雪夜獨坐思鄉，乃是人生常有之場景，病齒等事，亦是平常日用之人生
寫照，尾聯用雪夜訪戴典故，也誠然有灑落恬淡之風，與錢穆所言極為吻
合。但錢穆所歸納之特點，用在《獄中詩》就圓枘方鑿了，如《見月》就異常
苦悶壓抑，詩曰：

屋罅見明月，還見地上霜。客子夜中起，旁皇涕沾裳。

匪為嚴霜苦，悲此明月光。月光如流水，徘徊照高堂。

胡為此幽室，奄忽踰飛揚。逝者不可及，來者猶可望。

盈虛有天運，嘆息何能忘！

還有以「秀逸」作為王陽明詩歌主要風格者，如顧起倫曰：

王新建伯安，博學通達，詩非所優，亦有幽逸思致。余讀其陽

明先生集，疏義侃侃，詞切理約，自是經國大手。〔註13〕

朱彝尊《明詩綜》所引穆文熙之語曰：

王公功業學術振耀千古，固不必論其詩，而詩亦秀拔不可掩，

其殆兼舉哉！……王詩如披雲對月，清輝自流。〔註14〕

再如，《四庫全書總目》曰：

守仁勳業氣節，卓然見諸施行，而為文博大昌達，詩亦秀逸有

〔註12〕錢穆《錢賓四先生全集》第46冊，聯經出版事業公司，1998年版，第3～4
　　　　頁。
〔註13〕〔清〕陶元藻《全浙詩話》，清嘉慶元年怡雲閣刻本。
〔註14〕〔清〕朱彝尊《明詩綜》，中華書局，2007年版，第225頁。

致。不獨事功可稱，其文章自足傳世也。

王陽明早年詩歌確有秀逸的特色，如《西湖醉中謾書二首》其一曰：

> 十年塵海勞魂夢，此日重來眼倍清。
>
> 好景恨無蘇老筆，乞歸徒有賀公情。
>
> 白黿飛處青林晚，翠壁明邊返照晴。
>
> 爛醉湖雲宿湖寺，不知山月墮江城。

其二曰：

> 掩映紅粧莫謾猜，隔林知是藕花開。
>
> 共君醉臥不須到，自有香風拂面來。

但是秀逸不足以評價王陽明《獄中詩》《赴謫詩》與《居夷詩》中的大部分詩作，這些詩作是在王陽明遭遇人生挫折時所作，不僅不秀逸，反而很沉重，與杜甫沉鬱頓挫詩風較為接近。

對王陽明詩歌批評最多的聲音集中於其心學詩，很多學者認為王陽明是晚年以心學大師自期，從這個身份倒推出王陽明詩歌多是談論儒家玄理的枯燥內容，風格上也是說教習氣重，邏輯思辨多而形象描寫少，如王世貞《明詩評》卷四曰：

> 新建雄略蓋世，雋才逸群。詩初銳意作者，未經體裁，奇語間出，自解為多，雖謝專家之業，亦一羽翼之雋也。四時（十）詩如五花駿馬，嘶踏雄麗，頗多蹶步。暮年如武士削髮，縱談玄理，傖語錯出，君子譏之。〔註15〕

錢謙益《列朝詩集》附和王世貞之見，對王陽明晚期詩歌評價不高，其曰：

> 先生在郎署與李空同諸人遊，刻意為詞章。居夷以後，講道有得，遂不復措意工拙，然其俊爽之氣，往往湧出於行墨之間。荊川之門人專取其晚年詩以為極則，則可哂也。王元美《書王文成集後》云：「伯安之為詩，少年有意求工而為才所使，不能深造而衷於法。晚年盡舉而歸之道，而尚為少年意象所牽率，不能渾融而出於自然。其自負若兩得。而吾以為幾於兩墮也。」以世眼觀之，公甫何敢望伯安。以法眼觀之，伯安瞠乎後矣。〔註16〕

〔註15〕《中華大典・文學典・明清文學分典》第 1 冊，第 1128 頁。

〔註16〕〔清〕錢謙益《列朝詩集小傳》，上海古籍出版社，2008 年版，第 380 頁。

　　借用錢謙益的詞彙，王世貞、錢謙益對王陽明詩歌的評價，實在是從「世眼觀之」的一般代表，張之傑《讀明詩五十二首》其二三論王陽明詩，亦是如此，其詩曰：

> 文章勳業王新建，短韻長篇盡正聲。
>
> 皦皦素絲塵不染，漫將道學掩詩名。〔註17〕

　　「以法眼觀之」，即從儒學發展史的沒落來看王陽明的心學詩，其哲學價值，自不待言。如錢穆《理學六家詩鈔》所言：

> 陽明《江西詩經·太極巖》「始信心非明鏡台」之句，足與其
>
> 天泉橋「四句教」相闡發，此則脫口而出，不易得之文集、語錄中
>
> 也。〔註18〕

　　誠如錢穆所言，王陽明晚年很多詩作，如《太極巖》《詠良知》等，都是王陽明哲學觀點的詩話表達，是研究王陽明哲學的重要素材，有很高的思想價值。另外，王陽明的哲理詩也不單是純粹的說教，而是在日常生活的體驗中，順理成章地推導出精闢的人生見地來。比如，赴謫詩中的一些作品，王陽明的赴謫之路並非坦途，而是充滿危險，如山路崎嶇泥濘，時常有猛獸威脅生命安全，經過江西分宜所作《雜詩》三首其一曰：

> 危棧斷我前，猛虎尾我後。倒崖落我左，絕壑臨我右。
>
> 我足復荊榛，雨雪更紛驟。邈然思古人，無悶聊自有。
>
> 無悶雖足珍，警惕忘爾守。君觀真宰意，匪薄亦良厚。

　　前四句描寫路途之艱險，棧道年久失修，朽爛折斷的情況比較嚴重，猛虎又在身後尾隨而至。左邊時常會有懸崖上滾落的土石，右邊又是深不見底的溝壑，稍不留神，就會有性命之憂。這四句既是寫實，也有詩法上的借鑒，比如杜甫《北征》：「邠郊入地底，涇水中蕩潏。猛虎立我前，蒼崖吼時裂。」

　　王陽明又從這現實旅途的艱難中生發出哲理思考，古人處於困境之時，高明之士能夠狷介自首，遁世而無悶，持守正道，自得其樂。遁世而無悶是社會危機帶給主體的歷練，人在社會危機面前，不能忘記自我警醒與道德操守；同樣，在自然危機面前，也是如此。「真宰」類似於我們當下所說的造物主，王陽明認為造物主設置的種種障礙，是以艱難玉成人性，不僅不是刻薄

〔註17〕《中華大典·文學典·明清文學分典》第 1 冊，第 1130 頁。
〔註18〕錢穆《錢賓四先生全集》第 46 冊，第 5 頁。

寡恩，有意刁難，反而是遇我甚厚。

　　艱難使人警惕，平順卻令人疏忽。斷崖絕壑使王陽明時時警惕邁出的每一步，安全度過，沒有任何閃失。經過沅江時，風正一帆懸，瞬息百餘里，船夫自以為一帆風順，因疏忽大意，船卻被石頭撞破，王陽明《天心湖阻泊既濟書事》詩載其事曰：

　　　　掛席下長沙，瞬息百餘里。舟人共揚眉，予獨憂其駛。

　　　　日暮入沅江，抵石舟果圮。

　　船夫花了很長時間才把船修補好，次日清晨出發，船又逆風，行駛速度很是遲緩。行至天心湖，正午時分，大風驟起，暴雨傾盆，湖水大漲，小船根本無法靠岸。王陽明一行人竟然被困在方圓幾里的天心湖達三日之久。其詩曰：

　　　　補敝詰朝發，沖風遂齟齬。暝泊後江湖，蕭條旁醫壘。

　　　　月黑波濤驚，蛟鼉互睥睨。翼午風益厲，狼狽收斷汜。

　　　　天心數里間，三日但遙指。甚雨迅雷電，作勢殊未已。

　　被困三日，船夫隨身攜帶的乾糧早已吃完。王陽明因為要遠行，僕人攜帶的乾糧比較多。王陽明有強烈的惻隱之心，悲天憫人，哪裡會忍心船夫獨自挨餓，就把攜帶的乾糧分與船夫共用。其詩曰：

　　　　淋漓念同胞，吾寧忍暴使。饘粥且傾橐，苦甘吾與爾。

　　王陽明這種做法不是傲慢的施捨，而是民胞物與的同情，這是儒家的共同信仰，晚年王陽明還進一步闡發了仁者以天地萬物為一體的仁者情懷。船夫被王陽明的親和力與同情心感動，心氣倍增，眾人同心，合謀共力，終於駛出天心湖，當夜在武陽江邊一座小漁村靠岸。其詩曰：

　　　　虎怒安可攖，志同稍足倚。且令並岸行，試涉湖濱沚。

　　　　收舵幸無事，風雨亦浸弛。逡巡緣沚湄，迤邐就風勢。

　　　　新漲翼回湍，倏忽逝如矢。夜入武陽江，漁村穩堪艤。

　　抵達漁村後，王陽明買了一些酒菜慰勞船夫。分別之際，王陽明又善意地提醒船夫，日後萬不可輕生弄險，偶然僥倖終究不是正道。其詩曰：

　　　　糴市謀晚炊，且為眾人喜。江醪信漓濁，聊復蕩胸滓。

　　　　濟險在需時，僥倖豈常理。爾曹勿輕生，偶然非可恃。

　　「濟險在需時」典出《周易‧需卦》，需是等待的意思，「需時」就是等待時機。可見，《周易》對王陽明的影響之大，王陽明對《周易》的喜愛已經到

了手舞足蹈、顛沛必於是的程度，即使在貶謫之路上，也時常徹夜讀《易》，
正如其《雜詩》其三曰：「燈窗玩古易，欣然獲我情。起舞還再拜，聖訓垂明
明。」患難磨礪了王陽明的性情，《周易》啟迪了王陽明的智慧，可以說貶謫
之路，也是悟道之路，那「人間隨地可淹留」的灑脫，也是龍場悟道的前奏，
所以不能因為王陽明是心學大師，就否認或者掩蓋王陽明的詩學成就。明清
兩代，朱子學依然是官學正統，王陽明心學很長一段時間都被視為異端邪說，
因否認王陽明的哲學修為，連帶否認王陽明詩學成就者亦不在少數。朱彝尊
就曾為此而深感不平，其《靜志居詩話》曰：

> ※新建勳業氣節文章皆可甲世，特講學一事，讒言惟興。今就
> 先生之詩觀之，其《過濂溪祠》云：「瞻依多少高山意，曾向圖書識
> 面真。」《讀易》詩云：「乃知先天翁，畫畫有至教。」《題武夷壁》
> 云：「溪流九曲初諳路，精舍千年始及門。」《示程畢二子》云：「紫
> 陽山下多豪俊，應有吟風弄月人。」則先生何嘗立意樹幟，張弧與
> 洛閩諸儒異乎？乃訾訾之口，以先生學術未純，並先生大節疑焉。
> 彼譖人者，亦太甚矣！

對於王陽明詩歌批評者固然不少，推揚過甚者亦不乏其人，甚而至於有
人推之為明代第一人，如王昌祉所言：

> 在文學方面，陽明不屑為文而文極工。天分極高，正氣充沛。
> 自稱一家，應推為明代第一，遠超當時之模擬唐宋秦漢者。〔註19〕

王昌祉的評價拔之過高，有失公允。平情而論，清初王士禛的評價較為
合理，他說：「王文成公為明第一流人物，立德、立功、立言皆踞絕頂。」
〔註20〕概括來說，王陽明的詩歌是在明代屬於第一流的，也就是茅坤、黃宗
羲所言「有明之大家」，黃宗羲《姚江逸詩》曰：

> 文成在郎署與李空同諸人遊，刻意為詞章。龍場以後，講道有
> 得，遂不復措意工拙。王元美書其集後云：伯安之為詩，少年有意
> 求工，而為才所使，不能深造而衷於法。晚年盡舉而歸之道，而尚
> 為少年意象所牽率，不能深融而出於自然。其自負若兩得，而吾以
> 為幾乎兩墮也。余以為詩文至於文成亦可謂之自然矣！唯其自然，
> 故見為不措意。使文成沾沾而守空同之蹊徑，極其所至，不過五才

〔註19〕王昌祉《中國文學史講義》，馬尼剌耶穌文學院，1953年版，第74頁。
〔註20〕〔清〕王士禛《池北偶談》，中華書局，2005年版，第201頁。

子之一耳。茅鹿門謂有明之大家，唯陽明足以當之，鹿門可謂知言
之選矣。〔註21〕

　　至於王陽明詩歌的主要特色，考慮到王陽明生平經歷的豐富複雜性，以
及詩歌數量眾多，風格多樣，很難用單一的詞彙進行概括。《四庫全書總目》評
價王陽明文章風格是「博大昌達」，以此論王陽明之詩，亦是非常貼切的。

〔註21〕〔明〕黃宗羲編《姚江逸詩》，清嘉慶元年怡雲閣刻本。

凡　例

一、王陽明詩集底本選擇，以明隆慶六年謝廷傑編刻《王文成公全書》為底
　　本，以清康熙十二年俞嶙輯《王陽明先生全集》本、《四庫全書》本《王
　　文成公全書》等校本。

二、隆慶本《王文成公全書》以外的佚詩，以束景南《陽明佚文輯考編年》
　　《王陽明全集補編》為主要參照。

三、詩歌編年之編目排序問題，因隆慶本《王文成公全書》是按詩歌創作年
　　份先後為序，故本書尊重隆慶本之排序。隆慶本編年有誤者，在編年部
　　分隨文糾正，不另外調整編目順序。

四、佚詩單獨成卷，不與隆慶本《王文成公全書》詩篇雜糅編目，佚詩編目
　　以時間先後為序。

五、正文主要分為編年、校注、著錄三部分。編年部分考證詩歌創作時間。
　　校注部分，注釋詩歌疑難字詞、典故出處等，校勘記亦在其中。著錄部
　　分，標注具體詩歌被選本、地方志等著錄情況。

歸越詩三十五首

弘治壬戌年，以刑部主事告病歸越並楚遊作。

【編年】

錢德洪《陽明先生年譜》曰：「弘治十五年八月，疏請告。是年先生漸悟仙、釋二氏之非。先是五月復命，京中舊遊俱以才名相馳騁，學古詩文。先生歎曰：『吾焉能以有限精神，為無用之虛文也。』遂告病歸越，築室陽明洞中，行導引術。久之，遂先知。一日坐洞中，友人王思輿等四人來訪，方出五雲門，先生即命僕迎之，且歷語其來迹。僕遇諸途，與語良合。眾驚異，以為得道。久之，悟曰：『此簸弄精神，非道也。』又屏去。已而靜久，思離世遠去，惟祖母岑與龍山公在念，因循未決。久之，又忽悟曰：『此念生於孩提。此念可去，是斷滅種性矣。』」又，《歸越詩》注曰：「弘治壬戌年，以刑部主事告病歸越並楚遊作。」據此可知，三十五首《歸越詩》即作於弘治十五年（1502）八月告病歸越之後。

遊牛峰寺四首牛峰今改名浮峰

【編年】

此組詩弘治十六年（1502）作於浙江紹興。

牛峰寺，位於牛峰山上，又名臨江寺、延福院，在今浙江省紹興市紹興縣楊汛橋鎮。《嘉泰會稽志》卷九：「臨江山，在縣東南二十里，舊牛頭山。天寶中，改此名。諺云：『牛頭芋蘿，一日三過。』謂舟行信宿，猶經舊處也。山南有石室。」《嘉泰會稽志》卷七：「延福院，在縣西六十里新安鄉牛頭山之麓。晉天福三年置。開寶六年，錢氏給安國院額。大中祥符元年七月，改賜今

額。建炎中，廢於火。紹興五年重建，乾道五年始畢工。有石庵，惑禪師安禪之地。景德初，贈太傅陸公軫與鄉士數人肄業於此。嘗遇大雪，絕食累日，陸公禱山神。明日，獲二麂焉。聞者嘆異。及陸公直集賢院，來守鄉邦，遣衙致祭。書堂在寺之西北隅，今寺僧猶能識其處。牛頭山產石，可作假山，其小碎者取為盆山尤宜，草木皆蔥蒨耐久，與崑山所出相垺。東坡先生所謂『盆山不見日，草木自蒼然』是也。」

其一

洞門春靄蔽深松〔一〕，飛磴纏空轉石峰〔二〕。猛虎踞厓如出柙〔三〕，斷螭蟠頂訝懸鐘〔四〕。金城〔五〕絳闕〔六〕應無處〔七〕，翠壁丹書〔八〕尚有踪〔九〕。天下名區〔十〕皆一到，此山殊不厭來重〔十一〕。

【校注】

〔一〕春靄：春日的雲氣。唐·高適《發廣陵栖靈寺塔》：「遠思駐江帆，暮晴結春靄。」唐·釋皎然《寒食日集報德寺解公房》：「亂山春靄里，微逕古松邊。」

〔二〕飛磴：陡峭的石階。唐·皇甫湜《朝陽樓記》：「飛磴雲基，君子攸蹟。」宋·蘇軾《徑山道中次韻答周長官兼贈蘇寺丞》：「南望功臣山，雲外盤飛磴。」牛峰寺多深松怪石，元·王冕《臨江寺》：「海水浮來多怪石，雲霄上接有高松。」

〔三〕猛虎：指登山途中遇到的形似猛虎的怪石。猛虎出柙，典出《論語·季氏》：「虎兕出於柙，龜玉毀於櫝中，是誰之過與？」

〔四〕斷螭：斷裂的蟠龍石碑。

〔五〕金城：金碧輝煌的宮殿。漢·班固《西都賦》：「建金城之萬雉，呀周池而成淵。」

〔六〕絳闕：宮殿寺觀前面的紅色門闕，此處指華麗的寺廟建築。宋·蘇軾《水龍吟》：「古來雲海茫茫，蓬山絳闕知何處。」

〔七〕無處：無著落、無定止，引申為湮沒不存、消失不見。唐·郎士元《湘夫人》：「彩雲忽無處，碧水空安流。」

〔八〕翠壁丹書：以硃砂銘刻在翠色石壁上的前人詩文。明·劉嵩《方丘生自號蒲衣道者由安成武功山避亂贛之興國邑令陳文彬為築長春道院以居之》：「翠壁丹書如可訪，石門鐵鎖定高攀。」

〔九〕踪：《四庫》本作蹤。

〔十〕名區：名勝之區。唐・王勃《滕王閣序》：「家君作宰，路出名區。」陽明多
　　　次使用名區一詞，如《萬松書院記》：「名區勝地，往往復有書院之設。」《遊
　　　嶽麓書事》：「浮屠觀閣摩青霄，盤據名區遍寰宇。」

〔十一〕此句乃借鑒元王冕《臨江寺》：「山靈本是愛山農，況是登臨重復重。」

其二

　　縈紆〔一〕鳥道〔二〕入雲松〔三〕，下數湖南〔四〕百二峰〔五〕。巖犬吠人
〔六〕時出樹〔七〕，山僧迎客自鳴鐘〔八〕。凌巇〔九〕陟險〔十〕真扶病〔十一〕，
異日探奇是舊踪〔十二〕。欲扣靈關〔十三〕問丹訣〔十四〕，春風蘿薜〔十五〕隔
重重。

【校注】

〔一〕縈紆：曲折環繞盤旋。漢・班固《西都賦》：「步甬道以縈紆，又杳窱而不見
　　　陽。」唐・白居易《長恨歌》：「黃埃散漫風蕭索，雲棧縈紆登劍閣。」

〔二〕鳥道：只有鳥兒才能飛過的山間小路，比喻險峻狹窄的山路。北周・庾信《秦
　　　州天水郡麥積崖佛龕銘》：「鳥道乍窮，羊腸或斷。」唐・李白《蜀道難》：「西
　　　當太白有鳥道，可以橫絕峨眉巔。」

〔三〕雲松：白雲和松樹，是古代隱居者的鍾愛之物。唐・李白《望九華山贈韋青
　　　陽仲堪》：「我欲一揮手，誰人可相從。君為東道主，於此臥雲松。」又《訓
　　　王補闕翼惠莊廟宋丞泚贈別》：「學道三十春，自言羲皇人。軒蓋宛若夢，雲
　　　松長相親。」

〔四〕湖南：鏡湖之南，牛峰山在鏡湖之南。鏡湖，位於今浙江省紹興市湖新區。
　　　《嘉泰會稽志》卷十：「鏡湖在縣東二里，故南湖也，一名長湖，又名大湖。
　　　《通典》云：『東溪，永和五年，太守馬臻始築塘立湖，周三百十里，溉田九
　　　千餘頃，人獲其利。王逸少又云山陰路上行，如在鏡中遊。鏡湖之得名以此。』
　　　《輿地志》：『山陰南湖，縈帶郊郭，白水翠巖，互相映發，若鏡若圖。』任昉
　　　《述異記》云：『軒轅氏鑄鏡湖邊，因得名。或又云黃帝獲寶鏡於此也。』」

〔五〕百二峰：形容牛頭山山峰之多。陽明好「百二峰」一詞，如《登香爐峰次蘿
　　　石韻》：「曾從爐鼎躡天風，下數天南百二峰。」《登小孤次陸良弼韻》：「看盡
　　　東南百二峰，小孤江上是真龍。」

〔六〕吠人：山狗見到陌生人而吼叫。陽明《村南》：「穉犬吠人依密槿，閒鳧照影
　　　立晴潭。」

〔七〕時出樹：不時地從樹林中傳出。宋・劉子翬《道中》：「鳥聲時出樹，花氣欲侵袍。」

〔八〕自鳴鐘：獨自敲鐘。唐・杜甫《暮登西安寺鐘樓寄裴十迪》：「暮倚高樓對雪峰，僧來無語自鳴鐘。」

〔九〕凌颷：冒著暴風登山。晉・陸機《演連珠》：「凌颷之羽不求反風，曜夜之目不思倒日。」宋・劉攽《原父舍人爰自春坊遷職史氏未更晦望旋有新命增秩諫省躋榮綸閣斐然成篇以伸歡賀》：「汎槎輕濟海，逸御捷凌颷。」

〔十〕陟險：沿著險峻的山路登山。陽明《桶岡和邢太守韻二首》：「興師正為民痍甚，陟險寧辭鳥道斜。」

〔十一〕扶病：支撐病體。《禮記・問喪》：「孝子喪親，哭泣無數，服勤三年，身病體羸，以杖扶病也。」唐・劉禹錫《始聞秋風》：「天地肅清堪四望，為君扶病上高臺。」陽明當時患有虛弱咳嗽之疾，支撐病體，勉強登山。弘治十五年（1502）八月，《乞養病疏》：「臣自去歲三月，忽患虛弱咳嗽之疾，劑炙交攻，入秋稍愈。遽欲謝去藥石，醫師不可，以為病根既植，當復萌芽，勉強服飲，頗亦臻效。及奉命南行，漸益平復。遂以為無復他慮，竟廢醫言，捐棄藥餌。衝冒風寒，恬無顧忌，內耗外侵，舊患仍作。及事竣北上，行至揚州，轉增煩熱，遷延三月，尪羸日甚。」又陽明登山臨水興致頗高，常有帶病登山之舉。如《山中示諸生五首》：「路絕春山久廢尋，野人扶病強登臨。」

〔十二〕踪，《四庫》本作蹤。舊蹤，舊時的蹤跡。唐・李白《夕霽杜陵登樓寄韋繇》：「蹈海寄遐想，還山迷舊蹤。」宋・蘇軾《次韻法芝舉舊詩》：「春來何處不歸鴻，非復羸牛踏舊蹤。」

〔十三〕靈關：道教術語，指神仙居所的關門。唐・吳筠《河上公》：「靈關暢玄旨，萬乘趨道風。」宋・張君房《雲笈七籤》：「登七寶於玄圃，攀飛梯於靈關。」

〔十四〕丹訣：道教煉丹的秘訣。晉・干寶《搜神記》：「有人入焦山七年，老君與之木鑽，使穿一盤石，石厚五尺。曰：『此石穿，當得道。』積四十年，石穿，遂得神仙丹訣。」唐・王維《送張道士歸山》：「別婦留丹訣，驅雞入白雲。」

〔十五〕蘿薜：女蘿和薜荔。戰國・屈原《山鬼》：「若有人兮山之阿，被薜荔兮帶女羅。」唐・杜甫《陪鄭廣文遊何將軍山林》：「綌衣掛蘿薜，涼月白紛紛。」也指隱士的服裝，此處指身穿蘿薜之衣的隱士。梁・江淹《謝開府辟召表》：「庶幽居之士，蘿薜可卷；奇武異文，無絕於古。」唐・張說《灉湖山寺》：「若使巢由同此意，不將蘿薜易簪纓。」

【著錄】

明‧曹學佺編《石倉歷代詩選》卷四百五十五著錄此詩。

其三

偶尋春寺入層峰〔一〕，曾到渾疑〔二〕是夢中。飛鳥去邊〔三〕懸棧道〔四〕，馮夷〔五〕宿處有幽宮〔六〕。溪雲晚度千巖雨，海月涼飄萬里風〔七〕。夜擁蒼厓臥丹洞〔八〕，山中亦自有王公〔九〕。

【校注】

〔一〕層峰：重重疊疊的眾多山峰。南朝‧梁蕭統《和上遊鍾山大愛敬寺》：「嘉木互紛糺，層峰鬱蔽虧。」唐‧李商隱《訪隱》：「路到層峰斷，門依老樹開。」

〔二〕渾疑：渾猶還也，渾疑，還疑也。中華書局編輯部編《詩詞曲語辭辭典》：「陳師道《和和叟梅花詩》：『捲簾初認雲猶凍，逆鼻渾疑雪亦香。』渾疑，還疑也，與初字相應。」

〔三〕飛鳥去邊：鳥向天邊飛去。宋‧陳棠《晚步》：「棲鴉啼處野煙合，飛鳥去邊孤月生。」元‧張翥《發樂清縣岑山亭》：「飛鳥去邊浮海色，夕陽明處散秋陰。」

〔四〕棧道：在懸崖絕壁上依山架木而鋪設的狹窄木板道路。《戰國策‧齊策六》：「（田單）為棧道木閣而迎王與后於城陽山中。」《史記‧高祖本紀》：「楚與諸侯之慕從者數萬人，從杜南入蝕中。去輒燒絕棧道，以備諸侯盜兵襲之，亦示項羽無東意。」南朝‧陳徐陵《為貞陽侯與太尉王僧辯書》：「雖復棧道木閣，田單之奉舊齊；綰璽將兵，周勃之扶隆漢。」

〔五〕馮夷：傳說中的河伯，泛指水神。《莊子‧大宗師》：「馮夷得之，以遊大川。」成玄英疏：「姓馮名夷，弘農華陰潼鄉堤首里人也。服八石，得山仙。大川，黃河也。天帝錫馮夷為河伯，故游處盟津大川之中也。」戰國‧屈原《遠遊》：「使湘靈鼓瑟兮，令海若舞馮夷。」

〔六〕幽宮：深宮，此處指馮夷所居之處。宋‧蘇軾《再和並荅楊次公》：「唱我三人無譜曲，馮夷亦合舞幽宮。」宋‧蘇軾《後赤壁賦》：「攀栖鶻之危巢，俯馮夷之幽宮。」

〔七〕此句疑用唐‧杜甫《夏夜歎》：「安得萬里風，飄飄吹我裳。」

〔八〕丹洞：道觀或仙境。唐‧王勃《尋道觀》：「碧壇清桂閾，丹洞肅松樞。」元‧楊載《次韻虞彥高遊陽明洞》：「丹洞呀然仙掌裂，翠峰巧矣蛾眉修。」

〔九〕王公：此處是陽明的自我稱謂。也指被封為王爵和公爵的人，泛指達官貴人。
《周易‧坎卦》：「王公設險以守其國，險之時用大矣哉！」

其四

一臥〔一〕禪房〔二〕隔歲心〔三〕，五峰煙月〔四〕聽猿吟〔五〕。飛湍〔六〕映樹懸蒼玉〔七〕，香粉吹香〔八〕落細金〔九〕。翠壁〔十〕年多霜蘚合，石牀春盡雨花深〔十一〕。勝遊過眼俱陳迹〔十二〕，珍重新題滿竹林〔十三〕。

【校注】

〔一〕一臥：一旦居住下來。唐‧杜甫《人日寄杜二拾遺》：「一臥東山三十春，豈知書劍與風塵。」又《秋興八首》其五：「一臥滄江驚歲晚，幾回青鎖點朝班。」

〔二〕禪房：佛教參禪悟道的房間，泛指寺院。唐‧王勃《梓州玄武縣福會寺碑》：「梵筵交燭，禪房互啟。」唐‧常建《題破山寺後禪院》：「竹逕通幽處，禪房花木深。」

〔三〕隔歲心：心境好像經歷了兩年一樣。宋‧方樗《寄吳晦叔》：「几硯平生事，杯觴隔歲心。」明‧邵寶《望雲庵為林提學題用素翁韻》：「太行頂上南回首，千里慈闈隔歲心。」

〔四〕煙月：雲霧籠罩下的朦朧月色。唐‧陳子昂《冬夜宴臨卭李錄事宅序》：「北林之煙月無光，南浦之星河向曙。」宋‧蘇軾《惠州近城數小山類蜀道春與進士許毅野步會意處飲之且醉作詩以記適參寥專使欲歸使持此以示西湖之上諸友庶使知余未嘗一日忘湖山也》：「夢想平生消未盡，滿林煙月到西湖。」

〔五〕聽猿吟：聽猿猴的鳴叫之聲。唐‧錢起《晚入宣城界》：「鄉愁不可道，浦宿聽猿吟。」宋‧劉敞《次韻得午日酒》：「高枕洞庭看鳥度，卷簾衡嶽聽猿吟。」

〔六〕飛湍：湍急如飛的流水或瀑布。北魏‧酈道元《水經注》：「（白水）水出山腹，掛流三四百丈，飛湍林表，望若懸素。」唐‧李白《蜀道難》：「飛湍暴流爭喧豗，砯崖轉石萬壑雷。」

〔七〕蒼玉：青綠色的玉石，此處代指瀑布。《禮記‧玉藻》：「天子佩白玉而玄組綬，公侯佩山玄玉而朱組綬，大夫佩水蒼玉而純組綬，世子佩瑜玉而綦組綬，士佩瓀玟而縕組綬，孔子佩象環五寸而綦組綬。」宋‧蘇軾《清遠舟中寄耘老》：「山腰自懸蒼玉珮，野馬不受黃金羈。」

〔八〕香粉吹香：《四庫》本作香粉吹花。《欽定四庫全書考證》卷八十七：「《遊牛峰寺》四首『飛湍映樹懸蒼玉，香粉吹香落細金』。案：香字重出，疑有一訛。」

〔九〕細金：此處指金黃色的花瓣。元・張昱《同謝別駕過澱山湖登普光寺閣次壁間馬郎中詩韻》：「風行澱水搖深碧，雨過松花落細金。」

〔十〕翠壁：翠綠色的牆壁。唐・李白《春陪商州裴使君遊石娥溪》：「橫天聳翠壁，噴壑鳴紅泉。」宋・蘇軾《南都妙峰亭》：「通闤古甃磨，翠壁霜林散。」

〔十一〕雨花深：宋・林逋《和陳湜贈希社師》：「瘦靠欄干搭梵襟，綠荷階面雨花深。」

〔十二〕陳迹：過去的痕跡。《莊子・天運》：「夫六經，先王之陳迹也，豈其所以迹哉？」晉・王羲之《蘭亭集序》：「向之所欣，俛仰之間，以為陳迹，猶不能不以之興懷。」唐・杜甫《曉發公安數月憩息此縣》：「出門轉盼已陳迹，藥餌扶吾隨所之。」

〔十三〕珍重：珍愛重視。戰國・屈原《遠遊》：「是以君子珍重其志，而瑋其辭焉。」宋・陸游《余得木杖於秦望山中今三十年矣隴蜀萬里未嘗相捨戲賦長句贈之》：「珍重從今常倚壁，住庵吾欲過浮生。」

又四絕句

【編年】

此組詩弘治十五年（1502）作於浙江紹興。

其一

翠壁看無厭〔一〕，山池〔二〕坐益清。深林落輕葉，不道是秋聲〔三〕。

【校注】

〔一〕無厭：猶不厭，不感到厭倦或厭煩。《孟子・梁惠王下》：「從獸無厭謂之荒，樂酒無厭謂之亡。」唐・李白《獨坐敬亭山》：「相看兩不厭，只有敬亭山。」晉・陶潛《移居》：「相思則披衣，言笑無厭時。」

〔二〕山池：山間的水池。唐・羅隱《下第寄張坤》：「思量不及張公子，經歲山池醉酒樓。」前蜀・貫休《寄杭州靈隱寺宋震使君》：「月樹獼猴睡，山池菡萏疏。」

〔三〕秋季自然界的聲響，如風聲、落葉聲、蟲鳴聲等。北周・庾信《周譙國公夫人步陸孤氏墓誌銘》：「樹樹秋聲，山山寒色。」唐・李白《和盧侍御通塘曲》：「四邊苦竹秋聲起，長吟白雪望星河。」

其二

怪石〔一〕有千窟〔二〕，老松多半枝。清風灑巖洞，是我再來時〔三〕。

【校注】

〔一〕怪石：奇形怪狀的石頭。漢·揚雄《青州牧箴》：「鹽鐵之地，鉛松怪石。」唐·白居易《題東武丘寺六韻》：「怪石千僧坐，靈池一劍沉。」

〔二〕窟：洞穴。《戰國策·齊策》：「狡兔有三窟，僅得免其死耳。」唐·杜甫《同諸公登慈恩寺塔》：「仰穿龍蛇窟，始出枝撐幽。」

〔三〕再來時：再次登臨之時。元·耶律楚材《誠之索偈》：「劫火光中須退步，青春寧有再來時。」元·許有壬《黃陵廟》：「末路不求同死處，重華寧有再來。」

其三

人間酷暑〔一〕避不得，清風都在深山〔二〕中。池邊一坐即三日，忽見巖頭碧樹紅〔三〕。

【校注】

〔一〕酷暑：炎熱的夏天。宋·范仲淹《中元夜百花洲作》：「從來酷暑不可避，今夕涼生豈天意？」宋·釋惠洪《次韻諒上人南軒避暑》：「人間酷暑推不去，愛此南軒一榻空。」

〔二〕深山：幽深僻遠的山谷。《左傳·襄公二十一年》：「深山大澤，實生龍蛇。」南宋·朱熹《秀野以喜無多屋宇幸不礙雲山為韻賦詩熹伏讀佳作率爾攀和韻劇思慳無復律呂笑覽之餘賜以斤斧幸甚》：「我居深山中，茅舍破不補。」

〔三〕碧樹：綠色的樹木。《列子·湯問》：「碧樹而冬生，實丹而味酸。」唐·杜甫《晚秋長沙蔡五侍御飲筵送殷六參軍歸澧州覲省》：「高鳥黃雲暮，寒蟬碧樹秋。」元·耶律鑄《送魏隱居》：「雨寒秋泣黃華淡，霜重山涵碧樹紅。」

其四

兩到浮峰興〔一〕轉劇，醉眠〔二〕三日不知還〔三〕。眼前風景色色〔四〕異，惟有人聲〔五〕似世間。

【校注】

〔一〕興：興致。《晉書·王徽之傳》：「徽之曰：『本乘興而來，興盡而反，何必見安道？』」唐·陳子昂《入峭峽安居溪伐木溪源幽蓬林嶺相映有奇致焉》：「路迥光踰逼，山深興轉幽。」唐·錢起《陪郭常侍令公東亭宴集》：「飲德心皆醉，披雲興轉清。」唐·白居易《酬微之誇鏡湖》：「我嗟身老歲方徂，君更官高興轉孤。」

〔二〕醉眠：酒後酣眠。《宋書·陶潛傳》：「貴賤造之者，有酒輒設，潛若先醉，便

語客：『我醉欲眠，卿可去。』其真率如此。」唐・李白《山中與幽人對酌》：
「我醉欲眠卿且去，明朝有意抱琴來。」唐・杜甫《與李十二白同尋范十隱
居》：「醉眠秋共被，携手日同行。」

〔三〕不知還：流連忘返。唐・杜甫《滕王亭子》：「人到於今歌出牧，來遊此地不
知還。」唐孟浩然《宿立公房》：「能令許玄度，吟臥不知還。」

〔四〕色色：各式各樣，樣樣。《舊唐書・鄭覃傳》：「覃曰：『此科率多輕薄，不必
盡用。』帝曰：『輕薄敦厚，色色有之，未必獨在進士。』」唐・元稹《連昌
宮詞》：「逡巡大遍涼州徹，色色龜茲轟錄續。」

〔五〕人聲：人所發出的聲音。梁・江淹《青苔賦》：「戶牖秘兮不可見，履袂動兮
覺人聲。」唐・李白《謝公宅》：「竹裡無人聲，池中虛月白。」

姑蘇〔一〕吳氏海天樓〔二〕次鄺尹〔三〕韻

晴雪〔四〕吹寒春事濃〔五〕，江樓〔六〕三月尚殘冬〔七〕。青山暗逐〔八〕
回廊〔九〕轉，碧海真成捷徑通〔十〕。風暖簷牙〔十一〕雙燕劇，雲深簾幙
〔十二〕萬花重。倚闌天北疑回首，想像〔十三〕丹梯〔十四〕下六龍〔十五〕。

【編年】

此詩弘治十五年（1502）作於江蘇蘇州。

【校注】

〔一〕姑蘇：江蘇省吳縣的古稱。《荀子・宥坐》：「女以諫者為必用邪？吳子胥不磔
姑蘇東門外乎！」唐・李白《烏棲》：「曲姑蘇臺上烏棲時，吳王宮裡醉西施。」
唐・張繼《楓橋夜泊》：「姑蘇城外寒山寺，夜半鐘聲到客船。」

〔二〕吳氏海天樓：地名，待考。

〔三〕鄺尹：人名，待考。

〔四〕晴雪：天晴之後尚未融化的積雪。唐・杜甫《謁真諦寺禪師》：「凍泉依細石，
晴雪落長松。」唐・錢起《和王員外晴雪早朝》：「紫微晴雪帶恩光，繞仗偏
隨駕鷺行。」

〔五〕春事濃：春意濃。宋・蔡襄《和王學士水車》：「星鳥正中春事濃，農夫入田
布嘉種。」宋・魏了翁《餞章郎中燮以浙東倉歸湖州》：「武陵城中春事濃，
楝花欲開未開風。」

〔六〕江樓：吳氏海天樓。

〔七〕殘冬：冬季將要結束之時。宋・蘇徹《雪中會孫洙舍人飲王氏西堂戲成三

絕》：「新歲逼人無一日，殘冬飛雪已三廻。」宋‧陸游《辛丑正月三日雪》：
「開歲尚殘冬，佳哉雪意濃。」

〔八〕暗逐：暗自追逐。北周‧庾信《哀江南賦》：「機隨螫燕，暗逐流螢。」唐‧
韓偓《半醉》：「壯心暗逐高歌盡，往事空因半醉來。」

〔九〕回廊：曲折回環的走廊。唐‧王勃《梓州通泉縣惠普寺碑》：「紺壇煙屬，疏
絕閣而三休；紫殿雲深，徹迴廊而四注。」唐‧杜甫《涪城縣香積寺官閣》：
「小院迴廊春寂寂，浴鳧飛鷺晚悠悠。」

〔十〕此句從模擬唐李白《江夏別宋之悌》：「楚水清若空，遙將碧海通。」晉‧張
華《博物志》：「舊說云天河與海通。近世有人居海濱者，年年八月有浮槎，
去來不失期。人有奇志，立飛閣於槎上，多齎糧，乘槎而去。十餘日中，猶
觀星月日辰。自後芒芒忽忽，亦不覺晝夜。去十餘日，奄至一處，有城郭狀，
屋舍甚嚴，遙望宮中多織婦，見一丈夫牽牛渚次飲之。牽牛人乃驚問曰：『何
由至此？』此人具說來意，並問此是何處。答曰：『君還至蜀郡，訪嚴君平則
知之。』竟不上岸，因還如期。後至蜀問君平，曰：『某年月日，有客星犯牽
牛宿。』計年月，正是此人到天河時也。」

〔十一〕簷牙：房簷邊際翹出的好像牙齒一般的部分。唐‧杜牧《阿房宮賦》：「廊腰
縵迴，簷牙高啄。」宋‧張耒《夏日三首》：「長夏江村風日清，簷牙燕雀已
生成。」

〔十二〕簾幙：猶簾幕，門窗的簾子與帷幕。唐‧劉禹錫《同樂天和微之深春二十首》：
「畫堂簾幕外，來去燕飛斜。」宋‧陸游《初夏》：「深深簾幕度香縷，寂寂
房櫳聞燕聲。」

〔十三〕想像：懷想、思念。戰國‧屈原《遠遊》：「思舊故以想像兮，長太息而掩涕。」
唐‧李商隱《及第東歸次灞上卻寄同年》：「下苑經過勞想像，東門送餞又差
池。」

〔十四〕丹墀：猶丹墀，宮殿前紅色的台階或地面。《宋書‧百官志上》：「殿以胡粉塗
壁，畫古賢烈士。以丹朱色地，謂之丹墀。」漢‧班固《漢書‧外戚列傳下》：
「俯視兮丹墀，思君兮履綦。仰視兮雲屋，雙涕兮橫流。」唐‧許渾《送上
元王明府赴任》：「官滿定知歸未得，九重霄漢有丹梯。」

〔十五〕六龍：古代馬八尺稱為龍，天子的車駕為六匹馬，故稱六龍。漢‧劉歆《述
初賦》：「摠六龍於駟房兮，奉華蓋於帝側。」唐‧李白《上皇西巡南京歌》：
「誰道君王行路難，六龍西幸萬人歡。」

【著錄】

明‧曹學佺編《石倉歷代詩選》卷四百五十五著錄此詩。

山中立秋日偶書

風吹蟬聲亂〔一〕，林臥驚新秋〔三〕。山池靜澄碧〔四〕，暑氣亦已收〔五〕。青峰出白雲，突兀〔六〕成瓊樓〔七〕。祖裼〔八〕坐溪石，對之心悠悠〔九〕。倏忽〔十〕無定態，變化不可求。浩然發長嘯〔十一〕，忽起雙白鷗〔十二〕。

【編年】

此詩弘治十五年（1502）作，地點不詳。

【校注】

〔一〕蟬聲亂：唐‧趙嘏《聽蟬》：「噪蟬聲亂日初曛，絃管樓中永不聞。」

〔二〕林臥：在山林之間坐臥。唐‧陳子昂《酬暉上人夏日林泉見贈》：「林臥對軒窗，山陰滿庭戶。」唐‧錢起《仲春晚尋覆釜山》：「方嗤嵇叔夜，林臥方沈湎。」

〔三〕新秋：初秋。晉‧陶潛《辛丑歲七月赴假還江陵夜行塗中》：「叩枻新秋月，臨流別友生。」宋‧歐陽修《招許主客》：「欲將何物招嘉客，惟有新秋一味涼。」

〔四〕澄碧：清澈而碧綠。唐‧李白《赤壁歌送別》：「君去滄江望澄碧，鯨鯢唐突留餘跡。」唐‧杜甫《寄薛三郎中璩》：「鼓枻視青旻，鳳池日澄碧。」

〔五〕暑氣亦已收：暑氣慢慢退卻。唐‧杜荀鶴《夏日留題張山人林亭》：「此中偏稱夏中遊，時有風來暑氣收。」宋‧廖行之《壽巴陵朱宰》：「湖平一碧波光靜，雨足千崖暑氣收。」

〔六〕突兀：突然。唐‧韓愈《送僧澄觀》：「赤火燒水轉掃地空，突兀便高三百尺。」宋‧司馬光《苦雨》：「喧豗流潦怒，突兀壞垣禿。」

〔七〕瓊樓：華美的樓臺建築，神仙世界中的仙宮。唐‧李白《少年子》：「金丸落飛鳥，夜入瓊樓臥。」宋‧蘇軾《六月十二日酒醒步月理髮而寢》：「曲肱薤簟有佳處，夢覺瓊樓空斷魂。」

〔八〕祖裼：敞開上衣，裸露身體。《孟子‧公孫丑章句上》：「爾為爾，我為我，雖祖裼裸裎於我側，爾焉能浼我哉？」唐‧劉禹錫《武夫詞》：「酣歌高樓上，祖裼大道旁。」

〔九〕悠悠：心情閒適。《梁書‧張充傳》：「悠悠琴酒，岫遠誰來；灼灼文談，空罷方寸。」唐‧高適《封丘縣》：「我本漁樵孟諸野，一生自是悠悠者。」

〔十〕倏忽：頃刻之間。戰國‧屈原《天問》：「雄虺九首，儵忽焉在。」南朝‧宋‧鮑照《潯陽還都道中》：「絕目盡平原，時見遠煙浮。倏忽坐還合，俄思甚兼秋。」

〔十一〕長嘯：發出悠長的嘯聲，古人經常以此表達內心的情愫。北朝‧周‧庾信《奉和趙王隱士》：「阮籍惟長嘯，嵇康訝一弦。」唐‧李白《贈崔郎中宗之》：「長嘯倚孤劍，目極心悠悠。」

〔十二〕白鷗：水鳥名，古代詩文中經常用來表達隱逸情懷。《列子‧黃帝篇》：「海上之人有好鷗鳥者，每旦之海上，從鷗鳥遊，鷗鳥之至者數百往而不止。其父曰：『吾聞鷗鳥皆從汝遊，汝取來吾玩之。』明日之海上，鷗鳥舞而不下也。」唐‧李白《古風》：「搖裔雙白鷗，鳴飛滄江流。」唐‧杜甫《去蜀》：「萬事已黃髮，殘生隨白鷗。安危大臣在，何必淚長流。」

【著錄】

明‧曹學佺編《石倉歷代詩選》卷四百五十五、清‧陳田輯《明詩紀事》丁籤卷十三著錄此詩。

夜雨山翁家偶書

山空秋夜靜，月明松檜〔一〕涼。沿溪步月色，溪影搖空蒼〔二〕。山翁隔水語，酒熟呼我嘗。褰衣〔三〕涉溪去，笑引開竹房〔四〕。謙言值暮夜，盤飧百無將。露華〔五〕明橘柚，摘獻冰盤〔六〕香。洗盞對酬酢〔七〕，浩歌〔八〕入蒼茫。醉拂巖石臥，言歸〔九〕遂相忘〔十〕。

【編年】

此詩弘治十五年（1502）作，地點不詳。

【校注】

〔一〕松檜：松樹和檜樹。宋‧蘇軾《竹間亭小酌懷歐陽叔弼季默呈趙景貺陳履常》：「水天鷗鷺靜，月露松檜香。」宋‧陸游《庚戌正月三日約同舍遊西湖》：「道旁松檜俱無恙，笑我重來雪滿顛。」

〔二〕空蒼：蒼茫的天空。宋‧王洋《庚午歲伯氏生朝作樂府一章為壽》：「天上老驥禾充腸，一秣萬里漬空蒼。」宋‧舒岳祥《題蕭照畫卷》：「遠峰沒空蒼，近樹森立壁。」

〔三〕褰衣：提起衣服。《詩經・邶風・匏有苦葉》：「匏有苦葉，濟有深涉。深則厲，淺則揭。」毛傳曰：「揭，褰衣也。」宋・蘇軾《月夜與客飲酒杏花下》：「褰衣步月踏花影，炯如流水涵青蘋。」

〔四〕開竹房：唐・任翻《宿巾子山禪寺》：「前峰月映半江水，僧在翠微開竹房。」

〔五〕露華：露珠。南朝・梁・江淹《惜晚春應劉祕書》：「風光多樹色，露華翻蕙陰。」唐・姚合《喜雍陶秋夜訪宿》：「露華明菊上，螢影滅燈前。」

〔六〕冰盤：大的瓷盤。唐・韓愈《李花》：「冰盤夏薦碧實脆，斥去不御慳其花。」宋・蘇軾《訪詹使君食槐芽冷淘》：「青浮卵盌槐芽餅，紅點冰盤藿葉魚。」

〔七〕酬酢：筵席中主客互相敬酒，主人敬客人謂之酬，客人敬主人謂之酢。《淮南子・主術訓》：「觴酌俎豆酬酢之禮，所以效善也。」宋・陸游《獨行過柳橋而歸》：「徐行過傍舍，醉笑盛醻酢。」

〔八〕浩歌：放聲長歌。戰國・屈原《大司命》：「望美人兮未來，臨風恍兮浩歌。」唐・李白《山人勸酒》：「浩歌望嵩嶽，意氣還相傾。」

〔九〕言歸：言，語助詞。歸，歸去。《詩經・周南・葛覃》：「言告師氏，言告言歸。」三國・曹植《節遊賦》：「非經國之大綱，罷曲宴而旋復，遂言歸乎舊房。」

〔十〕相忘：互相忘卻。《莊子・大宗師》：「泉涸，魚相與處於陸，相呴以濕，相濡以沫，不如相忘於江湖。」唐・杜甫《潭州送韋貟外牧韶州浻》：「洞庭無過雁，書疏莫相忘。」

【著錄】

明・曹學佺編《石倉歷代詩選》卷四百五十五著錄此詩。

尋春

十里湖光〔一〕放小舟，謾尋春事〔二〕及西疇〔三〕。江鷗意到忽飛去，野老〔四〕情深只自留。日暮草香〔五〕含雨氣，九峰〔六〕晴色散溪流。吾儕〔七〕是處皆行樂〔八〕，何必蘭亭〔九〕說舊遊？

【編年】

此詩弘治十六年（1503）作於浙江紹興。

【校注】

〔一〕十里湖光：此處所言之湖，疑即紹興鏡湖。唐・李白《送賀賓客歸越》：「鏡湖流水漾清波，狂客歸舟逸興多。」宋・陸游《初夏懷故山》：「鏡湖四月正清和，白墻紅橋小艇過。」

〔二〕春事：春耕。唐・王勃《羈春》：「客心千里倦，春事一朝歸。」唐・杜甫《曲江陪鄭八丈南史飲》：「自知白髮非春事，且盡芳樽戀物華。」

〔三〕西疇：西邊的田疇。該句模擬晉・陶潛《歸去來兮辭》：「農人告余以春及，將有事於西疇。」

〔四〕野老：山野村莊的老人。北朝・周・庾信《擬詠懷》：「野老披荷葉，家童掃栗跗。」唐・李白《答從弟幼成過西園見贈》：「山童薦珍果，野老開芳罇。」

〔五〕草香：春草散發出的清香。唐・白居易《寒食江畔》：「草香沙暖水雲晴，風景令人憶帝京。」宋・蘇軾《雨晴後步至四望亭下魚池上遂自乾明寺前東岡上歸二首》：「暮色千山入，春風百草香。」

〔六〕九峰：今紹興九峰山。明・張元忭《萬曆紹興府志》卷五：「九峰山，在縣東南六十里。」

〔七〕吾儕：我輩之人。《左傳・宣公十一年》：「吾儕小人，所謂取諸其懷而與之也。」唐・杜甫《宴胡侍御書堂》：「今夜文星動，吾儕醉不歸。」

〔八〕行樂：宴遊取樂。南朝・齊・謝朓《遊東田》：「戚戚苦無悰，携手共行樂。」唐・杜甫《曲江》：「細推物理須行樂，何用浮名絆此身。」

〔九〕蘭亭：亭子名，在紹興市西南之蘭渚山上。永和九年（353），王羲之、謝安等來此修禊，王羲之作《蘭亭集序》。明・張元忭《萬曆紹興府志》卷九：「蘭亭，在府城西南二十七里。《越絕書》：『句踐種蘭渚田。』晉右軍將軍會稽內史王羲之與同志太原孫綽、陳留謝安及其子獻之等四十二人修禊於此。」

【著錄】

明・曹學佺編《石倉歷代詩選》卷四百五十五、清・陳田輯《明詩紀事》丁籤卷十三著錄此詩。

西湖醉中漫書二首〔一〕

【編年】

此組詩弘治十六年（1503）作於浙江杭州。

明田汝成將《醉中漫書》（從詩的內容看，即《西湖醉中漫書二首》之第一首）繫年於正德十四年（1519），誤。

明田汝成《西湖遊覽志餘》卷七：「王伯安守仁之既擒宸濠也，忽傳王師已及徐、淮，遂乘夜遄發至錢唐，凜凜焉不勝憂慄。作詩云：靈鷲高林暑氣清，竺天石壁雨痕晴。客來湖上逢雲起，僧住峰頭話月明。世路久知難直道，

此身那得尚虛名。移家早定孤山計，種果誅茅卻易成。頃之，王師遣人追宸濠，復還江西，遂謝病，居靜慈寺。作詩云：老屋深松覆古藤，羈棲猶記昔年曾。棋聲竹裏消閒晝，藥裹窗前對病僧。煙艇避人常曉出，高峰望遠亦時登。而今更自多牽俗，欲似當年又不能。又云：常苦人間不盡愁，每拚除是入山休。若為此夜山中宿，猶自中宵煎百憂。百戰西江方底定，六飛南甸尚淹留。何人真有回天力，諸老能無取日謀。又《醉中漫書》：十年塵海勞魂夢，此日重來眼倍清。好景恨無蘇老筆，乞歸徒有賀公情。白鼉飛處青林晚，翠壁明邊返照晴。爛醉湖雲宿湖寺，不知山月墮江城。」

錢德洪《陽明先生年譜》曰：「正德十四年九月壬寅，獻俘錢塘，以病留。九月十一日，先生獻俘發南昌。忠、泰等欲追還之，議將縱之鄱湖，俟武宗親與遇戰，而後奏凱論功。連遣人追至廣信。先生不聽，乘夜過玉山草、萍驛。張永候於杭，先生見永，謂曰：『江西之民，久遭濠毒，今經大亂，繼以旱災，又供京邊軍餉，困苦既極，必逃聚山谷為亂。昔助濠尚為脅從，今為窮迫所激，奸黨群起，天下遂成土崩之勢。至是興兵定亂，不亦難乎？』永深然之，乃徐曰：『吾之此出，為群小在君側，欲調護左右，以默輔聖躬，非為掩功來也。但皇上順其意而行，猶可挽回，萬一若逆其意，徒激群小之怒，無救於天下大計矣。』於是先生信其無他，以濠付之，稱病西湖靜慈寺。」根據年譜記載，可知陽明此次稱病西湖，乃是正德十四年（1519）九月之事，但陽明《西湖醉中漫書二首》中所言養病西湖，乃在弘治十六年（1503），觀《年譜》可知。錢德洪《陽明先生年譜》曰：「正德十五年，是年先生漸悟仙、釋二氏之非。先是五月復命，京中舊遊俱以才名相馳騁，學古詩文。先生歎曰：『吾焉能以有限精神，為無用之虛文也！』遂告病歸，越築室陽明洞中，行導引術。久之，遂先知。一日坐洞中，友人王思輿等四人來訪，方出五雲門，先生即命僕迎之，且歷語其來迹。僕遇諸途，與語良合。眾驚異，以為得道。久之，悟曰：『此簸弄精神，非道也。』又屏去。已而靜久，思離世遠去，惟祖母岑與龍山公在念，因循未決。久之，又忽悟曰：『此念生於孩提。此念可去，是斷滅種性矣。』明年，遂移疾錢塘西湖，復思用世，往來南屏、虎跑諸剎。」

其一

十年〔一〕塵海〔二〕勞魂夢〔三〕，此日重來眼倍清。好景恨無蘇老〔四〕筆，乞歸〔五〕徒有賀公〔六〕情。白鼉飛處青林晚，翠壁明邊返照晴。爛

醉〔七〕湖雲宿湖寺，不知山月墮江城。

【校注】

〔一〕十年：自弘治五年（1492）至今，陽明的思想發生了幾次大的變化，從格物之學、詞章之學、仙釋之學復歸到儒家正軌。

錢德洪《陽明先生年譜》曰：「弘治五年，舉浙江鄉試。是年為宋儒格物之學。先生始侍龍山公於京師，徧求考亭遺書讀之。一日，思先儒謂眾物必有表裡精麤，一草一木，皆涵至理。官署中多竹，即取竹格之，沉思其理不得，遂遇疾。先生自委聖賢有分，乃隨世就辭章之學。明年春，會試下第，縉紳知者咸來慰諭。宰相李西涯戲曰：『汝今歲不第，來科必為狀元，試作《來科狀元賦》。』先生懸筆立就。諸老驚曰：『天才！天才！』退有忌者曰：『此子取上第，目中無我輩矣。』及丙辰會試，果為忌者所抑。同舍有以不第為恥者，先生慰之曰：『世以不得第為恥，吾以不得第動心為恥。』識者服之。歸餘姚，結詩社龍泉山寺。致仕方伯魏瀚平時以雄才自放，與先生登龍山，對奕聯詩，有佳句輒為先生得之，乃謝曰：『老夫當退數舍』。」可知陽明二十一歲時，對朱熹哲學深感興趣，儘管陽明格庭前竹子的實踐沒有成功，但是這次經歷，對他以後的思想創造起到了關鍵性作用。另外，陽明為了準備科舉，本年前後，認真專研詩文，並取得了不俗成就，獲得了師長友朋的稱讚。

弘治十年（1497），沉溺於兵法之學。錢德洪《陽明先生年譜》曰：「是年先生學兵法。當時邊報甚急，朝廷推舉將才，莫不遑遽。先生念武舉之設，僅得騎射搏擊之士，而不可以收韜略統馭之才。於是留情武事，凡兵家祕書，莫不精究。每遇賓宴，嘗聚菓核列陣勢為戲。」

弘治十一年（1498），癡迷於養生之學。錢德洪《陽明先生年譜》曰：「是年先生談養生。先生自念辭章藝能不足以通至道，求師友於天下又不數遇，心持惶惑。一日讀晦翁上宋光宗疏，有曰：『居敬持志為讀書之本，循序致精為讀書之法。』乃悔前日探討雖博，而未嘗循序以致精，宜無所得，又循其序，思得漸漬洽浹，然物理吾心終若判而為二也。沉鬱既久，舊疾復作，益委聖賢有分。偶聞道士談養生，遂有遺世入山之意。」

弘治十四年（1501），遊九華山，訪道士蔡蓬頭、地藏洞方外之士。錢德洪《陽明先生年譜》曰：「先生錄囚多所平反。事峻，遂遊九華，作《遊九華賦》。宿無相、化城諸寺。是時道者蔡蓬頭善談仙，待以客禮。請問。蔡曰：『尚未。』有頃，屏左右，引至後亭，再拜請問。蔡曰：『尚未。』問至再三，蔡曰：『汝

後堂後亭禮雖隆，終不忘官相。』一笑而別。聞地藏洞有異人，坐臥松毛，不火食，歷巖險訪之。正熟睡，先生坐傍撫其足。有頃醒，驚曰：『路險何得至此！』因論最上乘曰：『周濂溪、程明道是儒家兩箇好秀才。』後再至，其人已他移，故後有會心人遠之歎。」

〔二〕塵海：塵世，人世間。宋·張耒《重到臨淮壽聖院》：「世界揚塵海，淳生不繫船。」元·釋善住《破山興福寺用唐常建韻》：「不是禪門靜，爭知塵海深。」

〔三〕魂夢：夢境。十年來，王陽明在思想上有多重嘗試，有多重挫折，回想這十年來的思想歷程，如夢如幻一般。唐·李白《清平樂》：「夜夜長留半被，待君魂夢歸來。」唐·白居易《霓裳羽衣舞歌》：「疑從魂夢呼召來，似著丹青圖寫出。」

〔四〕蘇老：蘇軾。蘇軾曾兩次出仕杭州，留下大量優秀詩文。熙寧四年（1071），蘇軾奉命通判杭州；元祐四年（1089），蘇軾以龍圖閣學士充兩浙西路兵馬鈐轄知杭州軍事。元祐五年（1090），春夏之間，疏浚西湖，築堤湖上，後世稱為「蘇公堤」，蘇堤春曉也是西湖十景之首。

〔五〕乞歸：請求辭職歸鄉。《後漢書》卷五十四《馬防傳》：「防後以江南下溼，上書乞歸本郡，和帝聽之。」唐·杜甫《寄李十二白二十韻》：「乞歸優詔許，遇我宿心親。」

〔六〕賀公：賀知章。《舊唐書》卷一百九十《賀知章傳》：「賀知章，會稽永興人。……天寶三載，知章因病恍惚，乃上疏請度為道士，求還鄉里，仍捨本鄉宅為觀。上許之，仍拜其子典設郎曾為會稽郡司馬，仍令侍養。御製詩以贈行，皇太子已下咸就執別。至鄉無幾壽終，年八十六。」

〔七〕爛醉：大醉。唐·杜甫《杜位宅守歲》：「誰能更拘束？爛醉是生涯。」宋·辛棄疾《鷓鴣天·用前韻賦梅》：「直須爛醉燒銀燭，橫笛難堪一再風。」

【著錄】

明·曹學佺編《石倉歷代詩選》卷四百五十五著錄此詩。

其二

掩映〔一〕紅妝〔二〕莫謾猜，隔林知是藕花開〔三〕。共君醉臥不須到，自有香風拂面來〔四〕。

【校注】

〔一〕掩映：時隱時現。唐·白居易《夜泛陽塢入明月灣即事寄崔湖州》：「掩映橘

林千點火，泓澄潭水一盆油。」宋・晏殊《漁家傲・嫩綠堪裁紅欲綻》：「風
颭亂，高低掩映千千萬。」

〔二〕紅妝：花卉。唐・孫逖《和常州崔使君〈詠後庭梅〉》之一：「弱幹紅妝倚，
繁香翠羽尋。」宋・蘇軾《海棠》：「只恐夜深花睡去，故燒高燭照紅妝。」
元・高明《琵琶記・伯喈彈琴訴怨》：「向晚來雨過南軒，見池面紅妝零亂……
只見荷香十里，新月一鉤，此景佳無限。」

〔三〕藕花開：明・田汝成《西湖遊覽志》卷三：「藕花居者，洪武中靜慈僧廣衍建。
衍以博學徵修《大典》，歸老於此，林亭幽雅，開傍湖濱，長夏荷舒，清馥滿
室。塔畔有東退居者，亦衍別業也。王伯安：掩映紅妝莫漫猜，隔林知是藕
花開。共君醉臥不須扇，自有香風拂面來。」

〔四〕岡田武彥《王陽明大傳》：「在最後兩句中，王陽明說沒有必要到蓮池旁去賞
花，醉臥岸邊，微風一樣會把蓮花的芬芳送到你面前。」（第150頁）

【著錄】

明・釋大壑撰《南屏靜慈寺志》卷二建置篇著錄此詩，題為《藕花居詩》；
明・田汝成撰《西湖遊覽志》卷三著錄此詩，題為《藕花居詩》；清・梁詩正
撰《西湖志纂》卷四、清・嵇曾筠撰《雍正浙江通志》卷四十著錄此詩。

九華山〔一〕下柯秀才〔二〕家

蒼峰抱層嶂〔三〕，翠瀑繞雙溪。下有幽人宅〔四〕，蘿深客到迷。

【編年】

此詩弘治十六年（1503）作於安徽青陽。

【校注】

〔一〕九華：九華山。《辭海》：「在安徽省青陽縣南。舊名九子山，因有九峰，形似
蓮花，故名。主峰十王峰，海拔1342米。有肉身寶殿、化城寺、甘露寺、地
藏禪林等寺廟。傳為地藏菩薩顯靈說法的道場，與五臺、普陀、峨眉合稱中
國佛教四大名山，為全國重點風景名勝區。」

〔二〕柯秀才：《王陽明全集》卷二十有《雙峰遺柯生喬》，此處所言之柯秀才疑即
是柯喬。

〔三〕層嶂：重疊如屏障一般的山峰。宋・文同《青烏》：「青烏客館之東軒，前對長
江隔層嶂。」明・高啟《登陽山絕頂》：「長風吹人度層嶂，不用仙翁赤城杖。」

〔四〕幽人宅：幽隱人士的宅院。《易・履》：「履道坦坦，幽人貞吉。」孔穎達疏：
「幽人貞吉者，既無險難，故在幽隱之人守正得吉。」唐・李白《宴陶家亭
子》：「曲巷幽人宅，高門大士家。」

【著錄】

明・曹學佺編《石倉歷代詩選》卷四百五十五著錄此詩。

夜宿無相寺

春宵臥無相，月照五溪花。掬水洗雙眼〔一〕，披雲看九華。巖頭金
佛國〔二〕，樹杪謫仙家〔三〕。彷彿聞笙鶴〔四〕，青天落絳霞。

【編年】

此詩弘治十六年（1503）作於安徽青陽九華山。

無相寺，《雍正江南通志》卷四十七：「無相寺，在九華山頭陀嶺下。唐
開元初建，王季友故宅也。宋治平中賜今額。」

【校注】

〔一〕掬水：雙手捧水。唐・于良史《春山夜月》：「水月在手，弄花香滿衣。」宋・
王禹偁《白龍泉》：「聊將一掬水，洗我面嶃岏。」

〔二〕金佛國：九華山。

〔三〕謫仙家：李白遊覽九華山時的住所。天寶十三載（754），遊青陽，改九子山
為九華山，有《望九華山贈青陽韋仲堪》、《九華山聯句》等詩。

〔四〕笙鶴：漢・劉向《列仙傳》：「周靈王太子晉（王子喬），好吹笙，作鳳鳴，游
伊洛間，道士浮丘公接上嵩山。三十餘年後，乘白鶴駐緱氏山頂，舉手謝時
人仙去。」後以笙鶴指仙人乘騎之仙鶴。唐・杜甫《玉臺觀》：「人傳有笙鶴，
時過北山頭。」宋・姜夔《阮郎歸》：「與君閒看壁間題：夜涼笙鶴期。」

【著錄】

明・曹學佺編《石倉歷代詩選》卷四百五十五著錄此詩；明・顧元鏡撰
《九華志》卷五文翰著錄此詩，題為《宿無相寺》。

題四老〔一〕圍棋圖

世外煙霞亦許時，至今風致後人思。卻懷劉項當年事〔二〕，不及山
中一著棋〔三〕。

【編年】

　　此詩弘治十六年（1503）作於安徽青陽。

【校注】

〔一〕四老：疑為商山四皓。秦末東園公、綺里季、夏黃公、甪里先生，避秦亂，
　　　隱商山，年皆八十有餘，鬚眉皓白，時稱商山四皓。漢·司馬遷《史記·留
　　　侯世家》：「高祖召，不應。後高祖欲廢太子，呂后用留侯計，迎四皓，輔太
　　　子，遂使高祖輟廢太子之議。」漢·班固《漢書·張良傳》：「顧上有所不能
　　　致者四人。」唐·顏師古注：「四人，謂園公、綺里季、夏黃公、甪里先生，
　　　所謂商山四皓也。」漢·荀悅《申鑒·雜言上》：「高祖雖能申威於秦、項，
　　　而屈於商山四公。」

〔二〕劉項：劉邦、項羽。

〔三〕一著棋：漢·荀悅《申鑒·雜言上》：「高祖雖能申威於秦、項，而屈於商山
　　　四公。」南朝·梁·任昉《述異記》卷上：「晉時王質伐木，至，見童子數人，
　　　棋而歌，質因聽之。童子以一物與質，如棗核，質含之，不覺飢。俄頃，童
　　　子謂曰：『何不去？』質起，視斧柯爛盡，既歸，無復時人。」

【著錄】

　　清·《題畫詩》卷三十四故實類著錄此詩。

無相寺三首

【編年】

　　此組詩弘治十六年（1503）作於安徽青陽。

其一

老僧巖下屋，繞屋皆松竹。朝聞春鳥啼，夜伴巖虎〔一〕宿。

【校注】

〔一〕巖虎：巖下之虎。舊傳高僧有伏虎之異能。唐·高適《同馬太守聽九思法師
　　　講金剛經》：「鳴鍾山虎伏，說法天龍會。」宋·惠洪《石門文字禪》卷三十
　　　《雲庵真淨和尚行狀》曰：「翌日，命齋，師方趨就席，有犬逸出屏幃間，師
　　　少避之。錢公嘲之曰：『禪者固能伏虎，反畏犬耶？』師應聲曰：『易伏隈巖
　　　虎，難降護宅龍。』錢公大喜，願日聞道。」

【著錄】

明・曹學佺編《石倉歷代詩選》卷四百五十五著錄此詩。

其二

坐望九華碧，浮雲生曉寒。山靈〔一〕應祕惜〔二〕，不許俗人看。

【校注】

〔一〕山靈：山神。漢・班固《東都賦》：「山靈護野，屬御方神。」李善注：「山靈，山神也。」元・房㼖《送王升卿》：「我欲從君覓隱居，卻恐山靈嫌俗駕。」

〔二〕祕惜：隱密珍惜，不輕易示人。宋・蘇軾《龍虎鉛汞論》：「卷舌以舐懸癰，近得此法，初甚祕惜，云此禪家所得向上一路，千金不傳。」宋・洪邁《夷堅志・伊陽古瓶》：「凡他物有水者皆凍，獨此餅不然……張或與客出郊，置餅於篋，傾水淪茗，皆如新沸者，自是始知祕惜。」

【著錄】

明・曹學佺編《石倉歷代詩選》卷四百五十五著錄此詩。

其三

靜夜〔一〕聞林雨，山靈似欲留。只愁梯石滑，不得到峰頭。

【校注】

〔一〕靜夜：寂靜的夜晚。三國・魏・曹丕《長歌行》：「靜夜不能寐，耳聽眾禽鳴。」宋・陳與義《今夕》：「微陰拱眾木，靜夜聞孤泉。」

【著錄】

明・曹學佺編《石倉歷代詩選》卷四百五十五著錄此詩。

化城寺六首

【編年】

此組詩弘治十六年（1503）六月作於安徽青陽九華山。

化城寺：《雍正江南通志》卷四十七曰：「化城寺，在青陽縣九華山。晉隆安五年，杯渡禪師創寺於此，名九華。唐至德中，金地藏自新羅至此，閔讓和捨地築寺居之。建中初，刺史張巖奏定寺名曰化城。」

其一

化城高住萬山深，樓閣憑空上界〔一〕侵。天外清秋度明月，人間微

雨結浮陰〔二〕。鉢龍降處雲生座〔三〕，巖虎歸時風滿林〔四〕。最愛山僧能好事〔五〕，夜堂燈火伴孤吟〔六〕。

【校注】

〔一〕上界：天界。指仙佛所居之地。唐‧張九齡《祠紫蓋山經玉泉山寺》：「上界投佛影，中天揚梵音。」《雲笈七籤》卷十三：「上界宮館，生於窈冥，皆有五色之氣而結成。」

〔二〕浮陰：漂浮的陰雲。梁‧簡文帝《初秋》：「浮陰即染浪，清氣始乘衣。」唐‧孟郊《感別送從叔校書簡再登科東歸》：「長安車馬道，高槐結浮陰。」

〔三〕鉢龍：《晉書》卷九十五《僧涉傳》：「僧涉者，西域人也。不知何姓，少為沙門。苻堅時，入長安。虛靜服氣，不食五穀，日能行五百里，言未然之事驗若指掌。能以祕祝下神龍。每旱，堅常使之呪龍請雨。俄而龍下鉢中，天輒大雨。堅及群臣親就鉢觀之。卒於長安。後大旱移時，苻堅歎曰：『涉公在此，豈憂此乎？』」唐‧李坤《鑒玄影堂》：「龍鉢已傾無法雨，虎牀猶在有悲風。」

〔四〕此二句可參《周易‧乾卦》：「九五曰飛龍在天，利見大人，何謂也？子曰：同聲相應，同氣相求，水流濕，火就燥，雲從龍，風從虎，聖人作而萬物睹。本乎天者親上，本乎地者親下，則各從其類也。」

〔五〕宋‧陸游《法雲孚上座求詩》：「堪笑山僧能好事，乞碑纔去覓詩來。」

〔六〕孤吟：獨自吟詠。宋‧蘇軾《謝人見和前篇二首》詩之一：「書生事業真堪笑，忍凍孤吟筆退尖。」宋‧陸游《夜聞雨聲》：「未妨膹擁寒衾臥，贏取孤吟入斷編。」

【著錄】

明‧曹學佺編《石倉歷代詩選》卷四百五十五、清‧嵇曾筠撰《雍正浙江通志》卷二百七十六、清‧聖祖玄燁《佩文齋詠物詩選》卷二百三十二著錄此詩。

其二

雲裏軒窗〔一〕半上鉤，望中〔二〕千里見江流。高林日出三更曉，幽谷風多六月秋〔三〕。仙骨〔四〕自憐何日化，塵緣〔五〕翻覺此生浮〔六〕。夜深忽起蓬萊興，飛上青天十二樓〔七〕。

【校注】

〔一〕軒窗：窗戶。唐‧李白《瑩禪師房觀山海圖》：「蓬壺來軒窗，瀛海入几案。」

宋・陸游《夜意》:「悠然坐待東方白,卻看軒窗淡日生。」

〔二〕望中:視野之中。唐・皎然《秋日毘陵南寺送潘述之揚州》:「望中千里隔,暮歸西山曲。」宋・蘇頌《宜遠橋》:「信步到橋邊,望中千里近。」

〔三〕此二句句法疑參明・吳伯宗《奉使安南國聞角》:「夢殘明月三更曉,心逐閒雲萬里秋。」明・方孝孺《登岱》:「海明日觀三更曉,風動天門九夏秋。」

〔四〕仙骨:道教術語,指成仙的潛質。《太平廣記》卷五引晉・葛洪《神仙傳》:「墨子入周狄山,精思道法,神人授以素書二十五篇,曰:『子有仙骨,又聰明,得此便成,不復須師。』」唐・杜甫《送孔巢父謝病歸遊江東兼呈李白》:「自是君身有仙骨,世人那得知其故。」宋・陸游《梅花》:「霧雨更知仙骨別,鉛丹那悟色塵空。」

〔五〕塵緣:塵世因緣。《圓覺經》:「妄認四大為自身相,六塵緣影為自心相。」唐・韋應物《春月觀省屬城始憩東西林精舍》:「佳士亦棲息,善身絕塵緣。」宋・陸游《夢仙》:「惆悵塵緣重,夢殘更未殘。」

〔六〕此生浮:此生虛空而不實。唐・杜甫《重題》:「兒童相顧盡,宇宙此生浮。」宋・陸游《夜坐庭中達旦》:「老矣常嗟去日遒,病來更覺此生浮。」

〔七〕十二樓:指神話傳說中的仙人所居之處。《史記・封禪書》:「方士有言『黃帝時為五城十二樓,以候神人於執期,命曰迎年』。上許作之如方,命曰明年。」《漢書・郊祀志下》:「五城十二樓。」顏師古注引應劭曰:「仙人之所常居。」唐・李白《經亂離後贈江夏韋太守良宰》:「天上白玉京,十二樓五城。」

【著錄】

明・曹學佺編《石倉歷代詩選》卷四百五十五著錄此詩;清・彭孫貽輯《明詩鈔》卷九、明・王崇撰《(嘉靖)池州府志)》卷八著錄此詩,題為《遊九華山二首》。

其三

雲端鼓角〔一〕落星斗,松頂袈裟散雨花。一百六峰開碧漢〔二〕,八十四梯踏紫霞〔三〕。山空仙骨葬金槨,春暖石芝〔四〕抽玉芽。獨揮談麈拂煙霧,一笑天地真無涯。

【校注】

〔一〕鼓角:鼓角之聲。前蜀・韋莊《登漢高廟閒眺》:「參差郭外樓臺小,斷續風

中鼓角殘。」宋・梅堯臣《送徐君章秘丞知梁山軍》:「蛟龍驚鼓角,雲霧裛衣裘。」

〔二〕碧漢:銀河,亦指青天。隋・江總《和衡陽殿下高樓看妓》:「起樓侵碧漢,初日照紅妝。」唐・許渾《贈蕭鍊師》:「洛煙浮碧漢,嵩月上丹岑。」

〔三〕紫霞:紫色雲霞,道家謂神仙乘紫霞而行。晉・陸機《前緩聲歌》:「獻酬既已周,輕舉乘紫霞。」唐・李白《古風》之三十:「至人洞玄象,高舉凌紫霞。」

〔四〕石芝:《本草綱目集解》卷九:「葛洪曰:道家有石芝圖。石芝者,石象芝也。生於海隅名山島嶼之涯有積石處,其狀如肉,有頭尾四足,如生物附於大石。赤者如珊瑚,白者如截肪,黑者如澤漆,青者如翠羽,黃者如紫金,皆光明洞徹。大者十餘斤,小者三四斤,須齋祭取之,搗末服。……入口則嗢然身熱,五味甘美,得盡一斤,長生不老,可以夜視也。」宋・蘇軾《石芝敘》曰:「元豐三年五月十一日癸酉夜,夢遊何人家。開堂西門,有小園,古井井上皆蒼石,石上生紫藤如龍蛇,枝葉如赤箭,主人言此石芝也。余率爾折食一枝,眾皆驚笑,其味如雞蘇而甘,明日作此詩。」

【著錄】

明・曹學佺編《石倉歷代詩選》卷四百五十五、清・聖祖玄燁《佩文齋詠物詩選》卷二百三十二著錄此詩;明・王崇撰《(嘉靖)池州府志)》卷八著錄此詩,題為《遊九華山二首》。

其四

化城天上寺,石磴入星躔〔一〕。雲外開丹井〔二〕,峰頭耕石田〔三〕。月明猿聽偈〔四〕,風靜鶴參禪。今日揩雙眼,幽懷〔五〕二十年。

【校注】

〔一〕星躔:日月星辰運行的度次。南朝・梁武帝《閶闔篇》:「長旗掃月窟,鳳跡輾星躔。」唐・杜甫《秋日夔府詠懷奉寄鄭監審李賓客之芳一百韻》:「聲華夾宸極,早晚到星躔。」

〔二〕丹井:煉丹取水的井。南朝・梁・江淹《雜體詩經・效謝靈運〈游山〉》:「乳竇既滴瀝,丹井復寥泬。」唐・顧況《山中》:「野人愛向山中宿,況在葛洪丹井西。」

〔三〕石田:貧瘠的田地。唐・杜甫《醉時歌》:「先生早賦歸去來,石田茅屋荒蒼

苔。」宋・秦觀《次韻子由題蜀井》：「蜀岡精氣淊多年，故有清泉發石田。」

〔四〕猿聽偈：元無名氏著有《龍濟山野猿聽經》雜劇，講述了龍濟山野猿聞聽佛
經，受到修公禪師點化，度脫成佛的故事。明・李昌祺《剪燈餘話》卷一《聽
經猿記》文言小說，即是在《龍濟山野猿聽經》的基礎上改撰而成。

〔五〕幽懷：隱藏在內心的情感。《水經注・廬江水》引晉・吳猛：「曠載暢幽懷，
傾蓋付三益。」宋・陸游《秋郊有懷》：「浩歌續楚狂，幽懷欣獨寫。」

【著錄】

明・王崇撰（嘉靖）《池州府志》卷三、清・陳田輯《明詩紀事》丁籤卷
十三、清・彭孫貽輯《明詩鈔》卷九、清・張豫章輯《四朝詩》卷七十八著錄
此詩。

其五

僧屋煙霏〔一〕外，山深絕世譁〔二〕。茶分龍井冰，飯帶石田砂〔三〕。
香細雲嵐〔四〕雜，窗高峰影遮。林棲〔五〕無一事，終日弄丹霞。

【校注】

〔一〕煙霏：雲團煙霧。唐・韓愈《山石》：「天明獨去無道路，出入高下窮煙霏。」
宋・朱熹《鷓鴣天・叔懷嘗夢飛仙為之賦此》：「生羽翼，上煙霏。回頭祇見
冢纍纍。」陽明《登泰山》：「曉登泰山道，行行入煙霏。」

〔二〕世譁：塵世的喧嘩之聲。元・王惲《至元辛未歲八月十二日拉馬都事才卿遊
韓氏南莊歸效樂天體得詩十絕皆書目前所見覺信手拈來也》：「一杯先洗黃泥
瘴，似我閒情遠世譁。」明・孫蕡《幽居雜詠》：「一自衰翁惹世譁，川原錦
樹斂紅霞。」

〔三〕此句疑借鑒宋・趙崇鉘《都昌書事》：「風緊魚休市，官貧飯帶沙。」

〔四〕雲嵐：山中的雲霧之氣。唐・白居易《春遊二林寺》：「熙熙風土暖，藹藹雲
嵐積。」元・張雨《登善精舍葺治苟完七小詩以寫予懷》之二：「深結雲嵐為
保障，臢培松竹當兒孫。」

〔五〕林棲：在山林之間隱居，亦指隱士。晉・曹毗《對儒》：「不追林棲之跡，不
希抱麟之龍。」宋・陸游《新葺門屋》：「林棲四壁空，百事從簡易。」

其六

突兀開穹閣，氤氳〔一〕散曉鐘。飯遺黃稻粒〔二〕，花發五釵松〔三〕。
金骨藏靈塔〔四〕，神光照遠峰。微茫〔五〕竟何是？老衲話遺蹤。

【校注】

〔一〕氤氳：迷茫；瀰漫。三國・魏・曹植《九華扇賦》：「效虬龍之蜿蟬，法虹霓之氤氳。」北魏・酈道元《水經注・沮水》：「漢武帝獲寶鼎於汾陰，將薦之甘泉。鼎至中山，氤氳有黃雲蓋焉。」

〔二〕黃稻粒：即黃粒稻。宋・陳巖《九華詩集》詠物產《黃粒稻》：「紫芒金粒動秋風，三月腰鎌捲地空。農事倦時天與力，機舂相繼便論功。」注曰：「黃粒稻，出九華山。舊傳金地藏自新羅攜種至此種之，其芒穎，其粒肥，其色殷，其味香軟，與凡稻異。」

〔三〕五釵松：宋・陳巖《九華詩集》詠物產《五釵松》：「五股釵松黛色鮮，山家插髻不成妍。道人見了都無用，付與雲鬟霧髻仙。」注曰：「五釵松，出九華山。每枝五花五股，其實可食，其文理絲縝如羅縠，見顧野王《輿地志》。而《潛確居類書》又稱衲子金地藏自西域來攜種，惟塔寺前有之。其尤異者，每一株枯，則旁透一株耳。」

〔四〕金骨藏靈塔：相傳釋地藏坐化後肉身不壞，信眾為其興修殿宇安置肉身，謂之月身殿。宋・釋贊寧《宋高僧傳》卷二十《唐池州九華山化城寺地藏傳》：「以貞元十九年夏，忽召眾告別，罔知攸往。但聞山鳴石隕，扣鐘嘶嗄，加趺而滅。春秋九十九。其屍坐於函中，洎三稔開將入塔，顏貌如生，舉舁之動骨節，若撼金鎖焉。乃立小浮圖於南臺，是藏宴坐之地也。」

〔五〕微茫：隱隱約約。晉・葛洪《抱朴子・祛惑》：「此妄語乃爾，而人猶有不覺其虛者，況其微茫欺誑，頗因事類之象似者而加益之，非至明者，倉卒安能辨哉！」前蜀・韋莊《江城子》：「角聲嗚咽，星斗漸微茫。」

李白祠二首

【編年】

此組詩弘治十六年（1503）作於安徽青陽。

其一

千古人豪〔一〕去，空山尚有祠〔二〕。竹深荒舊徑，蘚合失殘碑。雲雨羅文藻，溪泉繫夢思〔三〕。老僧殊未解，猶自索題詩。

【校注】

〔一〕千古人豪：此處指李白。

〔二〕祠：此處指李白祠。《雍正江南通志》卷四十一：「李太白祠，在青陽縣九華

山東巖下。」

〔三〕文藻：詞采；文采。《三國志・魏志・文帝紀》：「文帝天資文藻，下筆成章。」
　　　　唐・劉知幾《史通・覈才》：「但自世重文藻，詞宗麗淫，於是沮涌失路，靈
　　　　均當軸。」此二句句法襲用杜甫《詠懷古蹟五首》其二：「江山故宅空文藻，
　　　　雲雨荒臺豈夢思。」

【著錄】

　　　明・曹學佺編《石倉歷代詩選》卷四百五十五、清・彭孫貽輯《明詩鈔》
卷九著錄此詩。

其二

　　　謫仙〔一〕棲隱地〔二〕，千載尚高風〔三〕。雲散九峰雨，巖飛百丈虹。
寺僧傳舊事，詞客〔四〕弔遺蹤。回首蒼茫〔五〕外，青山感慨中。

【校注】

〔一〕謫仙：李白。唐・孟棨《本事詩經・高逸》：「李太白初自蜀至京師，舍於逆
　　　　旅。賀監知章聞其名，首訪之。既奇其姿，復請所為文。出《蜀道難》以示
　　　　之。讀未竟，稱歎者數四，號為『謫仙』。」唐・韓愈《石鼓歌》：「少陵無人
　　　　謫仙死，才薄將奈石鼓何！」

〔二〕棲隱地：隱居之所。唐・韋莊《題潁源廟》：「曾是巢由棲隱地，百川唯說潁
　　　　源清。」元・虞集《送太原郭誘還豫章灌園精舍讀書》：「誰向灌園棲隱地，
　　　　下帷觀象玩微辭。」

〔三〕高風：高尚的品格。晉・夏侯湛《東方朔畫贊序》：「睹先生之縣邑，想先生
　　　　之高風。」《北史・王羆王思政等傳論》：「運窮事蹷，城陷身囚，壯志高風，
　　　　亦足奮於百世矣。」

〔四〕詞客：陽明自稱。

〔五〕蒼茫：廣闊無邊的樣子。晉・潘岳《哀永逝文》：「視天日兮蒼茫，面邑里兮
　　　　蕭散。」唐・杜甫《樂遊園歌》：「此身飲罷無歸處，獨立蒼茫自詠詩。」

雙峰

　　　凌崖望雙峰〔一〕，蒼茫竟何在？載拜〔二〕西北風，為我掃浮靄〔三〕。

【編年】

　　　此詩弘治十六年（1503）作於安徽青陽。

【校注】

〔一〕雙峰：九華山景勝。宋・陳巖《九華詩集》有《雙峰》：「仙洞深沉杳不扃，層巒雙聳插天青。喬雲常抱山頭石，曾是前朝嶽降靈。」原注：「臥雲庵東北嶄巖雙頂，其泉流為雙溪，為二神啟蹟之地。」

〔二〕載拜：《呂氏春秋・異寶》：「伍員載拜受賜，曰：『知所之矣。』」唐・韓愈《上李尚書書》：「月日將仕郎前守四門博士韓愈謹載拜奉書尚書大尹閣下。」

〔三〕浮靄：浮雲。唐・劉禹錫《晚歲登武陵城顧望水陸悵然有作》：「夕曛轉赤岸，浮靄起蒼葭。」宋・汪藻《郊丘書事》：「青城浮靄連霜動，黃道微風帶日溫。」

蓮花峰〔一〕

夜靜涼飆〔二〕發，輕雲散碧空。玉鈎掛新月，露出青芙蓉。

【編年】

此詩弘治十六年（1503）作於安徽青陽。

【校注】

〔一〕蓮花峰：宋・陳巖《九華詩集》有《蓮花峰》：「風動雲開淨客顏，三千丈石錦爛斑。淤泥不是花開處，擢出天河綠水間。」原注：「石蓋峰東南聳立眾山中，山西曰蓮花山，東曰稻積。」

〔二〕涼飆：秋風。漢・班婕妤《怨歌行》：「常恐秋節至，涼飆奪炎熱。」唐・王勃《易陽早發》：「復此涼飆至，空山飛夜螢。」

【著錄】

明・曹學佺編《石倉歷代詩選》卷四百五十五著錄此詩。

列仙峰〔一〕

靈峭九萬丈，參差生曉寒。僊人招我去，揮手青雲端。

【編年】

此詩弘治十六年（1503）作於安徽青陽。

【校注】

〔一〕列仙峰：宋・陳巖《九華詩集》有《列仙峰》：「笑闖黃冠高切雲，前攜後掖互相親。我來歷歷披雲看，試問肩隨是幾人。」

雲門峰〔一〕

雲門出孤月，秋色坐蒼濤〔二〕。夜久群籟絕，獨照宮錦袍〔三〕。

【編年】

此詩弘治十六年（1503）作於安徽青陽。

【校注】

〔一〕宋·陳巖《九華詩集》有《雲門峰》：「兩崖對聳三千丈，上倚清虛小有天。玉戶金鋪雲杳靄，羅衣搖曳幾神仙。」原注：「鉢盂峰南，程圖無。」

〔二〕蒼濤：蒼茫的雲濤。唐·杜甫《客居》：「下塹萬尋岸，蒼濤鬱飛翻。」宋·呂祖謙《再賦真覺僧房蘆》：「縱有秋風何處著，遠籬無葉起蒼濤。」

〔三〕宮錦袍：用宮綿製成的袍子。《舊唐書·文苑傳下·李白》：「嘗月夜乘舟，自采石達金陵，白衣宮錦袍，於舟中顧瞻笑傲，傍若無人。」宋·劉克莊《沁園春·答九華葉賢良》：「我夢見君，戴飛霞冠，著宮錦袍。與牧之同會，齊山詩酒，謫仙同載，采石風濤。」

芙蓉閣〔一〕二首

【編年】

此詩弘治十六年（1503）作於安徽青陽九華山。

【校注】

〔一〕芙蓉閣：又名芙蓉庵，位於九華山化城寺山門左側，南宋嘉定年間釋佛棱創建。

其一

青山意不盡，還向月中看。明日歸城市，風塵〔一〕又馬鞍。

【校注】

〔一〕風塵：塵事；世俗之事。北齊·顏之推《顏氏家訓·省事》：「而為執政所患，隨而伺察。既以利得，必以利治，微染風塵，便乖肅正。」唐·戴叔倫《贈殷亮》：「山中舊宅無人住，來往風塵共白頭。」

其二

巖下雲萬重，洞口桃千樹。終歲無人來，惟許山僧住。

書梅竹小畫

寒倚春霄蒼玉〔一〕杖，九華峰頂獨歸來。柯家〔二〕草亭深雲裏，卻有梅花傍竹開。

【編年】

此詩弘治十六年（1503）作於安徽青陽。

【校注】

〔一〕蒼玉：青翠如玉的竹子。宋·石孝友《卜算子·孟撫幹歲寒三友屏風》詞：「冷蕊闖紅香，瘦節攢蒼玉。」宋·陳允平《三犯渡江雲·為竹友謝少保壽》詞：「歲寒人自得，傍石鋤雲，閒裏種蒼玉。」

〔二〕柯家：柯九思（1290～1343），字敬仲，號丹邱、丹邱生，浙江仙居人。《雍正江南通志》卷一百七十二曰：「柯九思，字敬仲，仙居人。以蔭補華亭尉，後為奎章閣鑒書博士。罷官，因寓松江。善畫竹石。嘗自謂寫幹用篆法，枝用草法，葉用八分法。」

【著錄】

清·《題畫詩》卷八十六花卉類著錄此詩。

山東詩六首

弘治甲子年，起復主試山東時作。

【編年】

錢德洪《陽明先生年譜》曰：「十有七年甲子先生三十三歲，在京師。秋，主考山東鄉試。巡按山東監察御史陸偁聘主鄉試，試錄皆出先生手筆。其策問議國朝禮樂之制：老、佛害道，由於聖學不明；綱紀不振，由於名器太濫，用人太急，求效太速。及分封、清戎、禦夷、息訟，皆有成法。錄出，人占先生經世之學。九月，改兵部武選清吏司主事。」可知，山東詩六首作於弘治十七年七八月間。

登泰山五首

【編年】

此組詩弘治十七年作於山東泰安。

其一

曉登泰山道，行行入煙霏。陽光散巖壑，秋容〔一〕淡相輝。雲梯掛青壁，仰見蛛絲微。長風吹海色，飄飀〔二〕送天衣〔三〕。峰頂動笙樂，青童〔四〕兩相依。振衣〔五〕將往從，凌雲忽高飛。揮手若相待，丹霞閃餘暉。凡軀〔六〕無健羽，悵望〔七〕未能歸。

【校注】

〔一〕秋容：秋色。唐·李賀《追和何謝銅雀妓》：「佳人一壺酒，秋容滿千里。」
　　宋·陸游《秋陰》：「陂澤秋容淡，郊原曉氣清。」

〔二〕飄颻:飄蕩飛揚。漢‧邊讓《章華臺賦》:「羅衣飄颻,組綺繽紛。」唐‧武元衡《寓興呈崔員外諸公》:「三月楊花飛滿空,飄颻十里雪如風。」

〔三〕天衣:天空中飄浮的雲。元‧張可久《人月圓‧會稽懷古》曲:「荷花十里,清風鑑水,明月天衣。」

〔四〕青童:古代神話傳說中的仙童。南朝‧梁‧任昉《述異記》卷上:「(洞庭山)昔有青童秉燭飆飛輪之車至此,其跡存焉。」《太平廣記》卷十一引宋‧曾慥《集仙傳‧大茅君》:「漢元壽二年八月己酉,南嶽真人赤君、西城王君及諸青童並從王母降於盈室。」陽明此處所言青童似非泛指仙童,乃泰山之子也。清‧顧炎武《日知錄》卷二十五:「又攷泰山不惟有女,亦又有兒。《魏書‧段承根傳》:『父暉,師事歐陽湯。有一童子與暉同志,後二年辭歸,從暉請馬。暉戲作木馬與之,童子甚悅,謝暉曰:吾泰山府君子,奉敕遊學,今將歸,損子厚贈,無以報德,子後至常伯封侯。言訖,乘馬騰空而去。』《集異記》言:『貞元初,李納病篤,遣押衙王祐禱岱嶽。遙見山上有四五人,衣碧汗衫半臂。路人止祐下車,言此三郎子、七郎子也。』《文獻通攷》:『後唐長興三年,詔以泰山三郎為威雄將軍。宋大中祥符元年十月,封禪畢親幸,加封炳靈公。』夫封其子為將軍為公,則封其女為君,正一時之事爾。」

〔五〕振衣:抖衣去塵,整理衣服。《楚辭‧漁父》:「新沐者必彈冠,新浴者必振衣。」王逸注:「去塵穢也。」晉‧陸機《招隱詩》:「明發心不夷,振衣聊躑躅。」

〔六〕凡軀:凡人的軀體。金‧侯善淵《沁園春》:「誤參鸞駕鳳,霓環珮響,天真謫降,久匿凡軀。」金‧王吉昌《江梅引‧神邪歸正》:「蛻凡軀,入虛無,恢廓圓明,性月一輪孤。」

〔七〕悵望:惆悵地凝望。南朝‧齊‧謝朓《新亭渚別范零陵》:「停驂我悵望,輟棹子夷猶。」唐‧杜甫《詠懷古蹟》之二:「悵望千秋一灑淚,蕭條異代不同時。」

【著錄】

明‧曹學佺編《石倉歷代詩選》卷四百五十五、明‧陸釴撰《(嘉靖)山東通志》卷三十七、明‧查志隆撰《岱史》卷十六著錄此詩;清‧張玉書《御定佩文齋詠物詩選》卷五十著錄此詩,題為《登嶽》;清‧聖祖玄燁《御選宋金元明四朝詩》卷二十三著錄此詩,題為《登泰山》;清‧聖祖玄燁《佩文齋詠物詩選》卷五十、清‧張豫章輯《四朝詩》卷二十三著錄此詩。

其二

天門〔一〕何崔嵬〔二〕，下見青雲浮。泱漭〔三〕絕人世，迴豁高天秋。暝色〔四〕從地起，夜宿天上樓。天雞〔五〕鳴半夜，日出東海頭。隱約蓬壺〔六〕樹，縹緲扶桑〔七〕洲。浩歌落青冥〔八〕，遺響入滄流。唐虞變楚漢，滅沒如風漚〔九〕。藐矣鶴山仙〔十〕，秦皇豈堪求〔十一〕。金砂〔十二〕費日月，頹顏〔十三〕竟難留。吾意在龐古，泠然〔十四〕馭涼颼。相期廣成子〔十五〕，太虛顯遨遊。枯槁向巖谷，黃綺〔十六〕不足儔。

【校注】

〔一〕天門：在泰山上十八盤之盡處，古名天門。漢・馬第伯《封禪儀記》曰：「遂至天門之下。仰視天門，窅遼如從穴中視天。」

〔二〕崔嵬：高聳、高大。《楚辭・九章・涉江》：「帶長鋏之陸離兮，冠切雲之崔嵬。」王逸注：「崔嵬，高貌。」王勃《臨高臺》：「瑤軒綺構何崔嵬，鸞歌鳳吹清且哀。」

〔三〕泱漭：廣大。《後漢書・馮衍傳》：「覽河華之泱漭兮，望秦晉之故國。」唐・杜甫《奉同郭給事湯東靈湫作》：「異香泱漭浮，蛟人獻微綃。」

〔四〕暝色：暮色；夜色。南朝・宋・謝靈運《石壁精舍還湖中作》：「林壑斂暝色，雲霞收夕霏。」唐・李白《之廣陵宿常二南郭幽居》：「暝色湖上來，微雨飛南軒。」

〔五〕天雞：古代神話中天上司晨之雞。南朝・梁・任昉《述異記》卷下：「東南有桃都山，上有大樹，名曰『桃都』，枝相去三千里。上有天雞，日初出，照此木，天雞則鳴，天下雞皆隨之鳴。」唐・李白《夢遊天姥吟留別》：「半壁見海日，空中聞天雞。」

〔六〕蓬壺：蓬萊。晉・王嘉《拾遺記・高辛》：「三壺則海中三山也。一曰方壺，則方丈也；二曰蓬壺，則蓬萊也；三曰瀛壺，則瀛洲也。形如壺器。」唐・杜甫《觀李固請司馬弟山水圖三首》詩其一：「群仙不愁思，冉冉下蓬壺。」

〔七〕扶桑：古代傳說中的日出之處，亦代指太陽。《楚辭・九歌・東君》：「暾將出兮東方，照吾檻兮扶桑。」王逸注：「日出，下浴於湯谷，上拂其扶桑，爰始而登，照曜四方。」晉・陶潛《閒情賦》：「悲扶桑之舒光，奄滅景而藏明。」

〔八〕青冥：仙境；天庭。唐・李白《夢遊天姥吟留別》：「青冥浩蕩不見底，日月照耀金銀台。」唐・杜甫《奉酬薛十二丈判官見贈》：「西來有好鳥，為我下青冥。」

〔九〕風漚：風中的水泡，比喻短暫虛幻之事。宋·陸游《戊午元日讀書至夜分有
感》：「未收浮世風漚夢，尚了前生蠹簡緣。」

〔十〕鶴山仙：《南齊書·州郡志下》：「夏口城據黃鵠磯，世傳仙人子安乘黃鵠過此
上也。」後因稱仙人子安為鶴山仙人。

〔十一〕指秦始皇求仙之事。《史記·始皇本紀》：「齊人徐市等上書言海中有三神山，
名曰蓬萊、方丈、瀛洲，僊人居之，請得齋戒，與童男女求之，於是遣徐市
發童男女數千人入海求僊人。」

〔十二〕金砂：古代道教用金石煉成的丹藥。《參同契》卷上：「金砂入五內，霧散若
風雨。」唐·李白《代壽山答孟少府移文書》：「餌之以金砂，既而童顏益春，
真氣愈茂。」

〔十三〕頹顏：衰老的容顏。唐·駱賓王《於紫雲觀贈道士詩》：「只應傾玉醴，時許寄
頹顏。」唐·王維《崔濮陽兄季重前山興》：「故人今尚爾，歎息此頹顏。」

〔十四〕泠然：輕妙的樣子。《莊子·逍遙游》：「夫列子御風而行，泠然善也。」郭象
注：「泠然，輕妙之貌。」唐·劉禹錫《尋汪道士不遇》：「仙子東南秀，泠然
善馭風。」

〔十五〕廣成子：古代傳說中的神仙。晉·葛洪《神仙傳·廣成子》：「廣成子者，古
之仙人也。居崆峒之山石室之中。黃帝聞而造焉。」唐·陳子昂《薊丘覽古
贈盧居士藏用·軒轅台》：「尚想廣成子，遺跡白雲隈。」

〔十六〕黃綺：漢初隱士商山四皓中夏黃公、綺里季的簡稱。晉·陶潛《飲酒》詩之
六：「咄咄俗中愚，且當從黃綺。」唐·李白《東武吟》：「書此謝知己，吾尋
黃綺翁。」

【著錄】

明·曹學佺編《石倉歷代詩選》卷四百五十五、明·陸鈫撰《（嘉靖）山
東通志》卷三十七、明·查志隆撰《岱史》卷十六著錄此詩。

其三

窮厓不可極，飛步凌煙虹。危泉瀉石道，空影垂雲松。千峰互攢簇，
掩映青芙蓉。高臺倚巉削〔一〕，傾側〔二〕臨崆峒〔三〕。失足墮煙霧，碎
骨顛厓中。下愚〔四〕竟難曉，摧折〔五〕紛相從。吾方坐日觀，披雲笑天
風。赤水〔六〕問軒后〔七〕，蒼梧〔八〕叫重瞳〔九〕。隱隱落天語，閶闔〔十〕
開玲瓏〔十一〕。去去勿復道〔十二〕，濁世〔十三〕將焉窮。

【校注】

〔一〕巉削：山勢險峻陡峭。宋‧朱熹《雲谷記》：「四隤皆巉削，下數百丈，使人眩視，悸不自保。」元‧袁桷《題翠山嗣禪師雜花世界》：「溝塍衍平碁局布，巖谷巉削丹泉滋。」

〔二〕傾側：傾斜。漢‧嚴忌《哀時命》：「肩傾側而不容兮，固狹腹而不得息。」唐‧杜甫《虎牙行》：「洞庭揚波江漢迴，虎牙銅柱皆傾側。」

〔三〕崆峒：山峰高峻的樣子。北周‧庾信《秦州天水郡麥積崖佛龕銘》：「水聲幽咽，山勢崆峒。」唐‧李賀《出城別張又新酬李漢》：「李子別上國，南山崆峒春。」

〔四〕下愚：極端愚昧之人。《論語‧陽貨》：「唯上智與下愚不移。」宋‧陸游《太息》：「下愚不可遷，大惑終身迷。」

〔五〕摧折：摧殘毀壞。《漢書‧賈山傳》：「雷霆之所擊，無不摧折者；萬鈞之所壓，無不糜滅者。」南朝‧梁‧劉勰《文心雕龍‧檄移》：「使百尺之衝，摧折於咫書，萬雉之城，顛墜於一檄者也。」

〔六〕赤水：古代神話傳說中的河流名稱。《莊子‧天地》：「黃帝遊乎赤水之北，登乎崑崙之丘而南望，還歸遺其玄珠。使知索之而不得，使離朱索之而不得，使喫詬索之而不得也。乃使象罔，象罔得之。黃帝曰：『異哉！象罔乃可以得之乎。』」

〔七〕軒后：黃帝。唐‧魏徵《奉和正日臨朝應詔》：「百靈侍軒后，萬國會塗山。」宋‧王禹偁《園陵犬賦》：「秦皇採藥，島中之士未迴；軒后鍊丹，湖上之龍已去。」

〔八〕蒼梧：古代地名。在今湖南省九嶷山以南至廣西賀江、桂江、鬱江區域。《史記‧五帝本紀》：「（舜）年六十一代堯踐帝位。踐帝位三十九年，南巡狩，崩於蒼梧之野。葬於江南九疑，是為零陵。」

〔九〕重瞳：喻指舜。《史記‧項羽本紀》：「太史公曰：吾聞之周生曰：『舜目蓋重瞳子。』又聞項羽亦重瞳子，羽豈其苗裔邪？」《史記集解》：「駰按：尸子曰舜兩眸子，是謂重瞳。」唐‧李白《遠別離》：「或言堯幽囚，舜野死，九疑連綿皆相似，重瞳孤墳竟何是。」

〔十〕閶闔：古代傳說中的天門。《楚辭‧離騷》：「吾令帝閽開關兮，倚閶闔而望予。」王逸注：「閶闔，天門也。」唐‧王維《和賈舍人早朝大明宮之作》：「九天閶闔開宮殿，萬國衣冠拜冕旒。」

〔十一〕玲瓏：玉聲；清越的響聲。漢‧班固〈東都賦〉：「鳳蓋棽麗，鸞鑾玲瓏。」李善注引《埤蒼》：「玲瓏，玉聲。」唐‧賈島《就峰公宿》：「殘月華晻曖，遠水響玲瓏。」

〔十二〕勿復道：《古樂府‧行行重行行》：「棄捐勿復道，努力加飡飯。」唐‧李白《金陵鳳凰臺置酒》：「置酒勿復道，歌鍾但相催。」

〔十三〕濁世：混濁的塵世。《楚辭‧九辯》：「處濁世而顯榮兮，非余心之所樂。」宋‧釋惠洪《袁州聞東坡歿於毗陵書精進寺壁》：「濁世肯留竟何意，玉芙蓉出淤泥中。」

【著錄】

清‧陳田輯《明詩紀事》丁籤卷十三著錄此詩。

其四

塵網〔一〕苦羈縻〔二〕，富貴真露草〔三〕。不如騎白鹿〔四〕，東遊入蓬島。朝登太山望，洪濤隔縹緲。陽輝〔五〕出海雲，來作天門曉。遙見碧霞君〔六〕，翩翩起員嶠〔七〕。玉女紫鸞笙，雙吹入晴昊〔八〕。舉首望不及，下拜風浩浩。擲我玉虛篇〔九〕，讀之殊未了。傍有長眉翁〔十〕，一一能指道。從此煉金砂，人間跡如掃〔十一〕。

【校注】

〔一〕塵網：形容人在世間受到諸多束縛，如魚在網中，謂之塵網。漢‧東方朔《與友人書》：「不可使塵網名韁拘鎖，怡然長笑，脫去十洲三島。」晉‧陶潛《歸園田居》詩之一：「誤落塵網中，一去三十年。」

〔二〕羈縻：束縛。三國‧蜀‧諸葛亮《答法正書》：「文法羈縻，互相承奉。」唐‧白居易《對酒示行簡》：「憂念兩消釋，如刀斷羈縻。」

〔三〕露草：沾露的草。唐‧杜甫《陪鄭公秋晚北池臨眺》：「萋萋露草碧，片片晚旗紅。」宋‧俞桂《居閒》：「功名如露草，飄瓦若虛舟。」

〔四〕騎白鹿：古代傳說仙人經常騎白鹿出行。漢‧莊忌《哀時命》：「浮雲霧而入寞兮，騎白鹿而容與。」王逸注：「言己與仙人俱出，則山神先道，乘雲霧、騎白鹿而遊戲也。」古樂府《長歌行》：「仙人騎白鹿，髮短耳何長。導我上太華，攬芝獲赤幢。來到主人門，奉藥一玉箱。主人服此藥，身體日康彊。髮白復更黑，延年壽命長。」

〔五〕陽輝：太陽的光輝。唐‧皮日休《樵火》：「山客地爐裏，然薪如陽輝。」

〔六〕碧霞君：道教女仙碧霞元君。清・顧炎武《日知錄》卷二十五：「泰山頂碧霞
元君，宋真宗所封，世人多以為泰山之女。後之文人知其說之不經，而撰為
黃帝遣玉女之事以附會之。不知當日所以褒封，固真以為泰山之女也。今攷
封號，雖自宋時，而泰山女之說，則晉時已有之。張華《博物志》：『文王以
太公為灌壇令，期年風不鳴條。文王夢見有一婦人當道而哭，問其故，曰：
我東海泰山神女，嫁為西海婦，欲東歸，灌壇令當吾道。太公有德，吾不敢
以暴風疾雨過也。文王夢覺，明日召太公，三日三夕，果有疾風驟雨自西來
也，文王乃拜太公為大司馬。』此一事也。干寶《搜神記》：『後漢胡母班嘗
至泰山側，為泰山府君所召，令致書於女婿河伯。云：至河中流，扣舟呼青
衣，當自有取書者。果得達，復為河伯致書府君。』此二事也。《列異傳》記
蔡支事，又以天帝為泰山神之外孫。自漢以來，不明乎天神地祇人鬼之別，
一以人道事之，於是封嶽神為王，則立寢殿為王夫人。有夫人則有女，而女
有壻，又有外孫矣。唐宋之時，但言靈應，即加封號，不如今之君子必求其
人以實之也。」

〔七〕員嶠：古代神話中的仙山之名。《列子・湯問》：「渤海之東不知幾億萬里，有
大壑焉……其中有五山焉：一曰岱輿，二曰員嶠，三曰方壺，四曰瀛洲，五
曰蓬萊。」宋・蘇頌《次韻奉酬通判姚郎中宴望湖樓過昭慶院暮歸偶作》：「偶
到上方憑檻久，怳如員嶠躡雲飛。」

〔八〕紫鸞笙：紫色的笙。此二句模擬唐・李白《古風》：「兩兩白玉童，雙吹紫鸞
笙。」

〔九〕玉虛篇：玉虛真人所撰道經。宋・張君房《雲笈七籤》卷三：「伏羲氏後，而
燧人氏興焉。燧人氏興，故玉虛真人以清濁已分，元年上啟太上老君，下降
丹霍之丘，以《地皇內經》十四篇，並靈寶五千文《道德經》授燧人氏。燧
人氏得斯經，造火，變生為熟，乃靈寶之功也。」

〔十〕長眉翁：古代以長眉為壽者之相，長眉翁即長壽者，此處指神仙。《詩經・豳
風・七月》：「為此春酒，以介眉壽。」毛傳：「眉壽，豪眉也。」孔穎達疏：
「人年老者必有豪眉秀出者。」

〔十一〕跡如掃：絕跡。唐・杜甫《贈李白》：「苦乏大藥資，山林跡如掃。」宋・蘇
軾《凌虛臺》：「吏退迹如掃，賓來勇躋攀。」

其五

我才不救時，匡扶志空大〔一〕。置我有無間，緩急非所賴。孤坐萬

峰巔，嗒然〔二〕遺下塊。已矣復何求，至精諒斯在。澹泊非虛杳，灑脫
無芥蔕。世人聞予言，不笑即吁怪〔三〕。吾亦不強語，惟復笑相待。魯
叟〔四〕不可作，此意聊自快。

【校注】

〔一〕志空大：即空志大。宋·蘇軾《和潞公超然臺》：「身微空志大，交淺屢言深。」
元·方回《題程氏麟嘉壽域克紹》：「馬革裹屍空志大，寧騎欵段了閒身。」

〔二〕嗒然：形容身心俱遣、物我兩忘的神態。《莊子·齊物論》：「南郭子綦 几而
坐，仰天而噓，嗒焉似喪其耦。」郭象注：「同天人，忘彼我，故嗒然解體，
若失其配。」宋·蘇軾《書晁補之所藏與可畫竹》詩之一：「與可畫竹時，見
竹不見人。豈獨不見人，嗒然遺其身。」

〔三〕吁怪：驚訝；驚異。唐·杜甫《病柏》：「客從何鄉來，佇立久吁怪。」宋·
周必大《雙栢頌》：「是栢也，雖非霜雪之可移，設若燎於熟屬，薪以薉兒，
殆與蒲柳等爾，其免佇立而吁怪者幾希。」

〔四〕魯叟：指孔子。晉·陶潛《飲酒》其二十：「羲農去我久，舉世少復真。汲汲
魯中叟，彌縫使其淳。」宋·蘇軾《夜渡海》：「空餘魯叟乘桴意，粗識軒轅
奏樂聲。」

泰山高次王內翰司獻韻

　　歐生誠楚人，但識廬山高〔一〕。廬山之高猶可計尋丈，若夫泰山，
仰視恍惚，吾不知其尚在青天之下乎？其已直出青天上？我欲倣擬試
作《泰山高》，但恐培塿〔二〕之見未能測識高大，筆底難具狀。扶輿〔三〕
磅薄元氣鍾〔四〕，突兀半遮天地東。南衡北恒西太華，俯視傴僂〔五〕誰
爭雄？人寰茫昧乍隱見，雷雨初解開鴻濛；繡壁丹梯，煙霏靄靆〔六〕。
海日初湧，照耀蒼翠。平麓遠抱滄海灣，日觀正與扶桑對。聽濤聲之下
瀉，知百川之東會。天門石扇，豁然中開；幽崖邃谷，襞積隱埋。中有
遯世〔七〕之流，龜潛〔八〕雌伏〔九〕，殄霞吸秀於其間，往往怪譎〔十〕多
仙才。上有百丈之飛湍，懸空絡石穿雲而直下，其源疑自青天來。巖頭
膚寸〔十一〕出煙霧，須臾滂沱遍九垓〔十二〕。古來登封〔十三〕，七十二主；
後來相效，紛紛如雨。玉檢〔十四〕金函〔十五〕無不為，只今埋沒知何許？
但見白雲猶復起封中。斷碑無字〔十六〕，天外日月磨罡風〔十七〕。飛塵過
眼倏超忽，飄蕩豈復有遺蹤！天空翠華遠，落日辭千峰。魯郊獲麟〔十

八〕，岐陽會鳳〔十九〕；明堂〔二十〕既毀，閟宮興頌〔二一〕。宣尼〔二二〕曳杖，
逍遙一去不復來。幽泉嗚咽而含悲，群巒拱揖如相送。俯仰宇宙，千載
相望，墮山喬嶽，尚被其光，峻極〔二三〕配天〔二四〕，無敢頡頏。嗟予瞻
眺門墻〔二五〕外，何能彷彿窺室堂？也來攀附躡遺跡，三千〔二六〕之下，
不知亦許再拜占末行〔二七〕。吁嗟乎！泰山之高，其高不可極。半壁回
首，此身不覺已在東斗傍。

【編年】

此詩弘治十七年作於山東泰安。岡田武彥《王陽明大傳》：「王陽明登泰
山後，還想起了歐陽修的《廬山高》，於是自己也作了一首《泰山高次王內翰
司獻韻》（《王文成全書》卷十九）。歌頌泰山之高峻，抒發自己俯仰古今的心
境。在結尾處，王陽明寫道：『嗟予瞻眺門墻外，何能彷彿窺室堂？也來攀附
躡遺跡，三千之下，不知亦許再拜占末行。』儘管在門墻外難以窺見孔子的
廳堂，但我還是想成為孔子的弟子，哪怕忝居末席也好。王陽明借登泰山之
詩，表達了自己對孔子的仰慕之情。」（第 190 頁）

【校注】

〔一〕歐生：歐陽修。宋·歐陽修《廬山高贈同年劉中允歸南康》：「廬山高哉幾千
　　　仞兮，根盤幾百里，嶄然屹立乎長江。長江西來走其下，是為揚瀾左里兮，
　　　洪濤巨浪日夕相舂撞。雲消風止水鏡淨，泊舟登岸而遠望兮，上摩青蒼以晻
　　　靄，下壓后土之鴻厖。試往造乎其間兮，攀緣石磴窺空谾。千巖萬壑響松檜，
　　　懸崖巨石飛流淙。水聲聒聒亂人耳，六月飛雪灑石矼。仙翁釋子亦往往而逢
　　　兮，吾嘗惡其學幻而言哤。但見丹霞翠壁遠近映樓閣，暮鼓晨鐘杳靄羅幡幢。
　　　幽花野草不知其名兮，風吹露濕香澗谷，時有白鶴飛來雙。幽尋遠去不可極，
　　　便欲絕世遺紛痝。羨君買田築室老其下，插秧盈疇兮釀酒盈缸。欲令浮嵐暖
　　　翠千萬狀，坐臥常對乎軒窗。君懷磊砢有至寶，世俗不辨珉與玒。策名為吏
　　　二十載，青衫白首困一邦。寵榮聲利不可以苟屈兮，自非青雲白石有深趣，
　　　其氣兀硉何由降？丈夫壯節似君少，嗟我欲說安得巨筆如長杠！」陽明此詩
　　　即仿歐陽修之作。

〔二〕培塿：本作「部婁」。小土丘。《左傳·襄公二十四年》：「部婁無松柏。」杜
　　　預注：「部婁，小阜。」漢·應劭《風俗通·山澤·培》引《左傳》作「培塿」。
　　　唐·杜甫《可歎》：「王生早曾拜顏色，高山之外皆培塿。」

〔三〕扶輿：猶扶搖，盤旋升騰。漢・王褒《九懷・昭世》：「登羊角兮扶輿，浮雲漠兮自娛。」唐・韓愈《送廖道士序》：「氣之所窮，盛而不過，必蜿蟺扶輿，磅礡而鬱積。」

〔四〕元氣鍾：唐・杜甫《望嶽》：「造化鍾神秀，陰陽割昏曉。」

〔五〕傴僂：恭敬貌。漢・賈誼《新書・官人》：「柔色傴僂，唯諛之行，唯言之聽，以睞眥之間事君者，廝役也。」唐・韓愈《謁衡岳廟遂宿岳寺題門樓》：「升階傴僂薦脯酒，欲以菲薄明其衷。」

〔六〕靄霴：雲霧密集。唐・沈瑱《賀雨賦》：「雲布族而靄霴，電驚空而煌熒。」唐・喬潭《秋晴曲江望太一納歸雲賦》：「沉陰始解，靄霴初歸。」

〔七〕逃離人世，獨自隱居。《易經・乾卦》：「不成乎名，遯世無悶。」漢・揚雄《逐貧賦》：「揚子遁世，離俗獨處。」

〔八〕龜潛：像烏龜一樣潛伏，比喻隱居。宋・葉適《曾晦之挽詞》：「驥老尚能舒駿逸，龜潛終不慕芳甘。」

〔九〕雌伏：母雞趴在窩裡。語出《後漢書・趙典傳》：「溫字子柔，初為京兆丞，歎曰：『大丈夫當雄飛，安能雌伏！』」比喻屈居人下，不得發展。唐・羅隱《旅舍書懷寄所知》：「道從汨沒甘雌伏，跡恐因循更陸沉。」

〔十〕怪譎：怪異荒誕。晉・郭璞《山海經圖贊・厭火國》：「有人獸體，厥狀怪譎。」唐・李華《三賢論》：「鄭衛方奏，正聲間發，極和無味，至文無采，聽者不達，反以為怪譎之音。」

〔十一〕膚寸：借指下雨前逐漸集合的雲氣。晉・張協《雜詩》之九：「雖無箕畢期，膚寸自成霖。」宋・黃庭堅《放言》詩之五：「微雲起膚寸，大陰彌九州。」

〔十二〕九垓：中央至八極之地。《國語・鄭語》：「王者居九垓之田，收經入以食兆民。」韋昭注：「九垓，九州之極數。」唐・張九齡《和崔尚書喜雨》：「直頌皇恩浹，崇朝遍九垓。」

〔十三〕登封：登山封禪，指古帝王登泰山祭天祭地。《史記・封禪書》：「（武帝）遂登封太山，至於梁父，而後禪肅然。」唐・賈島《送蔡京》：「登封多泰嶽，巡狩遍滄溟。」

〔十四〕玉檢：玉牒書的封籤。《漢書・武帝紀》「登封泰山」顏師古注引三國・魏・孟康曰：「玉者功成治定，告成功於天……刻石紀號，有金策石函，金泥玉檢之封焉。」唐・李商隱《贈華陽宋真人兼寄清都劉先生》：「玉檢賜書迷鳳篆，金華歸駕冷龍鱗。」

〔十五〕金函：金匣。《北史·赤土傳》：「以鑄金為多羅葉，隱起成文以為表，金函封之，令婆羅門以香花奏蠡鼓而送之。」唐·蘇鶚《杜陽雜編》卷上：「其玉之香，可聞於數百步，雖鎖之金函石匱，終不能掩其氣。」

〔十六〕斷碑無字：即無字碑。清·孔貞瑄《泰山紀勝·無字碑》：「無字碑，非碑也，度其中必有所藏，當是封禪文銘，或玉檢金函之屬。相傳一巡方惡其疑天下，命撤之，甫動其蓋，雷風驟作。說雖近怪，然其中有物焉，則斷斷無疑。」

〔十七〕罡風：道教謂高空之風，後亦泛指勁風。宋·范成大《古風上知府秘書》詩其一：「身輕亦仙去，罡風與之俱。」宋·韓淲《夏夜翫月》：「乘雲度罡風，天上有宮闕。」

〔十八〕魯郊獲麟：魯哀公十四年獵獲麒麟，相傳孔子作《春秋》至此而輟筆。《春秋·哀公十四年》：「春，西狩獲麟。」杜預注：「麟者仁獸，聖王之嘉瑞也。時無明王出而遇獲，仲尼傷周道之不興，感嘉瑞之無應，故因《魯春秋》而脩中興之教。絕筆於『獲麟』之一句，所感而作，固所以為終也。」唐·李白《古風》之一：「希聖如有立，絕筆於獲麟。」

〔十九〕岐陽會鳳：指周文王時鳳鳴岐山的傳說。《竹書紀年》：「文王夢日月著其身，又鸑鷟鳴於岐山。孟春六旬，五緯聚房。後有鳳凰銜書，遊文王之都書。又曰：殷帝無道，虐亂天下。星命已移，不得復久。靈祇遠離，百神吹去。五星聚房，昭理四海。」

〔二十〕明堂：古代帝王宣明政教的地方。凡朝會、祭祀、慶賞、選士、養老、教學等大典，都在此舉行。《孟子·梁惠王下》：「夫明堂者，王者之堂也。」唐·杜甫《石鼓歌》：「大開明堂受朝賀，諸侯佩劍鳴相磨。」

〔二一〕閟宮興頌：《詩經·魯頌·閟宮》。孔穎達《毛詩注疏》卷二十九：「《序》：『《閟宮》，頌僖公能復周公之宇也。』《箋》云：『宇，居也。』正義曰：作《閟宮》詩者，頌美僖公能復周公之宇，謂復周公之時土地居處也。《明堂位》曰：成王以周公為有勳勞於天下，是以封周公於曲阜，地方七百里，革車千乘。是周公之時，土境特大異於其餘諸侯也。伯禽之後，君德漸衰，鄰國侵削，境界狹小。至今僖公有德，更能復之，故作詩以頌之也。復周公之宇，雖辭出於經，而經之所言，止為常許。此則總序篇義，與經小殊。其言復周公之宇，主以境界為辭，但僖公所行善事皆是復，故非獨土地而已。」

〔二二〕宣尼：孔子。漢平帝元始元年，追諡孔子為襃成宣尼公，後因稱孔子為宣尼。《漢書·平帝紀》：「孔子後孔均為襃成侯，奉其祀。追諡孔子曰襃成宣尼

公。」晉・左思《詠史》詩之四：「言論準宣尼，辭賦擬相如。」

〔二三〕峻極：極高。《禮記・中庸》：「發育萬物，峻極於天。」鄭玄注：「峻，高也。」
孔穎達疏：「言聖人之道高大，與山相似，上極於天。」

〔二四〕配天：與天相比並。《尚書・君奭》：「故殷禮陟配天，多歷年所。」蔡沈集傳：
「故殷先王終以德配天，而享國長久也。」《禮記・中庸》：「高明配天。」孔
穎達疏：「言聖人功業高明，配偶於天，與天同功，能覆物也。」

〔二五〕門牆：師門。《論語・子張》：「夫子之牆數仞，不得其門而入，不見宗廟之美，
百官之富。得其門者或寡矣。」漢・揚雄《法言・修身》：「或問：『人有倚孔
子之牆，弦鄭衛之聲，誦韓莊之書，則引諸門乎？』曰：『在夷貉則引之，倚
門牆則麾之。』」

〔二六〕三千：孔子有弟子三千。《史記・孔子世家》：「孔子以詩書禮樂教弟子，蓋三
千焉。身通六藝者，七十有二人。」

〔二七〕末行：末位。《晉書・王羲之傳》：「然古人處闈闥行陣之間；尚或干時謀國，
評裁者不以為譏，況廊大臣末行，豈可默而不言哉！」唐・李商隱《王十二
兄與畏之員外相訪見招不去因寄》：「謝傅門前舊末行，今朝歌管屬檀郎。」

京師詩八首

弘治乙丑年改除兵部主事時作。

【編年】

　　此八首詩弘治十八年（1505）作於京師。岡田武彥《王陽明大傳》：「弘
治十七年（1505），王陽明轉任兵部武選清吏司主事。在京城期間，與湛甘泉
一起復興聖學、向子弟講授身心之學，雖然忙碌，但對於千里之外的故鄉山
水也時常掛念。他寫了七首思念故鄉的詩，寄託了自己的思鄉之情。……王
陽明一方面和湛甘泉一起燃起了復興聖學的熱情，教授弟子身心之學，希望
祛除時代之流弊，另一方面卻抱有以上諸詩中體現出來的隱遁之情，這究竟
是為何呢？儒學家都是思想家，他們會萌發出隱遁之情，那也是必然。但是
儒家所言的隱遁和道家所言的隱遁是完全不同的概念。對儒家來說，雖然希
望隱遁，但內心深處還是會存有一旦有好的機遇，會選擇再次入仕，為社稷
民生竭盡全力的想法。儘管如此，可王陽明是經歷了一番磨難才最終確立了
儒學之志，這麼快又萌發了隱遁之情，這確實讓人有些難以理解。當時提倡
訓詁的朱子學風風靡於世，王陽明提倡身心之學，結果被人誤認為是借異端
之學，為自己博取聲名，這會不會是他萌發隱遁之心的動機呢？答案應該是
否定的，尤其是在他結識了湛甘泉之後，二人志趣相同，都致力於復興聖學，
根本不可能產生隱遁之心。那究竟是什麼原因導致王陽明產生隱遁之心呢？
這可能和當時的宦官劉瑾禍亂朝政有關。」〔註1〕

〔註 1〕〔日〕岡田武彥《王陽明大傳》，第 194～196 頁。

憶龍泉山

我愛龍泉寺〔一〕，寺僧頗疏野〔二〕。盡日坐井欄，有時臥松下。一夕別山雲，三年走車馬〔三〕。媿殺巖下泉，朝夕自清瀉。

【編年】

此詩弘治十八年（1505）作於京師。束景南將此詩編年於正德元年（1506）七月，誤。束景南曰：「龍泉山在餘姚。《王陽明全集》於此詩注『弘治乙丑年改除兵部主事時作』，乃誤，按此詩云『一夕別山雲，三年走車馬』，陽明弘治十七年回餘姚（見前考），下推三年，則在正德元年。」〔註2〕束景南誤，陽明乞病歸越是在弘治十五年（1502）八月，回到餘姚的時間是本年九月。此時王陽明家雖然已經移居紹興，但是王陽明祖母岑老夫人還在餘姚故宅，束景南曰：「弘治十六年冬十月，王華奉命祭江淮諸神，便道歸省。與陽明歸餘姚展墓，拜見岑太夫人。……蓋岑太夫人弘治十五年正月自京歸餘姚，十月甲子葬易直先生於餘姚穴湖山，至是正一周年祭，岑太夫人一直居餘姚秘圖王氏故居，故王華、陽明必來餘姚拜見岑太夫人，迎歸紹興。」〔註3〕祖母岑老夫人是陽明至親，陽明又是至孝之人，焉有回到紹興一年之後，再來餘姚拜見祖母之理？故此陽明乞病歸越之後，必然首先回餘姚故宅拜見祖母，並有相當一段時間居家侍奉祖母，在此期間偷閒遊覽龍泉山。三年之後，回憶此事，遂有此詩之作。岡田武彥《王陽明大傳》：「龍泉山位於王陽明的老家餘姚，山中有一座龍泉山寺，王陽明的父親龍山公曾經在此寺讀書。王陽明憶起當時遊覽此山的經歷，寫下了這首詩。『一夕別山雲，三年走車馬。』是指自己離開故鄉已經三年，整日都是在俗世中奔走穿梭。『媿殺巖下泉，朝夕自清瀉』的意思是『自己整日出於俗世中，內心已被浸染，而從龍泉山巖石上流下的泉水卻依然清冽，跟泉水比起來，自己真是羞愧萬分。』」〔註4〕

【校注】

〔一〕龍泉寺：即龍泉山上的寺廟，龍泉山在今浙江省餘姚市城西。《雍正浙江通志》卷十五：「龍泉山：《名勝志》：『在縣城中秘圖山西一里許，山腰有微泉不竭，所謂龍泉也。舊名靈緒山，亦名嶼山。』方千《龍泉絕頂》：『未明先

〔註2〕束景南《王陽明年譜長編》，第374頁。
〔註3〕束景南《王陽明年譜長編》，第289～290頁。
〔註4〕〔日〕岡田武彥《王陽明大傳》，第194頁。

見海底日，良久遠雞方報晨。古樹含風常帶雨，寒巖四月始知春。中天氣爽星河近，下界時豐雷雨均。前後登臨思無盡，年年改換往來人。』謝遷《龍泉山》：『迤邐蟠龍接秘圖，雨中臺殿畫模糊。神仙勝境餘三島，狂客歸舟任五湖。地近東溟先見日，樹連南郭晚棲烏。高軒過處人爭訝，一片清冰照玉壺。』王守仁《龍泉山》：『我愛龍泉山，山僧頗疏野。盡日坐井欄，有時臥松下。一夕別山雲，三年走車馬。媿殺巖下泉，朝夕自清瀉。』

〔二〕疏野：放縱不拘。唐·釋道宣《廣弘明集》卷四：「僕本生下邑，無聞大覺之名；稟性疏野，翻踵外邪之見。」

〔三〕三年：陽明自弘治十五年八月從北京告病歸越，至弘治十八年再回北京，時間恰為三年。

【著錄】

明·曹學佺編《石倉歷代詩選》卷四百五十五、清·嵇曾筠撰《雍正浙江通志》卷四十五著錄此詩；明·張元忭撰《萬曆紹興府志》卷五山川志二著錄此詩，題為《憶龍泉山京師作》；清·聖祖玄燁《御選宋金元明四朝詩》卷二十三著錄此詩，題為《憶龍泉山京師作》；清·張豫章輯《四朝詩》卷二十三著錄此詩，題為《憶龍泉山京師作》。

憶諸弟〔一〕

久別龍山〔二〕雲，時夢龍山雨。覺來枕簟涼，諸弟在何許？終年走風塵，何似山中住。百歲如轉蓬〔三〕，拂衣從此去〔四〕。

【編年】

此詩弘治十八年（1505）作於京師。岡田武彥《王陽明大傳》：「在第二首《憶諸弟》的詩中，王陽明吐露了自己思念龍泉山、厭棄俗世，希望早日拂衣隱遯而去的心情。」〔註5〕

【校注】

〔一〕諸弟：明·薛侃《同門輪年撫孤題單》：「先師陽明先生同祖兄弟五人：伯父之子曰守義、守智，叔父之子曰守禮、守信、守恭。同父兄弟四人：長為先師，次守儉、守文、守章。」

〔二〕龍山：即龍泉山。

〔註5〕〔日〕岡田武彥《王陽明大傳》，第194頁。

〔三〕轉蓬：隨風飄轉的蓬草。唐・李白《贈從兄襄陽少府皓》：「生事如轉蓬，一朝狐裘敝。」

〔四〕拂衣從此去：唐・孟浩然《京還留別新豐諸友》：「拂衣從此去，高步躡華嵩。」

【著錄】

明・曹學佺編《石倉歷代詩選》、清・聖祖玄燁《御選宋金元明四朝詩》卷二十三、清・張豫章輯《四朝詩》卷七十八著錄此詩。

寄舅

老舅近何如，心性老不改。世故惱情懷，光陰不相待〔一〕。借問〔二〕同輩中，鄉鄰幾人在。從今且為樂〔三〕，舊事無勞悔。

【編年】

此詩弘治十八年（1505）作於京師。

【校注】

〔一〕不相待：唐・李白《古風》詩其十：「逝川與流光，飄忽不相待。」

〔二〕借問：假設性問語。三國・魏・曹植《七哀》：「借問歎者誰？言是宕子妻。」

〔三〕且為樂：唐・李白《將進酒》：「烹羊宰牛且為樂，會須一飲三百杯。」

送人東歸

五洩〔一〕佳山水，平生思一遊。送子東歸省，蓴鱸〔二〕況復秋。幽探須及壯，世事苦悠悠。來歲春風裏，長安憶故丘〔三〕。

【編年】

此詩弘治十八年（1505）作於京師。

【校注】

〔一〕五洩：山名，在浙江諸暨縣西。《雍正浙江通志》卷十五：「五洩山：《水經注》：『諸暨縣洩溪中道有兩高山夾溪，造雲壁立。凡有三洩，洩懸三十餘丈，廣十丈，中二洩不可得至，登山遠望乃得見之。下洩懸百餘丈，水勢高急，聲震水外。上洩懸二百餘丈，望若雲垂。此是瀑布，土人號為洩也。』舊《浙江通志》：『縣西五十里。』《輿地志》：『山峻而有五級，故以為名。』刁約謂之小雁蕩。刁約《五洩山》：『西源窮盡到東源，直注層崖五磴泉。真境無由追汗漫，勝遊聊得弄潺湲。風生虎嘯層巖底，月上猿啼古木巔。只待歸來林

下去，來同靈默此安禪。』吳萊《次韻柳博士五洩山紀遊》：『日曉行呼野鶴群，溪山五級洗嵐氛。虹霓射壁從空現，霹靂搜潭到地聞。桑苧茶鐺遺凍雪，偓佺藥杵落晴雲。飄然早已同仙術，老我曾探嶽瀆文。』周鏞《諸暨五洩山》：『路入蒼煙九過溪，九穿巖曲到招提。天分五溜寒傾北，地秀諸峰翠插西。鑿徑破崖來木杪，駕船鳴竹落槮題。當年老默無消息，猶有祠堂一杖藜。』徐渭《五洩》詩二首：『紫閬村中一線微，穿廚入竈浣裙衣。無端流出高巖上，解與遊人作雪飛。轟雷於尺破銀河，鐵障陰寒夏轉多。我已看來無此景，大龍湫比此如何。』」

〔二〕蓴鱸：蓴菜和鱸魚，此處用來表達思鄉之情。南朝·宋·劉義慶《世說新語·識鑒》：「張季鷹辟齊王東曹掾，在洛，見秋風起，因思吳中菰菜羹、鱸魚膾，曰：『人生貴得適意爾，何能羈宦數千里以要名爵？』遂命駕便歸。俄而齊王敗，時人皆謂為見機。」

〔三〕故丘：故鄉。唐·杜甫《解悶》詩之二：「一辭故國十經秋，每見秋瓜憶故丘。」

【著錄】

明·曹學佺編《石倉歷代詩選》卷四百五十五著錄此詩。

寄西湖友

予有西湖夢，西湖亦夢予〔一〕。三年成濶別，近事竟何如？況有諸賢在，他時終卜廬〔二〕。但恐吾歸日，君還軒冕〔三〕拘。

【編年】

此詩弘治十八年（1505）作於京師。束景南亦將此詩編年於正德元年（1506）七月，誤，考辨見《憶龍泉山》編年。岡田武彥《王陽明大傳》：「在一首題為《寄西湖友》的詩中，王陽明表達了自己希望回到西湖舊居的心情。」（第195頁）

【校注】

〔一〕此二句模擬唐·李白《獨坐敬亭山》：「相看兩不厭，只有敬亭山。」宋·辛棄疾《賀新郎》：「我見青山多嫵媚，料青山見我應如是。」

〔二〕卜廬：擇地而居。宋·張栻《祭查少卿》文：「元章有志未遂，尚約卜廬湘水之涘。」

〔三〕軒冕：官位爵祿。《莊子·繕性》：「古之所謂得志者，非軒冕之謂也，謂其無

以益其樂而已矣。」宋・王珪《留題吳仲庶省副北軒畫壁兼呈楊樂道諫院龍圖》:「林泉傲物非無約,軒冕拘人此未休。」

贈陽伯

陽伯即伯陽,伯陽竟安在。大道即人心,萬古未嘗改。長生在求仁〔一〕,金丹非外待。繆矣三十年,於今吾始悔〔二〕。

【編年】

此詩弘治十八年（1505）作於京師。

陽伯,即諸陽伯,名諸偁,陽明妻侄,後為陽明弟子。參見《王文成公全書》卷八《書諸陽（伯）卷》、卷二十四《書諸陽伯卷》。據束景南《王陽明年譜長編》考證,此詩原題為《書扇贈陽伯》,詩後有跋曰:「諸陽伯有希仙之意,吾將進之於道也。於其歸,書扇為別。陽明山人伯安識。」〔註6〕此扇真跡今藏日本定靜美術館。

【校注】

〔一〕長生在求仁:儒家認為仁者有長壽之可能。《論語・雍也》:「子曰:知者樂水,仁者樂山。知者動,仁者靜。知者樂,仁者壽。」《中庸》:「故大德必得其位,必得其祿,必得其名,必得其壽。」

〔二〕此二句表明陽明認識到道教養生學說的虛幻性,在友人湛若水的支持下,陽明開始以倡明儒家學說為己任。明・湛若水《陽明先生墓誌銘》:「十七年,聞一齋聖人可學之語。曰:『其有所啟之矣!』讀學術狀云云,曰:初溺於任俠之習,再溺於騎射之習,三溺於辭章之習,四溺於神仙之習,五溺於佛氏之習。正德丙寅,始歸正於聖賢之學。會甘泉子於京師,語人曰:『守仁從宦三十年,未見此人。』甘泉子語人亦曰:『若水泛觀於四方,未見此人。』遂相與定交,講學一宗程氏仁者渾然與天地萬物同體之指。」明・錢德洪《陽明先生年譜》:「十有八年乙丑,先生三十四歲,在京師。是年先生門人始進。學者溺於詞章記誦,不復知有身心之學。先生首倡言之,使人先立必為聖人之志。聞者漸覺興起,有願執贄及門者。至是專志授徒講學。然師友之道久廢,咸目以為立異好名,惟甘泉湛先生若水時為翰林庶吉士,一見定交,共以倡明聖學為事。」

〔註6〕束景南《王陽明年譜長編》,第347頁。

【集評】

　　岡田武彥《王陽明大傳》：「王陽明排斥佛教與道教中的神仙養生之說，認為儒學中才存在真正的養生之道。弘治十八年（1505），王陽明作《贈陽伯》，其中寫道大道即是人心，長壽的秘訣在於求仁，《論語・雍也篇》中就曾提出『仁者壽』。王陽明認為服用仙丹並不會使人長壽，自己過去三十多年來一直追求的道教長生不老之法謬誤至極，於是後悔不已。通過『大道即人心』這句詩，我們已經能夠窺見王陽明心學的一些端倪。」〔註7〕

　　陳來《有無之境》：「事實上，終陽明一生，他所極力抨擊的對象無非是記誦辭章、注疏支離之學，根據這一點來看，在湛若水的影響下，陽明當時已經在內——外之間選擇了內的立場。……這種在學問之道方面的內向性取向的確立，在一定程度上必然包含了對『心』的重新認識，這可見之於同年《贈陽伯》詩。……由此看來，陽明壬戌漸悟仙釋之非（《年譜》），至乙丑確立了儒學的立場，而他歸本的儒學，已帶有濃鬱的『大道即人心，萬古未嘗改』的心學特色。」〔註8〕

故山

　　鑑水〔一〕終年碧，雲山盡日閒〔二〕。故山不可到，幽夢每相關。霧豹〔三〕言長隱，雲龍〔四〕欲共攀。緣知丹壑意，未勝紫宸〔五〕班。

【編年】

　　此詩弘治十八年（1505）作於京師。

【校注】

〔一〕鑑水：即鑑湖，又名鏡湖、長湖、大湖、慶湖，在浙江紹興市西。

〔二〕盡日閒：宋・陸游《孤雲》：「倚闌莫怪多時立，為愛孤雲盡日閒。」

〔三〕霧豹：漢・劉向《列女傳・陶答子妻》：「答子治陶三年，名譽不興，家富三倍，其妻數諫不用。居五年，從車百乘，歸休，宗人擊牛而賀之，其妻獨抱兒而泣，姑怒曰：『何其不祥也？』婦曰：『夫子能薄而官大，是謂嬰害；無功而家昌，是謂積殃。昔楚令尹子文之治國也，家貧國富，君敬民戴，故福結於子孫，名垂於後世。今夫子不然，貪富務大，不顧後害。妾聞南山有玄

〔註7〕〔日〕岡田武彥《王陽明大傳》，第155頁。

〔註8〕陳來《有無之境——王陽明哲學的精神》，北京大學出版社，2017年版，第21頁。

豹，霧雨七日而不下食，何也？欲以澤其毛而成文章也，故藏而遠害。犬彘不擇食以肥其身，坐而須死耳。今夫子治陶，家富國貧，君不敬，民不戴，敗忘之徵見矣。願與少子俱脫。」姑怒，遂棄之。處期年，答子之家果以盜誅，唯其母老以免。婦乃與少子歸養姑，終卒天年。」

〔四〕雲龍：君臣風雲際會。《周易·乾卦》：「雲從龍，風從虎，聖人作而萬物睹。」孔穎達疏：「龍是水畜，雲是水氣，故龍吟則景雲出，是雲從龍也。」

〔五〕紫宸：宮殿名稱，天子居所，泛指朝廷。唐·杜甫《冬至》：「杖藜雪後臨丹壑，鳴玉朝來散紫宸。」

【著錄】

明·曹學佺編《石倉歷代詩選》卷四百五十五著錄此詩。

憶鑑湖友

長見人來說，扁舟每獨遊。春風梅市〔一〕晚，月色鑑湖秋〔二〕。空有煙霞〔三〕好，猶為塵世留。自今當勇往，先與報江鷗。

【編年】

此詩弘治十八年（1505）作於京師。岡田武彥《王陽明大傳》：「王陽明的家鄉有一個叫鑑湖的湖泊，唐代詩人賀知章曾在此隱居。王陽明在另一首題為《憶鑑湖友》的詩中，表達了自己對鑑湖的思念之情，同時希望自己能夠拋卻塵世，出仕隱居。」（第195頁）

【校注】

〔一〕梅市：地名，浙江山陰縣梅市鄉。宋·施宿等撰《會稽志》卷四：「市在城西十五里，屬山陰縣梅市鄉，鄉有梅福里。《舊經》云：『梅福傳有人見福會稽，變姓名，為市門卒。』《十道志》云：『即梅福為監門處，陸左丞適南亭記梅山少西有里曰梅市。』即此。」

〔二〕月色鑑湖秋：唐·劉長卿《送李評事遊越》：「露靄湖色曉，月照海門秋。」

〔三〕煙霞：山林、山水。宋·李綱《次李泰發韻二首送仲輔提刑弟還浙東》詩其一：「稍知物外煙霞好，便覺塵中富貴輕。」

【著錄】

清·嵇曾筠撰《雍正浙江通志》卷二百七十四著錄此詩。

獄中詩十四首

正德丙寅年十二月，以上疏忤逆瑾，下錦衣獄作。

【編年】

《獄中詩》，正德元年（1506）作於京師。錢德洪《陽明先生年譜》：「武宗正德元年丙寅，先生三十五歲，在京師。二月，上封事，下詔獄，謫龍場驛驛丞。是時武宗初政，奄瑾竊柄。南京科道戴銑、薄彥徽等以諫忤旨，逮繫詔獄。先生首抗疏救之，其言：『君仁臣直。銑等以言為責，其言如善，自宜嘉納；如其未善，亦宜包容，以開忠讜之路。乃今赫然下令，遠事拘囚，在陛下不過少示懲創，非有意怒絕之也。下民無知，妄生疑懼，臣切惜之！自是而後，雖有上關宗社危疑不制之事，陛下孰從而聞之？陛下聰明超絕，苟念及此，寧不寒心？伏願追收前旨，使銑等仍舊供職，擴大公無我之仁，明改過不吝之勇；聖德昭布遠邇，人民胥悅，豈不休哉！』疏入，亦下詔獄。已而廷杖四十，既絕復甦。尋謫貴州龍場驛驛丞。」

岡田武彥《王陽明大傳》：「正德元年十二月，王陽明被打入大牢，是在牢中過的新年。在此期間，王陽明寫了《獄中詩十四首》，但留世的僅有八首。通過這些詩歌，也可以想像的出王陽明在嚴寒的大牢中過得多麼淒慘。」〔註1〕按：陽明《獄中詩十四首》並不存在亡佚的情況，《有室七章》是七首四言詩，岡田武彥誤以為是一首，故認為有六首亡佚。

〔註1〕〔日〕岡田武彥《王陽明大傳》，第206頁。

不寐

天寒歲云暮〔一〕，冰雪關河迴。幽室〔二〕魍魎〔三〕生，不寐知夜永〔四〕。驚風起林木〔五〕，驟若波浪洶。我心良匪石〔六〕，詎為戚欣動。滔滔眼前事，逝者去相踵。厓窮猶可陟〔七〕，水深猶可泳〔八〕。焉知非日月，胡為亂予衷〔九〕？深谷自逶迤，煙霞日悠永〔十〕。匡時在賢達〔十一〕，歸哉盍耕壠！

【編年】

此詩正德元年（1506）作於京師。岡田武彥《王陽明大傳》：「開頭四句表現了獄中的嚴寒。接下來，王陽明用『我心良匪石，詎為戚欣動』兩句詩，表達了自己不為奸黨所動的態度。『滔滔眼前事，逝者去相踵』表現的是國家崩潰的情形。『焉知非日月，胡為亂予衷』則敘述了面對國家崩潰，上天見而不救，自己看在眼裡急在心裏，但無能為力的複雜之情。『深谷自逶迤，煙霞日悠永。匡時在賢達，歸哉盍耕壠！』表達了王陽明面對國家已經無藥可醫的現狀，希望自己也能和《論語·微子》裏的隱士長沮和桀溺一樣，歸隱山林，躬耕田園。」〔註2〕

【校注】

〔一〕歲云暮：即歲暮。晉·潘岳《寡婦賦》：「云暮兮日西頹，霜被庭兮風入室。」唐·杜甫《歲晏行》：「歲云暮矣多北風，瀟湘洞庭白雪中。

〔二〕幽室：幽暗的房間，此處指監獄。

〔三〕魍魎：影子外層的淡影，光的衍射物。漢·班固〈幽通賦〉：「恐魍魎之責景兮，羌未得其云已。」李周翰注：「魍魎，影外微陰也。」

〔四〕不寐知夜永：晉·陶潛《雜詩》其二：「氣變悟時易，不眠知夕永。」

〔五〕驚風起林木：宋·楊萬里《山月亭記》：「其下橫屬而皎空者，白鷺江水也。周覽未既，驚風欻起林木。」

〔六〕我心良匪石：《詩經·邶風·柏舟》：「我心匪石，不可轉也。我心匪席，不可卷也。」

〔七〕厓窮猶可陟：《詩經·周南·卷耳》：「陟彼高岡，我馬玄黃。」

〔八〕水深猶可泳：《詩經·周南·漢廣》：「漢之廣矣，不可泳思。」

〔九〕胡為亂予衷：《詩經·秦風·小戎》：「言念君子，溫其如玉。在其板屋，亂

我心曲。」

〔十〕悠永：久遠。晉・潘岳《內顧詩》：「朝悲終日夕，山川自悠永。」

〔十一〕匡時在賢達：此句所表達之感情，與杜甫《去蜀》：「安危大臣在，何必淚長流」相似。

〔十二〕耕壟：耕田。《論語・微子》：「長沮桀溺耦而耕，孔子過之，使子路問津焉。長沮曰：『夫執輿者為誰？』子路曰：『為孔丘。』曰：『是魯孔丘與？』曰：『是也。』曰：『是知津矣。』問於桀溺。桀溺曰：『子為誰？』曰：『為仲由。』曰：『是魯孔丘之徒與？』對曰：『然。』曰：『滔滔者天下皆是也，而誰以易之？且而與其從辟人之士也，豈若從辟世之士哉？』耰而不輟。子路行以告。夫子憮然曰：『鳥獸不可與同群，吾非斯人之徒與而誰與？天下有道，丘不與易也。』」宋・蘇軾《送周正孺知東川》：「如君尚出麾，顧我宜耕壟。」宋・陸游《寄子布》：「釣灘耕壟雪盈簪，從入新年病至今。」

【著錄】

明・曹學佺編《石倉歷代詩選》卷四百五十五著錄此詩。

有室七章

【編年】

此組詩正德元年（1506）作於京師。岡田武彥《王陽明大傳》：「第二首為《有室七章》。王陽明在這首詩中敘述了獄中的生活，同時還表達了自己落寞的心情。」〔註3〕「明末文人鍾伯敬認為第二節中的『耿彼屋漏』暗指皇帝的昏聵，第五節中的『或其啟矣，殞予匪恤』則是敘述自己的忠誠。而東正堂則認為第二節中的『日月』和第五節中的『家室』是在暗指皇帝之心。東正堂對『或其啟矣，殞予匪恤』的解釋是：『如果能夠因此而開啟君心，那我死在牢裡都不足惜。』表現了王陽明對皇帝的耿耿忠心。這種精神在第七節中表現得更加充分。」〔註4〕

其一
有室如簴〔一〕，周之崇墉〔二〕。窒如穴處，無秋無冬。

〔註3〕〔日〕岡田武彥《王陽明大傳》，第207頁。
〔註4〕〔日〕岡田武彥《王陽明大傳》，第208頁。

【校注】

〔一〕虡：懸掛鍾磬的立柱。《詩經・大雅・靈臺》：「虡業維樅，賁鼓維鏞。於論鼓鐘，於樂辟廱。」毛傳曰：「植者曰虡，橫者曰栒。業，大版也。樅，崇牙也。賁，大鼓也。鏞，大鐘也。論，思也。水旋丘如璧曰辟廱，以節觀者。」鄭箋：「論之言倫也。虡也、栒也，所以懸鐘鼓也，設大版於上，刻畫以為飾。文王立靈臺而知民之歸附，作靈囿靈沼而知鳥獸之得其所。以為音聲之道與政通，故合樂以詳之，於得其倫理乎？鼓與鐘也，於喜樂乎？諸在辟廱中者，言感於中和之至。」《靈臺》乃歌頌文王之作，此處陽明則反用其意，諷諫明武宗在劉瑾的誘導下，沉溺於歌舞之樂，荒廢政務。《明史・劉瑾傳》：「（劉瑾）嘗慕王振之為人，日進鷹犬歌舞角觝之戲，導帝微行，帝大歡樂之，漸信用。……瑾每奏事，必偵帝為戲弄時。帝厭之，亟麾去，曰：『吾用若何事？乃溷我！』自此遂專決不復白。」

〔二〕崇墉：崇國的城墻。《詩經・大雅・皇矣》：「帝謂文王：『詢爾仇方，同爾兄弟。以爾鉤援，與爾臨衝，以伐崇墉。』」鄭箋云：「詢，謀也。怨耦曰仇。仇方，謂旁國諸侯為暴亂大惡者，女當謀征討之，以和協女兄弟之國，率與之往。親親則多，萬志齊心一也。當此之時，崇侯虎倡紂為無道，罪尤大也。」《史記・周本紀》：「侯虎譖西伯於殷紂曰：『西伯積善累德，諸侯皆嚮之，將不利於帝。』帝紂乃囚西伯於羑里。閎夭之徒患之，乃求有莘氏美女，驪戎之文馬，有熊九駟，他奇怪物，因殷嬖臣費仲而獻之紂。紂大悅，曰：『此一物足以釋西伯，況其多乎？』乃赦西伯，賜之弓矢斧鉞，使西伯得征伐。」周文王時崇國的君主為崇侯虎，陽明用此典乃將劉瑾比作崇侯虎，且正德初年以劉瑾為首的八位太監亦有「八虎」之稱。《明史・劉瑾傳》：「劉瑾，興平人。本談氏子，依中官劉姓者以進，冒其姓。孝宗時，坐法當死，得免。已，得侍武宗東宮。武宗即位，掌鐘鼓司，與馬永成、高鳳、羅祥、魏彬、邱聚、谷大用、張永竝以舊恩得幸，人號『八虎』，而尤瑾狡狠。」

其二

耿彼屋漏〔一〕，天光〔二〕入之。瞻彼日月〔三〕，何嗟及之。

【校注】

〔一〕屋漏：古代室內西北隅施設小帳，安藏神主，為人所不見的地方稱作「屋漏」。《詩經・大雅・抑》：「相在爾室，尚不愧于屋漏。無曰不顯，莫予云

靚。」毛傳：「西北隅謂之屋漏。」鄭箋云：「相，助。顯，明也。諸侯卿大夫助祭在女宗廟之室，尚無肅敬之心，不憗愧於屋漏。有神見人之為也。女無謂是幽昧不明，無見我者，神見女矣。屋，小帳也。漏，隱也。禮，祭於奧，既畢，改設饌於西北隅而庮隱之處。」

〔二〕天光：日光，諭旨君主的恩德。《周易·蒙卦》：「初六，發蒙，利用刑人，用說桎梏，以往，吝。」《象》曰：「利用刑人，以正法也。」干寶曰：「初六，戊寅平明之時，天光始照，故曰發蒙。此成王始覺周公至誠之象也。坎為法律，寅為貞廉，以貞用刑，故利用刑人矣。此成王將正四國之象也。說，解也。正四國之罪，宜釋周公之黨，故曰用說桎梏。既感《金縢》之文，追恨昭德之晚，故曰以往吝。初二失位，吝之由也。」此詩前兩句，陽明表明忠貞之心，雖然忠而被謗，尚希望於正德皇帝天光朗照，察其始末，還其清白，如周成王之釋周公也。

〔三〕瞻彼日月：《詩經·邶風·雄雉》：「瞻彼日月，悠悠我思。道之云遠，曷云能來。」孔穎達疏曰：「大夫久役，其妻思之。言我視彼日月之行，迭往迭來。今君子獨行役而不來，故悠悠然我心思之。道路之遙，亦云遠矣。我之君子，何時可云能來，使我望之也。」

其三

倏晦倏明，淒其以風。倏雨倏雪，當晝而蒙〔一〕。

【校注】

〔一〕此詩字面的意思是描述獄中的惡劣環境：獄中忽明忽暗，冷風淒淒；雨雪隨風飄入，本來是白天，在昏暗的獄中看來卻像黑夜。實則陽明是在諷諫正德皇帝，正德皇帝在劉瑾的誘導下，沉迷於酒色，不分晝夜地飲酒作樂。典出《詩經·大雅·蕩》：「既愆爾止，靡明靡晦。式號式呼，俾晝作夜。」鄭箋云：「愆，過也。女既過沈湎矣，又不為明晦，無有止息也。醉則號呼相傚，用晝日作夜，不視政事。」

其四

夜何其矣〔一〕，靡星靡粲。豈無白日〔二〕，寤寐永嘆〔三〕。

【校注】

〔一〕夜何其矣：《詩經·小雅·庭燎》：「夜如何其？夜未央，庭燎之光。君子至止，鸞聲將將。」鄭箋云：「此宣王以諸侯將朝，夜起曰：『夜如何其？』問早晚

之辭。」《序》:「《庭燎》,美宣王也,因以箴之。」鄭箋:「諸侯將朝,宣王以夜未央之時,問夜早晚,美者美其能自勤以政事。因以箴者,王有雞人之官,凡國事為期則告之以時,王不正其官而問夜早晚。」陽明用此典意在諷諫正德皇帝效法周宣王,勤於政事也。

〔二〕白日:《漢書·宣帝紀》:「越職踰法,以取名譽,譬猶踐薄冰以待白日,豈不殆哉?」五代·王仁裕《開元天寶遺事》卷二:「楊國忠權傾天下,四方之士爭詣其門。進士張彖者,陝州人也。方學有文名,志氣高大,未嘗干謁權貴。或勸彖,令修謁國忠,可圖顯榮。彖曰:『爾輩以謂右相之勢,倚靠如泰山,以吾所見,乃冰山也。或皎日大明之際,則此山當誤人爾!』後果如其言。」

〔三〕永嘆:長嘆。《詩經·小雅·小弁》:「我心憂傷,惄焉如擣。假寐永嘆,維憂用老。」

其五

心之憂矣,匪家匪室〔一〕。或其啟矣,殞予匪恤〔二〕。

【校注】

〔一〕家室:《詩經·小雅·瞻彼洛矣》:「君子萬年,保其家室。」陽明下獄,累及家人,尤其是其父王華,此時陽明內心甚為愧疚也。明·陸深《海日先生行狀》:「明年,武宗皇帝改元。賊瑾用事,呼吸成禍福。士大夫奔走其門者如市。先生獨不之顧。時先生元子今封新建伯方為兵部主事,上疏論瑾罪惡。瑾大怒,既逐新建,復移怒於先生。」

〔二〕岡田武彥《王陽明大傳》:「東正堂對『或其啟矣,殞予匪恤』的解釋是:『如果能夠因此而開啟君心,那我死在牢裡都不足惜。』表現了王陽明對皇帝的耿耿忠心。這種精神在第七節中表現得更加充分。」〔註5〕這種解釋是錯誤的,應該解釋為:父親大人的危險處境,很可能是因我而招致的,如果是這樣的話,即使我付出生命的代價,也不值得體恤。」表達的不是「對皇帝的耿耿忠心」,而是對父親的深沉內疚。

其六

氤氤其埃〔一〕,日之光矣。淵淵其鼓〔二〕,明既昌矣〔三〕。

〔註5〕〔日〕岡田武彥《王陽明大傳》,第208頁。

【校注】

〔一〕氤氳其埃：《莊子·逍遙遊》：「野馬也，塵埃也，生物之以息相吹也。」

〔二〕淵淵其鼓：《詩經·商頌·那》：「鞉鼓淵淵，嘒嘒管聲。既和且平，依我磬聲。」毛傳：「嘒嘒然和也。平，正平也。依，倚也。磬，聲之清者也，以象萬物之成。周尚臭，殷尚聲。」箋云：「磬，玉磬也。堂下諸縣，與諸管聲皆和平不相奪倫，又與玉磬之聲相依，亦謂和平也。玉磬尊，故異言之。」

〔三〕《詩經·齊風·雞鳴》：「東方明矣，朝既昌矣。」毛傳：「東方明，則夫人纚笄而朝。朝已昌盛，則君聽朝。」鄭箋云：「東方明，朝既昌，亦夫人也君也可以朝之常禮，君日出而視朝。」《序》：「《雞鳴》，思賢妃也。哀公荒淫怠慢，故陳賢妃貞女夙夜警戒相成之道焉。」陽明用此典乃諷諫正德皇帝親賢遠佞、勤於政務之意也。

其七

朝既式矣，日既夕矣〔一〕。悠悠我思〔二〕，曷其極矣！

【校注】

〔一〕日既夕矣：《詩經·王風·君子于役》「雞棲于塒，日之夕矣，羊牛下來。」鄭箋云：「雞之將棲，日則夕矣；羊牛從下，牧地而來。言畜產出入，尚使有期節。至於行役者，乃反不也！」

〔二〕悠悠我思：《詩經·邶風·終風》：「終風且霾，惠然肯來。莫往莫來，悠悠我思。」《詩經·邶風·雄雉》：「瞻彼日月，悠悠我思。道之云遠，曷云能來？」《詩經·鄭風·子衿》：「青青子佩，悠悠我思。縱我不往，子寧不來？」《詩經·秦風·渭陽》：「我送舅氏，悠悠我思。何以贈之，瓊瑰玉佩。」

讀易

囚居亦何事？省愆〔一〕懼安飽。瞑坐玩羲易〔二〕，洗心見微奧。乃知先天翁〔三〕，畫畫〔四〕有至教。包蒙戒為寇〔五〕，童牿事宜早〔六〕。蹇蹇匪為節〔七〕，虩虩未違道〔八〕。遯四〔九〕獲我心，蠱上〔十〕庸自保。俯仰天地間〔十一〕，觸目俱浩浩。簞瓢有餘樂〔十二〕，此意良匪矯。幽哉陽明麓，可以忘吾老。

【編年】

此組詩正德元年（1506）作於京師。

【校注】

〔一〕省愆：反省過失。張衡《思玄賦》：「夕惕若厲以省愆兮，懼余身之未勑也。」宋・范純仁《和王定國見寄》：「謫居終日省愆尤，貝錦雖成職我由。」

〔二〕羲易：相傳伏羲始作八卦，故《周易》亦稱羲易。宋・朱熹《朱子語類》卷六十六：「故學易者須將易各自看。伏羲易自作伏羲易看，是時未有一辭也。文王易自作文王易，周公易自作周公易，孔子易自作孔子易看。必欲牽合作一意看不得。今學者諱言易本為占筮作，須要說做為義理作。若果為義理作時，何不直述一件文字，如《中庸》、《大學》之書言義理以曉人，須得畫八卦則甚？」

〔三〕先天翁：伏羲。宋代邵雍認為先天八卦方位圖是伏羲所創，故伏羲亦稱先天翁。先天八卦方位為：「乾南坤北，離東坎西，震東北，兌東南，巽西南，艮西北。自震至乾為順，自巽至坤為逆。」

〔四〕畫畫：伏羲畫八卦之畫。

〔五〕包蒙戒為寇：包蒙當為擊蒙，陽明誤記。《周易・蒙卦》：「上九，擊蒙，不利為寇，利禦寇。」王弼注：「處蒙之終，以剛居上，能擊去童蒙，以發其昧者也，故曰擊蒙也。童蒙願發而已能擊去之，合上下之願，故莫不順也。為之扞禦，則物咸附之。若欲取之，則物咸叛矣。故不利為寇，利禦寇也。」

〔六〕童牿事宜早：《周易・大畜卦》：「六四，童牛之牿，元吉。」王弼注：「處艮之始，履得其位，能止健初，距不以角，柔以止剛，剛不敢犯。抑銳之始，以息強爭，豈唯獨利？乃將有喜也。」

〔七〕蹇蹇匪為節：《周易・蹇卦》：「六二，王臣蹇蹇，匪躬之故。」王弼注：「處難之時，履當其位，居不失中，以應於五。不以五在難中，私身遠害，執心不回，志匡王室者也。故曰王臣蹇蹇，匪躬之故。履中行義，以存其上，處蹇以此，未見其尤也。」「九五，大蹇朋來。《象》曰：大蹇朋來，以中節也。」

〔八〕虩虩未違道：《周易・震卦》：「震，亨。震來虩虩，笑言啞啞。震驚百里，不喪匕鬯。」王弼注：「震之為義，威至而後乃懼也。故曰震來虩虩，恐懼之貌也。震者，驚駭怠惰以肅解慢者也。」《彖》曰：「震，亨。震來虩虩，恐致福也。笑言啞啞，後有則也。震驚百里，驚遠而懼邇也。」

〔九〕遯四：《周易・遯卦》：「九四，好遯，君子吉，小人否。」王弼注：「處於外而有應於內，君子好遯，故能捨之。小人繫戀，是以否也。」王陽明《五經

臆說》亦有對《遯卦》的精彩分析，有助於此詩之解讀，故錄之如下：「《遯》，陰漸長而陽退遯也。《彖》言得此卦者，能遯而退避則亨。當此之時，苟有所為，但利小貞而不可大貞也。夫子釋之，以為《遯》之所以為亨者，以其時陰漸長，陽漸消，故能自全其道而退遯，則身雖退而道亨，是道以遯而亨也。雖當陽消之時，然四陽尚盛，而九五居尊得位；雖當陰長之時，然二陰尚微，而六二處下應五。蓋君子猶在於，位而其朋尚盛，小人新進，勢猶不敵，尚知順應於君子，而未敢肆其惡，故幾微。君子雖已知其可遯之時，然勢尚可為，則又未忍決然捨去，而必於遯，且欲與時消息，盡力匡扶，以行其道，則雖當遯之時，而亦有可亨之道也。雖有可亨之道，然終從陰長之時，小人之朋日漸以盛。苟一裁之以正，則小人將無所容，而大肆其惡，是將以救敝而反速之亂矣。故君子又當委曲周旋，修敗補罅，積小防微，以陰扶正道，使不至於速亂。程子所謂『致力於未極之間，強此之衰，艱彼之進，圖其暫安』者，是乃小利貞之謂矣。夫當遯之時，道在於遯，則遯其身以亨其道。道猶可亨，則亨其遯以行於時。非時中之聖與時消息者，不能與於此也。故曰：『遯之時義大矣哉！』」

〔十〕蠱上：《周易‧蠱卦》：「上九，不事王侯，高尚其事。」王弼注：「最處事上而不累於位，不事王侯，高尚其事者也。」

〔十一〕俛仰天地間：《孟子‧盡心上》：「孟子曰：君子有三樂，而王天下不與存焉。父母俱存，兄弟無故，一樂也；仰不愧於天，俯不怍於人，二樂也；得天下英才而教育之，三樂也。」唐‧王維《歎白髮》：「俛仰天地間，能為幾時客。」宋‧邵雍《不去吟》：「俛仰天地間，自知無所愧。」

〔十二〕簞瓢有餘樂：《論語‧雍也》：「子曰：賢哉！回也。一簞食，一瓢飲，在陋巷，人不堪其憂，回也不改其樂。賢哉！回也。」宋‧蘇軾《借前韻賀子由生第四孫斗老》：「簞瓢有內樂，軒冕無流矚。」

歲暮

兀坐經旬成木石〔一〕，忽驚〔二〕歲暮還思鄉。高簷白日不到地〔三〕，深夜黠鼠時登床。峰頭霽雪開草閣，瀑下古松閉石房。溪鶴洞猿爾無恙，春江歸棹〔四〕吾相將〔五〕。

【編年】

此詩正德元年（1506）作於京師。岡田武彥《王陽明大傳》：「第四首為

《歲暮》，其中有這樣兩句：『高簷白日不到地，深夜黠鼠時登床。』表現了獄中的淒慘光景。王陽明整日兀坐於這樣的環境中，如木石一般，無怪乎他會在詩開頭寫道：『兀坐經旬成木石。』此外，王陽明還想起了遠在故鄉的陽明洞，思鄉之情油然而生。」〔註6〕

【校注】

〔一〕木石：木頭和石頭，比喻無知覺、無感情之物。漢・司馬遷《報任少卿書》：「身非木石，獨與法吏為伍，深幽囹圄之中，誰可告愬者？」

〔二〕忽驚：異常驚訝。宋・蘇軾《孔長源輓詩二首》其二：「豈意日斜庚子後，忽驚歲在己辰年。」

〔三〕不到地：難以到達之處。唐・杜甫《又雪》：「南雪不到地，青崖霑未消。」唐・白居易《江州雪》：「猶勝嶺南看，紛紛不到地。」

〔四〕歸棹：歸船。唐・李白《送崔氏昆季之金陵》：「水客弄歸棹，雲帆卷輕霜。」唐・孟浩然《臨渙裴明府席遇張十一房六》：「晨風理歸棹，吳楚各依然。」

〔五〕相將：相偕、相共。唐・杜甫《十二月一日三首》詩其二：「春花不愁不爛熳，楚客唯聽棹相將。」元・薩都刺《吉安道中》：「又看青原山色好，故鄉歸計喜相將。」

【著錄】

明・曹學佺編《石倉歷代詩選》卷四百五十五、清・陳田輯《明詩紀事》丁籤卷十三著錄此詩。

見月

屋罅見明月，還見地上霜〔一〕。客子夜中起〔二〕，旁皇涕沾裳〔三〕。匪為嚴霜苦，悲此明月光〔四〕。月光如流水，徘徊照高堂。胡為此幽室，奄忽踰飛揚。逝者不可及，來者猶可望〔五〕。盈虛〔六〕有天運，嘆息何能忘。

【編年】

此詩正德元年（1506）作於京師。岡田武彥《王陽明大傳》：「第五首名為《見月》，抒發了王陽明的悲歡之情。東正堂認為這首詩是《獄中詩》中最優秀的一首。『月光如流水』之後的數句表現了王陽明雖然悲歎自己的遭遇，

但是對未來仍然充滿希望。」〔註7〕

【校注】

〔一〕地上霜：唐·李白《靜夜思》：「牀前看月光，疑是地上霜。」宋·王安石《餘
寒》：「可憐當此時，不濕地上霜。」

〔二〕客子夜中起：唐·杜甫《自京赴奉先縣詠懷五百字》：「天衢陰崢嶸，客子中夜
發。」宋·蘇軾《與頓起孫勉泛舟探韻得未字》：「佳人尺書到，客子中夜喟。」

〔三〕涕沾裳：唐·盧照鄰《悲夫》：「欲往從之川無梁，日雲暮兮涕沾裳。」宋·
梅堯臣《幾道隰州判官》：「雖知各所適，未免涕霑裳。」

〔四〕明月光：古人常仰望明月而思念故鄉。三國·魏·曹丕《襍詩二首》其一：
「俯視清水波，仰看明月光。天漢迴西流，三五正從橫。草蟲鳴何悲，孤雁
獨南翔。鬱鬱多悲思，綿綿思故鄉。」南朝·梁元帝《折楊柳》：「山似蓮花
艷，流如明月光。寒夜猿聲徹，遊子淚霑裳。」

〔五〕《論語·微子》：「楚狂接輿歌而過孔子曰：『鳳兮！鳳兮！何德之衰？往者不
可諫，來者猶可追。已而，已而！今之從政者殆而！』孔子下，欲與之言。
趨而辟之，不得與之言。」

〔六〕盈虛：發展變化所導致的盈滿或虛空。《周易·豐卦》：「日中則昃，月盈則食。
天地盈虛，與時消息，而況於人乎，況於鬼神乎？」唐·韋莊《和人歲宴旅
舍見寄》：「莫言常鬱鬱，天道有盈虛。」

【著錄】

明·曹學佺編《石倉歷代詩選》卷四百五十五著錄此詩。

天涯

天涯歲暮冰霜結，永巷人稀罔象〔一〕遊。長夜星辰瞻閣道，曉天鐘
鼓隔雲樓。思家有淚仍多病，報主無能合遠投〔二〕。留得昇平雙眼在，
且應蓑笠臥滄洲〔三〕。

【編年】

此詩正德元年（1506）作於京師。岡田武彥《王陽明大傳》：「第六首叫
《天涯》，王陽明在詩中表示將心平氣和地奔赴龍場。儘管被武宗投入大牢，
但王陽明依然為自己沒能匡正武宗，以及無以報答君恩而慨歎，於是王陽明

〔註7〕〔日〕岡田武彥《王陽明大傳》，第209頁。

在《天涯》中寫道：『思家有淚仍多病，報主無能合遠投。』他在《天涯》的末尾又寫道：『留得昇平雙眼在，且應蓑笠臥滄洲。』在傳說中，滄州有仙人居住，他在此借滄州喻指家鄉。他用這兩句表達了希望能夠看到天下恢復太平，然後歸鄉隱匿的心願。東正堂評價這兩句詩說：『通過末尾兩句，可以看出王陽明具有宋代范仲淹『先天下之憂而憂，後天下之樂而樂』的大志氣和大度量。」〔註8〕

【校注】

〔一〕罔象：亦作「罔像」，木石之怪。漢·張衡〈東京賦〉：「殘夔魖與罔像，殪野仲而殲游光。」薛綜注：「罔象，木石之怪。」

〔二〕此二句模擬唐·杜甫《野望》：「唯將遲暮供多病，未有涓埃報聖朝。」

〔三〕滄洲：濱水之地，常用來代指隱士居處。南朝·齊·謝朓《之宣城出新林浦向板橋一首》：「既懽懷祿情，復協滄洲趣。」李善注曰：「揚雄《檄靈賦》曰：『世有黃公者，起於蒼州。精神養性，與道浮游。』」唐·杜甫《曲江對酒》：「吏情更覺滄洲遠，老大悲傷未拂衣。」

【著錄】

明·曹學佺編《石倉歷代詩選》卷四百五十五著錄此詩。

屋罅月

幽室不知年，夜長晝苦短〔一〕。但見屋罅月，清光自虧滿。佳人宴清夜〔二〕，繁絲激哀管。朱閣出浮雲，高歌正淒婉。寧知幽室婦〔三〕，中夜獨愁嘆。良人事遊俠〔四〕，經歲去不返。來歸在何時，年華忽將晚。蕭條念宗祀〔五〕，淚下長如霰。

【編年】

此詩正德元年（1506）作於京師。岡田武彥《王陽明大傳》：「《屋罅月》是《獄中詩十四首》的第七首。王陽明在《屋罅月》的開頭寫道：「幽室不知年，夜長晝苦短。但見屋罅月，清光自虧滿。」這四句詩再次反映了王陽明獄中的淒慘生活。在接下來的詩句中，王陽明表達了自己對武宗放蕩無度，恐會導致社稷淪喪、令宗廟祭祀廢絕的擔憂。」〔註9〕

〔註8〕〔日〕岡田武彥《王陽明大傳》，第209頁。
〔註9〕〔日〕岡田武彥《王陽明大傳》，第209頁。

【校注】

〔一〕夜長晝苦短：《古詩十九首》其十五：「晝短苦夜長，何不秉燭遊。」

〔二〕佳人：古代妻子對丈夫的稱謂。三國・魏・曹植《種葛篇》：「行年將晚暮，佳人懷異心，恩紀曠不接，我情遂抑沉。」陽明此處指正德皇帝，謂正德皇帝沉迷歌舞之樂，荒怠政務。

〔三〕幽室婦：幽暗之室的婦女，此處喻指王陽明本人。

〔四〕良人：丈夫的舊稱。《孟子・離婁下》：「齊人有一妻一妾而處室者，其良人出，必饜酒肉而後反。」陽明此處良人指正德皇帝，謂正德皇帝有遊俠之癖，不理政務。

〔五〕宗祀：祖宗的祭祀，代指國家政權。《後漢書・明帝紀》：「二年春正月辛未，宗祀光武皇帝於明堂，帝及公卿列侯始服冠冕衣裳玉佩絢屨以行事。」唐・杜甫《重經昭陵》：「聖圖天廣大，宗祀日光輝。」

【著錄】

明・曹學佺編《石倉歷代詩選》卷四百五十五著錄此詩。

別友獄中

居常念朋舊，簿領〔一〕成濶絕〔二〕。嗟我二三友，胡然此簪盍。累累囹圄間，講誦未能輟〔三〕。桎梏敢忘罪，至道良足悅。所恨精誠眇，尚口徒自蹶。天王本明聖〔四〕，旋已但中熱〔五〕。行藏〔六〕未可期，明當與君別。願言無詭隨〔七〕，努力從前哲〔八〕。

【編年】

此詩正德元年（1506）作於京師。岡田武彥《王陽明大傳》：「王陽明在獄中服刑時，雖然一開始誰都不認識，但很快就結識了兩三位命運相同的友人，他們一起講學論道。王陽明在前往龍場之前，還特意作了一首《別友獄中》的詩，向他們告別。其中寫道：『累累囹圄間，講誦未能輟。桎梏敢忘罪，至道良足悅。』從中可以感受到王陽明獄中已經忘卻了自己的『罪過』，開始專心致力於聖賢之道，並且心中充滿愉悅之情。接下來，王陽明又寫道：『願言無詭隨，努力從前哲。』表達了自己依循正道，不迎合時世，渴望追隨前哲的心願。儘管王陽明遭受了如此不公平的待遇，但他對武宗卻沒有絲毫的怨恨。他在詩中寫道：『天王本明聖，旋已但中熱。』據此可以看出，王陽明已經達到了韓愈在《拘幽操》中提到的文王的境界。周文王曾被殷紂王囚禁在

羑里，但他對紂王沒有絲毫的怨恨，這也恰恰體現了文王的至德之處。王陽明或許在潛意識中認為自己沒有過錯，所以對武宗沒有絲毫的怨恨。」〔註10〕

【校注】

〔一〕簿領：謂官府記事的簿冊或文書。唐・杜甫《大麥行》：「豈無蜀兵三千人，簿領辛苦江山長。」宋・蘇軾《次韻林子中蒜山亭見寄》：「十年簿領催衰白，一笑江山發醉紅。」

〔二〕闊絕：長時間斷絕音訊往來。晉・干寶《搜神記》卷十七：「昔移入湖，闊絕三年。」宋・陸九淵《與陳君舉》：「比年山居益左，知舊消息，往往澖絕。」

〔三〕講誦：講授誦讀。《史記・孔子世家》：「於是乃相與發徒役圍孔子於野，不得行，絕糧。從者病，莫能興，孔子講誦絃歌不衰。」《史記・儒林傳》：「及高皇帝誅項籍，舉兵圍魯，魯中諸儒尚講誦習禮樂，絃歌之音不絕，豈非聖人之遺化好禮樂之國哉！」

〔四〕天王：此處指正德皇帝。唐・韓愈《拘幽操文王羑里作》：「臣罪當誅兮，天王聖明。」

〔五〕中熱：即熱中。內心躁急。《孟子・萬章上》：「仕則慕君，不得於君則熱中。」朱熹集注：「熱中，躁急心熱也。」

〔六〕行藏：出處或行止。《論語・述而》：「用之則行，捨之則藏。」唐・杜甫《江上》：「勳業頻看鏡，行藏獨倚樓。時危思報主，衰謝不能休。」

〔七〕詭隨：《詩經・大雅・民勞》：「無縱詭隨，以謹無良。」朱熹注：「詭隨，不顧是非而妄隨人也。」

〔八〕前哲：前代的賢哲。《左傳・成公八年》：「夫豈無辟王，賴前哲以免力。」漢・蔡邕《文範先生陳仲弓銘》：「固上世之所罕有，前哲之所不過也。」

〔註10〕〔日〕岡田武彥《王陽明大傳》，第210頁。

赴謫詩五十五首

正德丁卯年，赴謫貴陽龍場驛作。

答汪抑之〔一〕三首

【編年】

此組詩正德二年（1507）作於京師。

【校注】

〔一〕汪抑之：汪俊。《明史·汪俊傳》曰：「汪俊，字抑之，弋陽人。父鳳，進士，貴州糸政。俊舉弘治六年會試第一，授庶吉士，進編修。正德中，與修《孝宗實錄》。以不附劉瑾、焦芳，調南京工部員外郎。瑾、芳敗，召復原官。累遷侍讀學士，擢禮部右侍郎。嘉靖元年轉吏部右侍郎。……隆慶初，贈少保，諡文莊。俊行誼修潔，立朝光明端介，學宗洛閩，與王守仁交好而不同其說，學者稱石潭先生。」

其一

去國〔一〕心已恫，別子意彌惻。伊邇怨昕夕，況茲萬里隔。戀戀岐路〔二〕間，執手何能默。子有昆弟居，而我遠親側。回思菽水歡〔三〕，羨子何由得。知子念我深，夙夜敢忘惕〔四〕。良心忠信資，蠻貊非我戚〔五〕。

【校注】

〔一〕去國：離開京城。南朝·宋·顏延之《和謝靈運》：「去國還故里，幽門樹蓬藜。」唐·韓偓《寄湖南從事》：「去國正悲同旅雁，隔江何忍更啼鴃。」

〔二〕歧路：北齊・顏之推《顏氏家訓・風操》：「岐路言離，歡笑分首。」唐・王勃《杜少府之任蜀州》：「無為在岐路，兒女共沾巾。」

〔三〕菽水歡：豆與水，指晚輩對長輩的奉養。《禮記・檀弓下》：「子路曰：『傷哉！貧也！生無以為養，死無以為禮也。』孔子曰：『啜菽飲水盡其歡，斯之謂孝。』」

〔四〕《周易・乾卦》：「九三，君子終日乾乾，夕惕若厲，無咎。」

〔五〕《論語・衛靈公》：「子張問行。子曰：『言忠信，行篤敬，雖蠻貊之邦行矣。言不忠信，行不篤敬，雖州里行乎哉？』」

【著錄】

明・曹學佺編《石倉歷代詩選》卷四百五十五著錄此詩。

其二

北風春尚號，浮雲正南馳。風雲一相失，各在天一涯〔一〕。客子懷往路，起視明星稀〔二〕。驅車赴長阪〔三〕，迢迢入嵐霏。旅宿蒼山底，霧雨昏朝彌。間關不足道，嗟此白日〔四〕微。切磋懷良友，願言毋心違。

【校注】

〔一〕各在天一涯：《古詩十九首》其一：「相去萬餘里，各在天一涯。」後為詩文中形容分別距離遙遠時習見之語，如唐・杜甫《送高三十五書記》：「常恨結歡淺，各在天一涯。」宋・劉敞《答吳沖卿學士》：「變故一朝革，各在天一涯。」

〔二〕明星稀：三國・魏・曹操《短歌行》：「月明星稀，烏鵲南飛。繞樹三匝，何枝可依？」晉・阮籍《詠懷》：「月明星稀，天高地寒。嘯歌傷懷，獨寐寤言。」

〔三〕長阪：高坡。《三國志・張飛傳》：「先主奔江南，曹公追之，一日一夜，及於當陽之長阪。先主聞曹公卒至，棄妻子走，使飛將二十騎拒後。飛據水斷橋，瞋目橫矛，曰：『身是張翼德也！』」漢・蔡邕《述行賦》：「登長阪以凌高兮，陟葱山之嶤崝。」

〔四〕白日：君主。漢・陸賈《新語》曰：「邪臣之蔽賢，猶浮雲之蔽日月也。」漢・孔融《臨終詩》：「讒邪害公正，浮雲翳白日。」

【著錄】

明・曹學佺編《石倉歷代詩選》卷四百五十五、清・陳田輯《明詩紀事》丁籤卷十三著錄此詩。

其三

聞子賦茆屋〔一〕，來歸在何年？索居間楚越〔二〕，連峰鬱參天。緬懷巖中隱，礦道窮扳緣。江雲動蒼壁，山月流澄川。朝採石上芝，暮漱松間泉。鵝湖〔三〕有前約，鹿洞〔四〕多遺編。寄子春鴻書〔五〕，待我秋江船〔六〕。

【校注】

〔一〕賦茆屋：汪俊因附劉瑾、焦芳，被調南京工部員外郎，萌生在家鄉築茆屋隱居的想法。晉・陶潛《歸去來兮辭》：「歸去來兮，田園將蕪，胡不歸？」宋・邵雍《誨答堯夫見寄》：「應笑無成三黜後，病衰方始賦歸田。」

〔二〕間楚越：汪俊故鄉在江西弋陽，東臨越而西接楚，故曰間於楚越之間。

〔三〕鵝湖：江西省鉛山縣北荷湖山，因晉末龔氏曾在此畜鵝，又名鵝湖山。宋淳熙二年（1175），朱熹與陸九淵在鵝湖寺聚會，辯論學術異同，史稱鵝湖之會。清・王懋竑《朱子年譜》卷二：「淳熙二年，偕東萊呂公至鵝湖，復齋陸子壽、象山陸子靜來會。《年譜》：東萊歸，先生送之至信州鵝湖寺，江西陸九齡子壽、九淵子靜及清江劉清之子澄皆來會。相與講其所聞，而子壽、子靜自執所見，不合而罷。其後子壽頗悔其非，而子靜終身守其說不變。附《象山年譜》：『淳熙二年乙未，呂伯恭約先生與季兄復齋會朱元晦諸公於信之鵝湖寺，復齋詩云云，元晦歸三年乃和此詩。朱亨道云：鵝湖講道，誠當今盛事，伯恭蓋慮朱與陸猶有異同，欲令歸於一而定其所適從，伯恭蓋有志於此，語自得則未也。臨川趙守景明邀劉子澄、趙景昭，景昭在臨安與先生相歡，亦有意於學。又曰鵝湖之會，論及教人，元晦之意欲令人泛觀博覽而後歸之約，二陸之意欲先發明人之本心而後使之博覽。朱以陸之教人為太簡，陸以朱之教人為支離，此頗不合。先生更欲與元晦辨，以為堯舜之前何書可讀，復齋止之。趙劉諸公拱聽而已。』《象山語錄》：『呂伯恭為鵝湖之集，先兄復齋謂某曰：伯恭約元晦為此集，正為學術異同，某兄弟先自不同，何以望鵝湖之同？先兄遂與某議論致辨，又令某自說至晚罷，先兄云子靜之說是。次早某請先兄說，先兄云某無說，夜來思之子靜之說極是。方得一詩云：孩提知愛長知欽，古聖相傳只此心。太抵有基方築室，未聞無址忽成岑。留情傳注翻榛塞，著意精微轉陸沈。珍重友朋勤琢切，須知至樂在於今。某云：詩甚佳，但第二句微有未安。先兄云：說得恁地，又道未安，更要如何？某云：不妨一面起行，某沿途卻和此詩。及至鵝湖，伯恭首問先生別後新功，先兄舉詩

才四句，元晦顧伯恭曰：子壽早已上子靜船了也。舉詩罷，遂致辨於先兄。某云：某途中和得家兄此：壚墓興哀宗廟欽，斯人千古不磨心。消流積至滄溟水，卷石崇成泰華岑。易簡工夫終久大，支離事業竟浮沉。舉詩至此，元晦失色，至末二句云：欲知自下升高處，真偽先須辨自今。元晦大不懌，於是各休息。翌日，二公商量數十折議論來，莫不悉破其說。繼日，凡致辨其說隨屈。伯恭甚有虛心相聽之意，竟為元晦所尼。」據《明史·汪俊傳》載，汪俊學宗程朱，而王陽明則受陸九淵影響甚大，陽明用鵝湖之會典故，表達與汪俊討論學術之願望也。

〔四〕鹿洞：白鹿洞書院，位於江西廬山五老峰南麓。宋淳熙八年（1181），朱熹請陸九淵在白鹿洞書院主講《論語》「君子喻於義」章。宋·袁燮《象山陸先生年譜》卷上：「淳熙八年辛丑，先生四十三歲，春二月，訪朱元晦於南康。時元晦為南康守，與先生泛舟，樂，曰：『自有宇宙以來，已有此溪山，還有此佳客否？』乃請先生登白鹿洞書院講席，先生講『君子喻於義，小人喻於利』一章。畢，乃離席，言曰：『熹當與諸生共守，以無忘陸先生之訓。』再三云：『熹在此不曾說到此處，負愧何言？』乃復請先生書其說。……尋以講義刻於石。先生云：『講義述於當時，發明精神不盡。當時說得來痛快，至有流涕感動，天氣微冷而汗出揮扇。』元晦《又與楊道夫》云：『曾見陸子靜義利之說否？』曰：『未也。』曰：『這是子靜來南康，熹請說書，卻說得這義利分明，是說得好。如云今人只讀書便是利，如取解後，又要得官，後又要改官，自少至老，自頂至踵，無非為利。說得來痛快，至有流涕者。』」

〔五〕春鴻書：汪俊出京在是年春日也。

〔六〕秋江船：陽明計算行程，赴謫途逕江西約在秋季也。

【著錄】

明·曹學佺編《石倉歷代詩選》卷四百五十五、清·陳田輯《明詩紀事》丁籤卷十三著錄此詩。

陽明子之南也其友湛元明歌九章以贈〔一〕崔子鍾和之以五詩〔二〕於是陽明子作八詠以答之

【編年】

此組詩正德二年（1508）作於京師。

【校注】

〔一〕湛元明：湛若水。《明史・湛若水傳》曰：「湛若水，字元明，增城人。弘治
五年舉於鄉，從陳獻章遊，不樂仕進。母命之出，乃入南京國子監。十八年
會試，學士張元禎、楊廷和為考官，撫其卷曰：『非白沙之徒不能為此。』置
第二。賜進士，選庶吉士，授翰林院編修。時王守仁在吏部講學，若水與相
應和。尋丁母憂，廬墓三年。築西樵講舍，士子來學者，先令習禮，然後聽
講。嘉靖初，入朝，上經筵講學疏，謂聖學以求仁為要。已，復上疏言：『陛
下初政，漸不克終。左右近侍爭以聲色異教蠱惑上心。大臣林俊、孫交等不
得守法，多自引去，可為寒心。亟請親賢遠奸，窮理講學，以隆太平之業。』
又疏言日講不宜停止，報聞。明年進侍讀，復疏言：『一二年間，天變地震，
山崩川湧，人饑相食，殆無虛月。夫聖人不以屯否之時而後親賢之訓，明醫
不以深錮之疾而廢元氣之劑，宜博求修明先王之道者，日侍文華，以裨聖
學。』已，遷南京國子監祭酒，作《心性圖說》以教士。拜禮部侍郎。倣《大
學衍義補》，作《格物通》，上於朝。歷南京吏、禮、兵三部尚書。南京俗尚
侈靡，為定喪葬之制頒行之。老，請致仕。年九十五卒。若水生平所至，必
建書院以祀獻章。年九十，猶為南京之遊。過江西，安福鄒守益，守仁弟子
也，戒其同志曰：『甘泉先生來，吾輩當憲老而不乞言，慎毋輕有所論辨。』
若水初與守仁同講學，後各立宗旨，守仁以致良知為宗，若水以隨處體驗天
理為宗。守仁言若水之學為求之於外，若水亦謂守仁格物之說不可信者四。
又曰：『陽明與吾言心不同。陽明所謂心，指方寸而言。吾之所謂心者，體萬
物而不遺者也，故以吾之說為外。』一時學者遂分王、湛之學。」

湛若水作《九章》贈別陽明，湛若水《九章贈別並序》：「《九章》，贈陽明山
人王伯安也。山人為天德王道之學，不偶於時，以言見譴，故首之以《窈
窕》。《窈窕》，比也，然而譴矣，終不忘乎愛君，故次之以《遲遲》。譴而去
也，其友惜之，故次之以《黃鳥》。惜之非但已也，爰友心期，故次之以《北
風》。道路所經，不無弔古之懷，故次之以《行行》。行必有贈與處，故次之
以《我有》。贈非空言也，必本乎道義，故次之以《皇天》。《皇天》，明無為
也，無為則虛明自生，無朋從之思而道義出矣，故次之以《窮索》。《窮索》，
非窮索也，無思而無不思也，無為立矣，虛明生矣，道義出矣，然後能與天
地為一體，宇宙為一家，感而通之，將無間乎離合，雖哀而不傷也，故次之
以《天地》終焉。於虖！山人將索我於形骸之外者，言語焉乎哉？丁卯閏正

月朔日。

窈窕者誰子，絕代亮無雙。不諳小姑性，以直終見傷。雖則終見傷，中情容何妨？誰為別鵠吟，此曲多慨慷。

遲遲別帝都，遲遲胡乃爾？臣軀易棄捐，臣心詎能死？天王會聖明，帝閽亦孔邇。援琴不成聲，掩袂淚橫側。

黃鳥亦有友，空谷遺之音。相呼上喬木，意氣感人深。君今脫網罟，遺我在遠林。自我初識君，道義日與尋。一身當三益，誓死以同襟。生別各萬里，言之傷我心。

北風吹湖船，帆掛南嶽樹。祝融下玉壇，卻立問來去。知君有僊骨，相期事輕舉。胡為凌風波，恐為蛟龍取。君若訪五峰，願留共君住。

行行過湘浦，舉首望九疑。若見重華墓，為我三拜之。三拜之不足，稽首重致辭。都俞事久濶，嗟予將安歸。

我有三尺木，囊括久不彈。一朝遇知音，為君初上絃。上絃含清響，未彈意先傳。贈君別鶴操，報我以孤鸞。

皇天常無私，日月常盈虧。聖人常無為，萬物常往來。何名為無為，自然無安排。勿忘與勿助，此中有天機。

窮索不窮索，窮索終役役。若惟不窮索，是物為我隔。大明無遺照，虛室亦生白。至哉虛明體，君子成諸默。

天地我一體，宇宙本同家。與君心已通，離別何怨嗟。浮雲去不停，遊子路轉賒。願言崇明德，浩浩同無涯。」

〔二〕崔子鍾：崔銑。《明史·崔銑傳》曰：「崔銑，字子鍾，安陽人。父陞，官參政。銑舉弘治十八年進士，選庶吉士，授編修。預修《孝宗實錄》，與同官見太監劉瑾，獨長揖不拜，由是忤瑾。書成，出為南京吏部主事。瑾敗，召復故官，充經筵講官，進侍讀。引疾歸，作後渠書屋，讀書講學其中。世宗即位，擢南京國子監祭酒。嘉靖三年，集議大禮，久不決。大學士蔣冕、尚書汪俊俱以執議去位，其他擯斥杖戍者相望，而張璁、桂萼等驟貴顯用事。銑上疏求去，且劾璁、萼等曰：『臣究觀議者，其文則歐陽修之唾餘，其情則承望意向，求勝無已。悍者危法以激怒，柔者甘言以動聽。非有元功碩德，而遽以官賞之，得毋使僥倖之徒踵接至與？臣聞天子得四海歡心以事其親，未聞僅得一二人之心者也。賞之，適自章其私昵而已。夫守道為忠，忠則逆旨，希旨為邪，邪則畔道。今忠者日疏，而邪者日富。一邪亂邦，況可使富哉！』

帝覽之不悅，令銑致仕。閱十五年，用薦起少詹事兼侍讀學士，擢南京禮部
右侍郎。未幾疾作，復致仕。卒，贈禮部尚書，諡文敏。銑少輕俊，好飲酒，
盡數斗不亂。中歲自厲於學，言動皆有則。嘗曰：『學在治心，功在慎動。』
又曰：『孟子所謂良知良能者，心之用也。愛親敬長，性之本也。若去良能，
而獨挈良知，是霸儒也。』又嘗作《政議》十篇，其《序》曰：『三代而上，
井田封建，其民固，故道易行；三代而下，阡陌郡縣，其民散，故道難成。
況沿而下趨至今日乎。然人心弗異，係乎主之者而已。』凡篇中所論說，悉
倣此意。世多有其書，故不載。」

其一

君莫歌九章〔一〕，歌以傷我心。微言〔二〕破寥寂，重以離別吟。別
離悲尚淺，言微感逾深。瓦缶〔三〕易諧俗，誰辨黃鍾〔四〕音？

【校注】

〔一〕湛若水作《九章》詩送別陽明。

〔二〕微言：隱微之言，指湛若水詩中隱微的贈言。

〔三〕瓦缶：即為瓦釜。古代用陶土製成的簡易打擊樂器。《楚辭·卜居》：「黃鐘毀
　　　棄，瓦釜雷鳴。」王逸注曰：「黃鐘毀棄，賢智匿也。瓦釜雷鳴，群言進也。」

〔四〕黃鐘：古之打擊樂器，多為廟堂所用。《楚辭·卜居》：「黃鐘毀棄，瓦釜雷
　　　鳴。」王逸注曰：「黃鐘毀棄，賢智匿也。」

其二

君莫歌五詩〔一〕，歌之增離憂。豈無良朋〔二〕侶？洵樂相遨遊。譬
彼桃與李，不為倉囷謀。君莫忘五詩，忘之我焉求？

【校注】

〔一〕崔銑作詩五首送別陽明。

〔二〕良朋：好友。《詩經·小雅·常棣》：「每有良朋，況也永歎。」晉·張華《荅
　　　何劭詩》曰：「良朋貽新詩，示我以遊娛。」

〔三〕喻爭榮鬥艷、品格低下的小人、庸人。唐·李白《贈韋侍御黃裳》詩之一：
　　　「桃李賣陽艷，路人行且迷；春光掃地盡，碧葉成黃泥。願君學長松，慎勿
　　　作桃李。」

〔四〕倉囷：貯藏糧食的倉庫。《韓非子》：「因發倉囷，賜貧窮論。」唐·白居易《初
　　　除戶曹喜而言志》：「廩祿二百石，歲可盈倉囷。」

其三

洙泗〔一〕流浸微，伊洛〔二〕僅如綫。後來三四公，瑕瑜未相掩。嗟予不量力，跛鼈〔三〕期致遠。屢興還屢仆，喘息幾不免。道逢同心人，秉節倡予敢。力爭毫釐間，萬里或可勉。風波忽相失，言之淚徒泫。

【校注】

〔一〕洙泗：洙水和泗水。在今山東省泗水縣附近，孔子曾在洙、泗之間聚徒講學。此處代指儒學。《禮記·檀弓上》：「曾子怒曰：『商，女何無罪也？吾與女事夫子於洙泗之間，退而老於西河之上，使西河疑女於夫子，爾罪一也。』」晉·陶潛《飲酒》詩其二十：「洙泗輟微響，漂流逮狂秦。詩書復何罪，一朝成灰塵。」

〔二〕伊洛：伊水和洛水，程顥、程頤兄弟曾在此講學，後世多以伊洛代指理學。

〔三〕跛鼈：駑馬。宋·朱翌《用禁物體書雪》：「不量吾力效跛鼈，從今望炙晴簷暉。」宋·呂本中《初抵曹南四首》詩其三：「平生駟跛鼈，今日更長途。」

其四

此心還此理，寧論己與人〔一〕！千古一噓吸，誰為嘆離群？浩浩天地內，何物非同春。相思輒奮勵，無為俗所分。但使心無間，萬里如相親。不見宴遊交，徵逐〔二〕胥以淪〔三〕。

【校注】

〔一〕宋·陸九淵《象山集》：「四方上下曰宇，往古來今曰宙，便是吾心，吾心即是宇宙。千萬世之前，有聖人出焉，同此心，同此理也。千萬世之後，有聖人出焉，同此心，同此理也。東南西北海有聖人出焉，同此心，同此理也。」

〔二〕徵逐：交往過從。唐·韓愈《柳子厚墓志銘》：「今夫平居里巷相慕悅，酒食遊戲相徵逐。」宋·韓淲《次韻吳推官》詩其二：「暫時相商相徵逐，留與江東日暮雲。」

〔三〕淪胥：相率牽連。《詩經·小雅·雨無正》：「若此無罪，淪胥以鋪。」毛傳：「淪，率也。」漢·鄭玄箋：「胥，相鋪遍也。言王使此無罪者見牽率相引而遍得罪也。」

其五

器道不可離〔一〕，二之即非性〔二〕。孔聖欲無言〔三〕，下學〔四〕從泛應。君子勤小物，蘊蓄乃成行。我誦《窮索》篇〔五〕，於子既聞命。如

何圜中士〔六〕，空谷〔七〕以為靜。

【校注】

〔一〕道器不可離：道器是中國哲學史上的一對重要範疇，道指無形的法則或規律，器指有形的事物或名物。《周易·繫辭》最早論述了道器之間的關係，即「形而上者謂之道，形而下者謂之器」。《周易》強調道器之間的差異性，但是在後世的哲學發展中，有很多學者認為道器不可分離，主張道器不二，或者道器合一。唐代柳宗元是道器合一說的首創者，經過邵雍、張載、二程的進一步闡發，至朱熹達到高峰。朱熹《朱子語類》：「道是道理，事事物物，皆有個道理。器是形跡，事事物物，皆有個形跡。有道須有器，有器須有道，物必有則。」「器亦道，道亦器也。道未嘗離乎器，道亦是器之理。」

〔二〕二之即非性：此處之性乃是指理，性即理是程朱理學的基本命題，陽明此時還是被籠罩在性即理的理論之中，尚未提出心即理的命題。

〔三〕孔聖欲無言：《論語·陽貨》：「子曰：『予欲無言。』子貢曰：『子如不言，則小子何述焉？』子曰：『天何言哉？四時行焉，百物生焉，天何言哉？』」

〔四〕下學：謂學習人情事理的基本常識。《論語·憲問》：「子曰：『不怨天，不尤人，下學而上達。』」孔安國注曰：「下學人事，上知天命。」

〔五〕《窮索》篇：湛若水《九章》詩第八首。詩曰：「窮索不窮索，窮索終役役。若惟不窮索，是物為我隔。大明無遺照，虛室亦生白。至哉虛明體，君子成諸默。」

〔六〕圜中士：獄中之人，此處為陽明自稱。《周禮·秋官·司寇》：「司圜，中士六人，下士十有二人，府三人，史六人，胥十有六人，徒百有六十人。」鄭玄注引鄭司農云：「圜，謂圜土也。圜土，謂獄城也。」

〔七〕空谷：空曠的山谷，賢者隱居之地。《詩經·小雅·白駒》：「皎皎白駒，在彼空谷。」孔穎達疏：「賢者隱居，必當潛處山谷。」唐·李白《送楊少府赴選》：「空谷無白駒，賢人豈悲吟。大道安棄物？時來或招尋。」

其六

靜虛〔一〕非虛寂〔二〕，中有未發中〔三〕。中有亦何有？無之即成空。無欲見真體，忘助〔四〕皆非功。至哉玄化機，非子孰與窮？

【校注】

〔一〕靜虛：指心體本來清靜無欲的原始狀態。《孔子家語·好生》：「舜之為君

也⋯⋯德若天地而靜虛，化若四時而變物。」宋・周敦頤《通書・聖學》：「聖
可學乎？曰：『可。』曰：『有要乎？』曰：『有。』『請聞焉。』曰：『一為要。
一者無欲也，無欲則靜虛、動直，靜虛則明，明則通；動直則公，公則溥。
明通公溥，庶矣乎！」

〔二〕虛寂：虛無寂靜，虛無就否了心體的存在，寂靜就否定了心體的運動，這兩
種態度都是陽明所反對的。《傳習錄》卷下：「吾儒養心，未嘗離卻事物，只順
其天則自然就是功夫。釋氏卻要盡絕事物，把心看做幻相，漸入虛寂去了。」
「無善無惡是心之體，有善有惡是意之動，知善知惡的是良知，為善去惡是
格物。只依我這話頭，隨人指點，自沒病痛，此原是徹上徹下功夫。利根之
人，世亦難遇，本體功夫一悟盡透，此顏子、明道所不敢承當，豈可輕易望
人？人有習心，不教他在良知上實用為善去惡功夫，只去懸空想簡本體，一切
事為俱不著實，不過養成一箇虛寂，此箇病痛不是小小，不可不早說破。」

〔三〕未發中：《中庸》：「喜怒哀樂之未發，謂之中；發而皆中節，謂之和。中也者，
天下之大本也；和也者，天下之達道也。致中和，天地位焉，萬物育焉。」
陽明把未發和已發視作體用關係，未發是體，已發是用，體用一源，不可分
離。《傳習錄》卷上：「不可謂『未發之中』常人俱有。蓋『體用一源』，有是
體即有是用，有『未發之中』，即有『發而皆中節之和』。今人未能有『發而
皆中節之和』，須知是他『未發之中』亦未能全得。」陽明此後又將未發之中
視作良知，《傳習錄》卷中《答陸原靜書》：「未發之中，即良知也，無前後內
外而渾然一體者也。有事無事，可以言動靜，而良知無分於有事無事也。寂
然感通，可以言動靜，而良知無分於寂然感通也。動靜者，所遇之時，心之
本體固無分於動靜也。理無動者也，動即為欲。循理則雖酬酢萬變而未嘗動
也，從欲則雖槁心一念而未嘗靜也。動中有靜，靜中有動，又何疑乎？有事
而感通，固可以言動，然而寂然者未嘗有增也。無事而寂然，固可以言靜，
然而感通者未嘗有減也。動而無動，靜而無靜，又何疑乎？無前後內外而渾
然一體，則至誠有息之疑，不待解矣。未發在已發之中，而已發之中未嘗別
有未發者在；已發在未發之中，而未發之中未嘗別有已發者存；是未嘗無動
靜，而不可以動靜分者也。」

〔四〕忘助：《孟子・公孫丑上》：「必有事焉，而勿正，心勿忘，勿助長也。無若宋
人然：宋人有閔其苗之不長而揠之者，芒芒然歸，謂其人曰：『今日病矣！予
助苗長矣！』其子趨而往視之，苗則槁矣。天下之不助苗長者寡矣。以為無

益而捨之者，不耘苗者也；助之長者，揠苗者也——非徒無益，而又害之。」
《傳習錄》卷中《答聶文蔚》論之甚詳，迻錄如下：近歲來山中講學者往往
多說「勿忘勿助」工夫甚難，問之則云：「才著意便是助，才不著意便是忘，
所以甚難。」區區因問之云：「忘是忘個甚麼？助是助個甚麼？」其人默然無
對。始請問。區區因與說我此間講學，卻只說個「必有事焉」，不說「勿忘勿
助」。「必有事焉」者，只是時時去「集義」。若時時去用「必有事」的工夫，
而或有時間斷，此便是忘了，即須「勿忘」。時時去用「必有事」的工夫，而
或有時欲速求效，此便是助了，即須「勿助」。其工夫全在「必有事焉」上用，
「勿忘勿助」只就其間提撕警覺而已。若是工夫原不間斷，即不須更說「勿
忘」；原不欲速求效，即不須更說「勿助」。此其工夫何等明白簡易！何等灑
脫自在！今卻不去「必有事」上用工，而乃懸空守著一個「勿忘勿助」，此正
如燒鍋煮飯，鍋內不曾漬水下米，而乃專去添柴放火，不知畢竟煮出個甚麼
物來。吾恐火候未及調停，而鍋已先破裂矣。近日一種專在「勿忘勿助」上
用工者，其病正是如此。終日懸空去做個「勿忘」，又懸空去做個「勿助」，
漭漭蕩蕩，全無實落下手處；究竟工夫只做得個沉空守寂，學成一個癡騃漢，
才遇些子事來，即便牽滯紛擾，不復能經綸宰制。此皆有志之士，而乃使之
勞苦纏縛，擔閣一生，皆由學術誤人之故，甚可憫矣！

夫「必有事焉」只是「集義」，「集義」只是「致良知」。說「集義」則一時未
見頭腦，說「致良知」即當下便有實地步可用功。故區區專說致良知，隨時
就事上致其良知，便是「格物」；著實去致良知，便是「誠意」；著實致其良
知而無一毫意必固我，便是「正心」；著實致良知，則自無忘之病；無一毫意
必、固我則自無助之病。故說格、致、誠、正，則不必更說個忘助。孟子說
忘助，亦就告子得病處立方。告子強制其心，是助的病痛，故孟子專說助長
之害。告子助長，亦是他以義為外，不知就自心上「集義」，在「必有事焉」
上用功，是以如此。若時時刻刻就自心上「集義」，則良知之體洞然明白，自
然是是非非纖毫莫遁，又焉有「不得於言，勿求於心，不得於心，勿求於氣」
之弊乎？孟子「集義」、「養氣」之說，固大有功於後學，然亦是因病立方，
說得大段，不若《大學》格、致、誠、正之功，尤極精一簡易，為徹上徹下，
萬世無弊者也。聖賢論學，多是隨時就事，雖言若人殊，而要其工夫頭腦若
合符節。緣天地之間，原只有此性，只有此理，只有此良知，只有此一件事
耳。故凡就古人論學處說工夫，更不必攙和兼搭而說，自然無不吻合貫通者。

才須攙和兼搭而說，即是自己工夫未明徹也。近時有謂「集義」之功，必須兼搭個致良知而後備者，則是「集義」之功尚未了徹也。「集義」之功尚未了徹，適足以為致良知之累而已矣。謂致良知之功必須兼搭一個「勿忘勿助」而後明者，則是致良知之功尚未了徹也。致良知之功尚未了徹，適足以為「勿忘勿助」之累而已矣。若此者，皆是就文義上解釋牽附，以求混融湊泊，而不曾就自己實工夫上體驗，是以論之愈精，而去之愈遠。文蔚之論，其於大本達道既已沛然無疑，至於「致知」、「窮理」及「忘助」等說，時亦有攙和兼搭處，卻是區區所謂康莊大道之中，或時橫斜迂曲者。到得工夫熟後，自將釋然矣。

其七

憶與美人別，贈我青琅函〔一〕。受之不敢發，焚香始開械。諷誦意彌遠，期我濂洛〔二〕間。道遠恐莫致，庶幾終不慚。

【校注】

〔一〕青琅函：青色的書匣。唐・釋貫休《山居詩二十四首》其九：「龍藏琅函遍九垓，霜鍾金鼓振瓊臺。」前蜀・韋莊《李氏小池亭》：「家藏何所寶，清韻滿琅函。」

〔二〕濂洛：濂溪和洛水。周敦頤在濂溪講學，程顥、程頤在洛陽講學，後世以「濂洛」指代理學。宋・真德秀《題黃氏貧樂齋》：「濂洛相傳無別法，孔顏樂處要精求。」宋・黃大任《豫章先生遺藁跋》：「濂洛接洙泗之正傳，蓋漢唐數百年之所未有。」

其八

憶與美人別，惠我雲錦裳〔一〕。錦裳不足貴，遺我冰雪腸〔二〕。寸腸亦何遺？誓言終不渝。珍重美人意，深秋以為期。

【校注】

〔一〕雲錦裳：有雲紋圖案的衣裳。宋・蘇軾《潮州韓文公廟碑》：「天孫為織雲錦裳，飄然乘風來帝旁。」宋・釋惠洪《次韻遊南嶽》：「意公前身是太白，醉貌宜披雲錦裳。」

〔二〕冰雪腸：冰雪一般聖潔的心腸。宋・蘇軾《九月十五日觀月聽琴西湖一首示坐客》：「使我冰雪腸，不受麴蘗醺。」宋・楊萬里《謝陳希顏惠兔羓》：「先生錦心冰雪腸，銀鉤珠唾千萬章。」

【集評】

陳來《有無之境——王陽明哲學的精神》:「丁丑赴謫離京時,陽明作『八詠』別甘泉諸友,其中也明確提出:『此心還此理,寧論己與人』(之四),也是強調人同此心、心同此理的思想,與陸九淵的心學更為接近,從此處已經打開了通向『心即理』的大門。陽明在詩中又說『器道不可離,二之即非性』,也接近於宋儒中心學從大程子到陸象山以『道器不可離』、『心即是性』的立場。這樣看來,『洙泗流浸微,伊洛僅如線,後來三四公,瑕瑜未相掩』,『力爭毫釐間,萬里或可勉』(之三),已表明他對北宋以下的理學有所不滿,『後來三四家』無疑主要指朱子。而他要辨明毫釐之差以免千里之謬,可能所指的就是朱子心與理為二的思想。」〔註1〕

南遊三首

元明與予有衡嶽、羅浮之期〔一〕,賦《南遊》,申約也。

【編年】

此組詩作於正德二年(1507),地點待考。是年陽明與湛若水約定南游衡嶽、羅浮,後因事未果。明・湛若水《湛甘泉先生文集》卷七《答陽明》曰:「小僮歸,承示手教,甚慰。衡嶽之約,乃僕素志,近興益濃。然以煙霞山居未完,又以老兄方有公事,皆未可遽遂也。」

其一

南遊何迢迢,蒼山〔一〕亦南馳。如何衡陽雁〔二〕,不見燕臺〔三〕書。莫歌澧浦曲,莫弔湘君祠。蒼梧煙雨絕,從誰問九疑。

【校注】

〔一〕蒼山:即蒼梧山,亦名九疑山,在今湖南省寧遠縣。《史記・五帝本紀》:「踐帝位三十九年,南巡狩,崩於蒼梧之野,葬於江南九疑,是為零陵。」宋・祝穆《方輿勝覽》卷二十四:「九疑山,在寧遠縣南六十里,亦名蒼梧山。九峰相似,望而疑之,謂之九疑山。」

〔二〕衡陽雁:湖南衡陽有回雁峰,在市南一里處,是衡陽七十二峰之首。宋・祝穆《方輿勝覽》卷二十四:「回雁峰,在衡陽之南,雁至此不過,遇春而回,故名。或曰峰勢如雁之回。」

<hr>

〔註1〕陳來《有無之境——王陽明哲學的精神》,第21頁。

〔三〕燕臺：燕昭王為招賢而建造的黃金臺。《史記‧燕召公世家》：「燕昭王於破燕之後即位，卑身厚幣以招賢者。謂郭隗曰：『齊因孤之國亂而襲破燕，孤極知燕小力少，不足以報，然誠得賢士以共國，以雪先王之恥，孤之願也。先生視可者得身事之。』郭隗曰：『王必欲致士，先從隗始，況賢於隗者，豈遠千里哉？』於是昭王為隗改築宮而師事之。」梁‧任昉《述異記》卷下：「燕昭王為郭隗築臺，今在幽州燕王故城，中土人呼為賢士臺，亦謂之招賢臺。」

【著錄】

明‧曹學佺編《石倉歷代詩選》卷四百五十五著錄此詩。

其二

九疑不可問，羅浮〔一〕如可攀。遙拜羅浮雲，奠以雙瓊環。渺渺洞庭波，東逝何時還？人生不努力，草木同衰殘。

【校注】

〔一〕羅浮：羅浮山。羅浮山有多處，此處應該是指湖南省攸縣東北的羅浮山。明‧李賢等《明一統志》卷六十三：「羅浮山，在攸縣東一百四十里。下與鳳嶺連麓，下有石竇出泉。」

【著錄】

清‧宋廣業撰《羅浮山志會編》卷十五著錄此詩。

其三

洞庭何渺茫，衡嶽〔一〕何崔嵬。風颰廻雁雪，美人歸未歸？我有紫瑜珮，留掛芙蓉臺。下有蛟龍峽，往往興雲雷。

【校注】

〔一〕衡嶽：南嶽衡山，在今湖南省衡陽市附近。

【著錄】

明‧曹學佺編《石倉歷代詩選》卷四百五十五著錄此詩。

憶昔答喬白巖〔一〕因寄儲柴墟〔二〕三首

【編年】

此組詩作於正德二年（1507），地點待考。

【校注】

〔一〕喬白巖：喬宇，字希大，號白巖，太原樂平人。成化二十年（1484）進士，
官至吏部尚書，加少保兼太子太保，諡莊簡。事跡具《明史·列傳》。著有《白
巖集》。

〔二〕儲柴墟：儲巏，字靜夫，號柴墟，泰州人。成化二十年（1484）進士，官至
戶部侍郎。劉瑾用事，引疾歸。瑾誅，復起調南京吏部侍郎。卒，諡文懿。
事迹具《明史·文苑傳》。

其一

憶昔與君約，玩《易》探玄微。君行赴西嶽，經年始來歸。方將事
窮索，忽復當遠辭〔一〕。相去萬里餘，後會安可期〔二〕？問我長生訣，
惑也吾誰欺〔三〕！盈虛消息間，至哉天地機。聖狂天淵隔，失得分毫釐
〔四〕。

【校注】

〔一〕忽復當遠辭：《明武宗實錄》卷二十二：「正德二年閏正月壬申，升太僕寺卿
儲巏為都察院右僉都御史，總督南京糧儲。」據此可知，儲巏將至南京赴任，
陽明則前往龍場貶謫之所，短暫相聚之後，又將遠辭。

〔二〕此二句借鑒《古詩十九首·行行重行行》：「相去萬餘里，各在天一涯。道路
阻且長，會面安可知。」

〔三〕吾誰欺：《論語·子罕》：「子疾病，子路使門人為臣。病閒，曰：『久矣哉！
由之行詐也，無臣而為有臣。吾誰欺？欺天乎？且予與其死於臣之手也，無
寧死於二三子之手乎？且予縱不得大葬，予死於道路乎？』」

〔四〕《尚書·多方》：「惟聖罔念作狂，惟狂克念作聖。」孔安國傳：「惟聖人無念
於善，則為狂人。惟狂人能念於善，則為聖人。言桀紂非實狂愚，以不念善，
故滅亡。」宋·陳經《尚書詳解》：「聖狂相去遠矣，而實根於一念之微。當
爍石流金之時而一陰生，則寒於此始焉。當折膠墮指之時而一陽生，則暑於
此始焉。」

其二

毫釐何所辨？惟在公與私〔一〕。公私何所辨？天動〔二〕與人為〔三〕。
遺體〔四〕豈不貴？踐形〔五〕乃無虧。願君崇德性〔六〕，問學刊支離。無
為氣所役〔七〕，毋為物所疑。恬淡自無欲〔八〕，精專〔九〕絕交馳。博弈

亦何事，好之甘若飴〔十〕？吟詠有性情〔十一〕，喪志非所宜。非君愛忠告，斯語容見嗤。試問柴墟子，吾言亦何如？

【校注】

〔一〕此二句陽明關於聖狂之分的新認識，陽明認為聖人純是天理之公而無人欲之私，如《傳習錄》：「聖人之所以為聖，只是其心純乎天理而無人欲之雜。猶精金之所以為精，但以其成色足而無銅鉛之雜也。人到純乎天理方是聖，金到足色方是精。」狂者與聖人相異，天理之公之中有人欲私者也。

〔二〕天動：天體的運行，此處指順乎天理而動。漢·揚雄《羽獵賦》：「洶洶旭旭，天動地岋。」

〔三〕人力所為，與天然、自然相對。漢·揚雄《法言·問明》：「命者，天之命也，非人為也。」

〔四〕遺體：身體。晉·葛洪《抱朴子·逸民》：「或有乘危冒嶮，投死忘生，棄遺體於萬仞之下，邀榮華於一朝之間，比夫輕四海愛脛毛之士，何其緬然邪！」

〔五〕踐形：《孟子·盡心上》：「形色，天性也，惟聖人然後可以踐形。」宋·朱熹《孟子集注》：「人之有形有色，無不各有自然之理，所謂天性也。踐，如踐言之踐。蓋眾人有是形而不能盡其理，故無以踐其形。惟聖人有是形而又能盡其理，然後可以踐其形而無歉也。言聖人盡得人道而能充其形也。」

〔六〕崇德性：猶尊德性。尊崇天賦之善性。《禮記·中庸》：「故君子尊德性而道問學，致廣大而盡精微，極高明而道中庸。」

〔七〕無為氣所役：《孟子·公孫丑上》：「夫志，氣之帥也；氣，體之充也。夫志至焉，氣次焉。故曰：『持其志，無暴其氣。』」宋·楊時編《二程粹言》卷下：「子曰：志御氣則治氣，役志則亂人。忿慾勝志者有矣，以義理勝氣者鮮矣。」

〔八〕恬淡自無欲：三國·魏《與吳質書》：「觀古今文人，類不護細行，鮮能以名節自立，而偉獨懷文抱質，恬淡寡欲，有箕山之志，可謂彬彬君子者矣。」

〔九〕精專：猶精一。精純專一。《尚書·大禹謨》：「人心惟危，道心惟微，惟精惟一，允執厥中。」孔安國傳：「危則難安，微則難明。故戒以精一，信執其中。無稽之言勿聽，弗詢之謀勿庸。」

〔十〕甘若飴：如糖一樣甜。宋·真德秀《送周天驥序》：「非義之富貴，遠之如垢汙；不幸而貧賤，甘之如飴蜜。」

〔十一〕吟詠有性情：《詩大序》：「國史明乎得失之迹，傷人倫之變，哀刑政之苛。吟詠性情，以風其上。達於事變，而懷其舊俗者也。」

其三

柴墟吾所愛，春陽溢鬢眉；白巖吾所愛，慎默長如愚〔一〕。二君廊廟器〔二〕，予亦山泉姿。度量較齒德〔三〕，長者皆吾師。置我五人末，庶亦忘崇卑。迢迢萬里別，心事兩不疑。北風送南雁，慰我長相思。

【校注】

〔一〕如愚：《論語·為政》：「子曰：吾與回言終日，不違如愚。退而省其私，亦足以發，回也不愚。」

〔二〕廊廟器：能肩負朝廷重任者。《三國志·蜀志·許靖傳論》：「許靖夙有名譽，既以篤厚為稱，又以人物為意。雖行事舉動，未悉允當，蔣濟以為大較廊廟器也。」

〔三〕齒德：以年齒為尊。《孟子·公孫丑下》：「天下有達尊三：爵一，齒一，德一。朝廷莫如爵，鄉黨莫如齒，輔世長民莫如德。」

【集評】

陳來《有無之境》：「同年《寄儲柴墟》詩說『愿君崇德性，問學刊支離』，標舉尊德性的宗旨，鮮明反對支離的道問學，這更是站在陸學的立場而與朱學背道而馳的實證。赴謫途中歸山陰，作《別三子序》，其文首云：『自程朱諸大儒後，而師友之道遂亡，六經分裂於訓詁支離，蕪蔓於辭章業舉之習，聖學幾於息矣』。所有這些表明，比較陽明晚年對『世儒支離外索』的強烈批判，陽明在赴龍場之前已明顯地表現出與朱學分道揚鑣的傾向，這也是龍場悟道的基礎。」〔註 2〕

一日懷抑之也抑之之贈既嘗答以三詩意若有歉焉是以賦也

【編年】

此組詩作於正德二年（1507），地點待考。

其一

一日復一日〔一〕，去子日以遠〔二〕。惠我金石言〔三〕，沉鬱〔四〕未能展。人生各有際，道誼尤所眷。嘗嗤兒女悲〔五〕，憂來仍不免。緬懷滄洲期，聊以慰遲晚。

【校注】

〔一〕一日復一日：晉·阮籍《詠懷》：「一日復一夕，一夕復一朝。顏色改平常，
　　　　精神自損消。」唐·韓愈《與張十八同效阮步兵一日復一日》：「一日復一日，
　　　　一朝復一朝。秖見有不如，不見有所超。」

〔二〕去子日以遠：《古詩十九首》：「相去日已遠，衣帶日已緩。」

〔三〕金石言：非常寶貴的教導或勸告。宋·梅堯臣《寄送謝師厚餘姚宰》：「但誦
　　　　金石言，於時儻無忤。」

〔四〕沉鬱：沉悶抑鬱。唐·柳宗元《閔生賦》：「閔吾生之險阨兮，紛喪志以逢尤。
　　　　氣沈鬱以杳眇兮，涕浪浪而常流。」

〔五〕兒女悲：《新唐書·武則天傳》：「見天子，庸知非福，何兒女悲乎？」

【著錄】

　　明·曹學佺編《石倉歷代詩選》卷四百五十五著錄此詩。

其二

遲晚不足嘆，人命各有常。相去忽萬里〔一〕，河山鬱蒼蒼。中夜不
能寐〔二〕，起視江月光。中情〔三〕良自抑，美人難自忘。

【校注】

〔一〕相去忽萬里：《古詩十九首》：「相去萬餘里，各在天一涯。」

〔二〕中夜不能寐：晉·阮籍《詠懷》：「夜中不能寐，起坐彈鳴琴。」

〔三〕中情：內心的思想感情。《史記·淮陰侯列傳》：「淮陰屠中少年有侮信者，曰：
　　　　『若雖長大，好帶刀劍，中情怯耳。』」

【著錄】

　　明·曹學佺編《石倉歷代詩選》卷四百五十五著錄此詩。

其三

美人隔江水，彿彷若可睹。風吹蒹葭雪，飄蕩知何處〔一〕？美人有
瑤瑟〔二〕，清奏含太古。高樓明月夜，惆悵為誰鼓〔三〕？

【校注】

〔一〕前四句用《詩經·秦風·蒹葭》詩境。《蒹葭》首章曰：「蒹葭蒼蒼，白露為
　　　　霜。所謂伊人，在水一方。遡洄從之，道阻且長。遡游從之，宛在水中央。」

〔二〕瑤瑟：美玉裝飾的琴瑟。唐·李白《別韋少府》：「別離有相思，瑤瑟與金樽。」

〔三〕為誰鼓：元・薩都刺《秋江泛棹琴樂圖》：「抱琴船頭為誰鼓，滿江秋色荻花浦。」

【著錄】

明・曹學佺編《石倉歷代詩選》卷四百五十五著錄此詩。

夢與抑之昆季〔一〕語湛崔〔二〕皆在焉覺而有感因記以詩三首

【編年】

此組詩作於正德二年（1507），地點待考。

【校注】

〔一〕抑之昆季：汪俊、汪偉兄弟。《明史・汪俊傳附汪偉傳》：「（汪俊）弟偉，字器之。由庶吉士授檢討，與俊皆忤劉瑾，調南京禮部主事。瑾誅，復故官，屢遷南京國子祭酒。武宗以巡幸至，率諸生請幸學，不從。江彬矯旨，取玉硯，偉曰：『有秀才時，故硯可持去。』俊罷官之歲，偉亦至吏部右侍郎，偕廷臣數爭大禮，又伏闕力爭。及席書、張璁等議行，猶持前說不變。轉官左侍郎，為陳洸劾罷。卒於家。」

〔二〕湛崔：湛若水、崔銑。

其一

夢與故人語，語我以相思。纔為旬日別，宛若三秋期〔一〕。令弟〔二〕坐我側，屈指如有為。須臾湛君〔三〕至，崔子〔四〕行相隨。肴醴旋羅列，語笑如平時。縱言及微奧，會意忘其辭。覺來復何有，起坐空嗟咨。

【校注】

〔一〕三秋期：《詩經・王風・采葛》：「彼采蕭兮，一日不見，如三秋兮。」

〔二〕令弟：汪俊之弟汪偉。

〔三〕湛君：湛若水。

〔四〕崔子：崔銑。

其二

起坐憶所夢，默遡猶歷歷〔一〕。初談自有形，繼論入無極〔二〕。無極生往來〔三〕，往來萬化出〔四〕。萬化無停機，往來何時息〔五〕。來者胡為信〔六〕？往者胡為屈〔七〕？微哉屈信間，子午當其屈〔八〕。非子盡精微，

此理誰與測？何當衡廬間，相携玩羲易。

【校注】

〔一〕歷歷：清晰。唐·李白《擬古》：「青天何歷歷，明星如白石。黃姑與織女，相去不盈尺。」

〔二〕無極：無形無象的宇宙原始本體狀態。《老子》：「為天下式，常德不忒，復歸於無極。」

〔三〕無極生往來：無極生出陰陽往來變化之道。宋·周敦頤《太極圖說》：「無極而太極。太極動而生陽，動極而靜，靜而生陰，靜極復動，一動一靜，互為其根，分陰分陽，兩儀立焉。」

〔四〕往來萬化出：陰陽二氣的交感化生出宇宙萬物。宋·周敦頤《太極圖說》：「五行一陰陽也，陰陽一太極也，太極本無極也。五行之生也，各一其性。無極之真，二五之精，妙合而凝，乾道成男，坤道成女。二氣交感，化生萬物，萬物生生，而變化無窮焉。」

〔五〕此二句是言陰陽二氣的交感變化無有停歇之時。

〔六〕來者胡為信：信即伸。來者為陽，根據周敦頤《太極圖說》：「太極動而生陽，動極而靜，靜而生陰。」可知，在邏輯的先後上，陽先陰後，陽為主動而陰隨之而動，故陽來為伸。

〔七〕往者胡為屈：往者為陰，根據周敦頤《太極圖說》的記載，可知在邏輯的先後上，陰後陽先，陰隨陽動，故陰往為屈。

〔八〕子午當其屈：宋·邵雍《冬至吟》：「冬至子之半，天心無改移。一陽初起處，萬物未生時。」子時一陽初動，至午時動極生陰，至子時靜極生陽，故子午二時為陰陽交替之時。

其三

衡廬曾有約，相携尚無時。去事多翻覆，來蹤豈前知。斜月滿虛牖〔一〕，樹影何參差。林風正蕭瑟，驚鵲無寧枝〔二〕。邈彼二三子，忞焉〔三〕勞我思。

【校注】

〔一〕斜月滿虛牖：宋·葉適《和王宗卿白兔詩》：「鴉帶初陽照廣津，兔隨斜月滿虧輪。」

〔二〕驚鵲無寧枝：宋·林景熙《南山有孤樹》：「南山有孤樹，寒烏夜遶之。驚秋

啼眇眇，風撓無寧枝。」

〔三〕怮焉：《詩經·小雅·小弁》：「我心憂傷，怮焉如擣。」鄭箋曰：「怮，思也。」

因雨和杜韻〔一〕

晚堂疏雨暗柴門，忽入殘荷瀉石盆。萬里滄江〔二〕生白髮，幾人燈火坐黃昏。客途最覺秋先到，荒徑惟憐菊尚存〔三〕。卻憶故園耕釣處，短蓑長笛下江村。

【編年】

此詩正德二年（1507）作於浙江杭州。

【校注】

〔一〕杜韻：杜甫《白帝》詩韻。《白帝》：「白帝城中雲出門，白帝城下雨翻盆。高江急峽雷霆鬬，翠木蒼藤日月昏。戎馬不如歸馬逸，千家今有百家存。哀哀寡婦誅求盡，慟哭秋原何處村。」

〔二〕滄江：疑為錢塘江。

〔三〕此句借鑒晉·陶潛《歸去來兮辭》：「三逕就荒，松菊猶存。」

【著錄】

明·曹學佺編《石倉歷代詩選》卷四百五十五、清·彭孫貽輯《明詩鈔》卷九、清·薛熙輯《明文在》卷十二、清·張豫章輯《四朝詩》卷七十八、清·錢謙益《列朝詩集》丙集卷四著錄此詩。

赴謫次北新關〔一〕喜見諸弟

扁舟風雨泊江關，兄弟相看夢寐間〔二〕。已分天涯成死別，寧知意外得生還。投荒〔三〕自識君恩遠，多病〔四〕心便吏事閒〔五〕。携汝耕樵應有日，好移茅屋傍雲山〔六〕。

【編年】

此詩正德二年（1507）作於杭州。

【校注】

〔一〕北新關：在今浙江杭州市北大關。《雍正浙江通志》卷三十三：「仁和芳林鄉附關有橋曰北新，故以名關。」

〔二〕夢寐間：宋·陸游《追感梁益舊遊有作》：「晚途忽墮塵埃里，樂事渾疑夢寐間。」

〔三〕投荒：貶謫到蠻荒之地。唐・韓愈《縣齋有懷》：「投荒誠職分，領邑幸寬赦。」

〔四〕多病：與此詩同時而作的《移居勝果寺二首》其一：「病肺正思移枕簟，洗心兼得遠塵埃。」據此可知，陽明詩中所言之病，乃是肺病。

〔五〕吏事閒：吏事清閒。元・釋善住《次韻山村先生》：「山田墝瘠民生儉，郡邑蕭條吏事。」

〔六〕傍雲山：靠近山水。唐・錢起《送李協律還東京》：「長河侵驛道，匹馬傍雲山。」

【著錄】

明・曹學佺編《石倉歷代詩選》卷四百五十五著錄此詩。

南屏〔一〕

溪風漠漠南屏路，春服〔二〕初成病眼開。花竹日新僧已老〔三〕，湖山如舊我重來〔四〕。層樓雨急青林迥，古殿雲晴碧嶂廻。獨有幽禽解相信，雙飛時下讀書臺。

【編年】

此詩正德二年（1507）作於杭州。

【校注】

〔一〕南屏：在浙江杭州市，為西湖美景之一。《雍正浙江通志》卷九：「南屏山，在興教寺後。怪石聳秀，中穿一洞，上有石壁，若屏障然。」

〔二〕春服：春天穿的衣服。《論語・先進》：「莫春者，春服既成，冠者五六人，童子六七人，浴乎沂，風乎舞雩，詠而歸。」

〔三〕僧已老：明・程敏政《十月十三日雨中飲長汀寺》：「問訊禪床僧已老，摩挲詩案客重過。」

〔四〕我重來：宋・吳芾《六月二十一日早行》：「古寺經行知幾回，山僧又見我重來。」

【著錄】

明・曹學佺編《石倉歷代詩選》卷四百五十五、明・釋大壑撰《南屏靜慈寺志》卷一、明・吳之鯨撰《武林梵志》卷三、清・嵇曾筠撰《雍正浙江通志》卷九、明・田汝成撰《西湖遊覽志》卷三著錄此詩。

臥病靜慈〔一〕寫懷

臥病空山春復夏，山中幽事最能知。雨晴階下泉聲急，夜靜松間月色遲。把卷有時眠白石〔二〕，解纓隨意濯清漪〔三〕。吳山越嶠俱堪老，正奈燕雲〔四〕繫遠思。

【編年】

此詩正德二年（1507）作於杭州。

【校注】

〔一〕靜慈：即靜慈寺，在杭州南屏山北麓。《雍正浙江通志》卷二百二十六：「剏自周顯德元年吳越忠懿王，號曰慧日永明院。衢州道潛禪師居之，作羅漢堂。宋建隆初，禪師延壽作宗鏡錄一百卷，遂作宗鏡堂。太宗改賜壽寧院。南渡時，燬而復興。僧道容實鳩工焉，五歲始成，塑五百阿羅漢，以田字殿貯之。紹興九年，改賜靜慈報恩光孝寺額。」

〔二〕眠白石：唐‧姚合《遊陽河岍》：「醉時眠石上，肢體自婆娑。」

〔三〕此句借鑒《孟子‧離婁上》：「有孺子歌曰：『滄浪之水清兮，可以濯我纓；滄浪之水濁兮，可以濯我足。』孔子曰：『小子聽之！清斯濯纓，濁斯濯足矣。自取之也。』」

〔四〕燕雲：燕地之雲，代指明武宗。

【著錄】

明‧曹學佺編《石倉歷代詩選》卷四百五十五、明‧釋大壑撰《南屏靜慈寺志》卷二、明‧田汝成撰《西湖遊覽志》卷三著錄此詩。

移居勝果寺二首

【編年】

此組詩正德二年（1507）作於杭州。

勝果寺：在今杭州市鳳凰山。《雍正浙江通志》卷二百二十七：「勝果禪寺，在包家山。隋開皇二年建。唐無著禪師重興。宋慶曆中，郡守鄭戩奏賜額曰崇聖。元至正間重建。明永樂十五年復建。」

其一

江上但知山色好，峰廻始見寺門開。半空虛閣有雲住，六月深松無暑來。病肺正思移枕簟，洗心兼得遠塵埃。富春〔一〕咫尺煙濤外，時倚

層霞望釣臺〔二〕。

【校注】

〔一〕富春：即富春江，在浙江省中部，流經桐廬、富陽兩縣。《雍正浙江通志》卷十：「自桐廬經富春入錢塘。昔桑欽《水經》謂『浙江之源，西自嚴灘，東通海道。』」

〔二〕釣臺：即嚴陵釣臺，在杭州市桐廬縣。《雍正浙江通志》卷四十九：「桐廬縣西二十九里有嚴陵釣臺。富春山上東西二釣臺，漢嚴子陵隱釣處。」

【著錄】

明·曹學佺編《石倉歷代詩選》卷四百五十五、明·田汝成撰《西湖遊覽志》卷七、清·張豫章輯《四朝詩》卷七十八、清·陳田輯《明詩紀事》丁籤卷十三、清·錢謙益輯《列朝詩集》丙集卷四著錄此詩。

其二

病餘巖閣坐朝曛，異景相新得未聞。日腳倒明千頃霧，雨聲高度萬峰雲。越山陣水當吳嶠〔一〕，江月隨潮上海門〔二〕。便欲携書從此老，不教猿鶴更移文〔三〕。

【校注】

〔一〕吳嶠：吳地山嶽。宋·戴栩《賀丞相家廟詩》：「秀當吳嶠色，流自鄮江津。」

〔二〕海門：在杭州市。《雍正浙江通志》卷九：「海門，在縣東北六十五里，有山曰赭山，與龕山對峙，潮水出其間。郭璞《地記》所謂『海門一點巽山起』，又曰『海門筆架峰巒起』，皆指此。」

〔三〕移文：南朝·梁·孔稚圭《北山移文》：「至於還飇入幕，寫霧出楹。蕙帳空兮夜鶴怨，山人去兮曉猿驚。」

憶別

憶別江干風雪陰，艱難歲月兩侵尋〔一〕。重看骨肉情何限，況復斯文〔二〕約舊深。賢聖可期先立志〔三〕，塵凡未脫謾言心。移家便住煙霞壑，綠水青山長對吟。

【編年】

此詩正德二年（1507）作於杭州。

【校注】

〔一〕侵尋：漸次發展。宋·劉攽《酬晁單州二首》其一：「九載一相逢，侵尋頭已童。」

〔二〕斯文：典章制度、禮樂文化。《論語·子罕》：「天之將喪斯文也，後死者不得與於斯文也。天之未喪斯文也，匡人其如予何！」

〔三〕聖賢可期先立志：陽明認為在成就聖賢的理想人格的過程中，應該把立志作為入手工夫。如《傳習錄》卷上：「我此論學是無中生有的工夫，諸公須要信得及，只是立志。學者一念為善之志，如樹之種，但勿助勿忘，只管培植將去，自然日夜滋長，生氣日完，枝葉日茂。樹初生時，便抽繁枝，亦須刊落，然後根幹能大。初學時亦然，故立志貴專一。」

泛海

險夷原不滯胸中，何異浮雲過太空〔一〕。夜靜海濤三萬里，月明飛錫〔二〕下天風。

【編年】

此詩作於正德二年（1507），地點待考。

【校注】

〔一〕此二句受禪宗影響很深，宋·釋普濟《五燈會元》卷十四《石門蘊禪師法嗣》：「一切眾生，本源佛性。譬如朗月當空，祗為浮雲翳障，不得顯現。」

〔二〕飛錫：佛教用語，即僧人等執錫杖飛空。據《釋氏要覽》卷下：「今僧遊行，嘉稱飛錫。此因高僧隱峰遊五臺，出淮西，擲錫飛空而往也。若西天得道僧，往來多是飛錫。」

【著錄】

明·曹學佺編《石倉歷代詩選》卷四百五十五著錄此詩。

武夷〔一〕次壁間韻

肩輿〔二〕飛度萬峰雲，回首滄波月下聞。海上真為倉水使，山中又遇武夷君〔三〕。溪流九曲初諳路，精舍〔四〕千年始及門。歸去高堂慰垂白〔五〕，細探更擬在春分。

【編年】

此詩作於正德二年（1507），地點待考。

按：陽明是否到過武夷山，一直以來都存在爭議。

陽明弟子黃綰、錢德洪認為陽明確實曾到過武夷山，並有遠遁之意。黃綰在《陽明先生行狀》曰：「公行至錢塘，度或不免，乃託為投江，潛入武夷山中，決意遠遁。夜至一山庵投宿，不納。行半里許，見一古廟，遂據香案臥。黎明，道士特往視之，方熟睡。乃推醒曰：『此虎狼穴也，何得無恙？』因詰公出處，公乃吐實。道士曰：『如公所志，將來必有赤族之禍。』公問：『何以至此？』道士曰：『公既有名朝野，若果由此匿跡，將來之徒假名以鼓舞人心，朝廷尋究汝家，豈不致赤族之禍？』公深然其言。嘗有詩云：『海上曾為滄水使，山中又拜武夷君。』遂由武夷至廣信，泝彭蠡，歷沅湘，至龍場。」錢德洪《陽明先生年譜》基本採納黃綰的記載，文字略有差異，其文曰：「先生至錢塘，瑾遣人隨偵。先生度不免，乃托言投江以脫之。因附商船遊舟山，偶遇颶風大作，一日夜至閩界。比登岸，奔山徑數十里，夜扣一寺求宿，僧故不納。趨野廟，倚香案臥，蓋虎穴也。夜半，虎遶廊大吼，不敢入。黎明，僧意必斃於虎，將收其囊，見先生方熟睡，呼始醒，驚曰：『公非常人也！不然，得無恙乎？』邀至寺。寺有異人，嘗識於鐵柱宮，約二十年相見海上，至是出詩，有『二十年前曾見君，今來消息我先聞』之句。與論出處，且將遠遁。其人曰：『汝有親在，萬一瑾怒，逮爾父，誣以北走胡，南走粵，何以應之？』因為蓍，得《明夷》，遂決策返。先生題詩壁間曰：『險夷原不滯胸中，何異浮雲過太空。夜靜海濤三萬里，月明飛錫下天風。』因取間道，由武夷而歸。時龍山公官南京吏部尚書，從都陽往省。十二月返錢塘，赴龍場驛。」

陽明好友湛若水則反對黃綰、錢德洪之說，認為陽明從未到過武夷山，陽明在詩文中說自己身在武夷山，無非是迷惑敵人的保身之道，不讓劉瑾派來的刺客發現其真實行蹤。湛若水《陽明先生墓志銘》曰：「人或告曰：『陽明公至浙，沉於江矣，至福建始起矣。登鼓山之詩曰：『海上曾為滄水使，山中又拜武夷君。』有徵矣。甘泉子聞之笑曰：『此佯狂避世也。故為之作詩，有云：『佯狂欲浮海，說夢痴人前。』及後數年，會於滁，乃吐實。彼誇虛執有以為神奇者，烏足以知公者哉！」

岡田武彥《王陽明大傳》基本讚同湛若水的觀點，他說：「王陽明寫詩假裝自己逃到了海上，並且還聲稱登上了武夷山，這一切無非是為了蒙混世人

罷了。王陽明生來就聰慧過人，再加上他又精通兵法，運用這種小把戲也不是完全沒有可能的。湛甘泉是王陽明的至交好友，後來二人見面時，王陽明親口告訴他自己根本沒去過海上，也沒有登過武夷山，那些事情是自己編造的。湛甘泉的敘述應該非常可信。」

筆者讚同黃綰、岡田武彥的觀點，正如二人記載分析的那樣，陽明確實沒有去過武夷山，那麼此詩的寫作地點還有待於進一步考證。

【校注】

〔一〕武夷：即武夷山，在福建崇安縣南三十里。

〔二〕肩輿：轎子。唐·杜甫《鄭典設自施州歸》：「我有平肩輿，前途猶準的。」

〔三〕武夷君：古代傳說中武夷山的仙人。《史記·封禪書》：「古者天子常以春解祠，祠黃帝用一梟破鏡……武夷君用乾魚。」司馬貞《索隱》引顧氏曰：「《地理志》云建安有武夷山，溪有仙人葬處，即《漢書》所謂武夷君。」

〔四〕精舍：僧人、道士修煉養生之所。唐·陳子昂《夏日遊暉上人房》：「山水開精舍，琴歌列梵筵。」

〔五〕垂白：垂下白髮，謂老人，此處指年老的親人。唐·杜甫《送率府程錄事還鄉》：「若人可數見，慰我垂白泣。」

【著錄】

明·曹學佺編《石倉歷代詩選》卷四百五十五著錄此詩；清·董天工撰《武夷山志》卷三著錄此詩，題為《遊武夷》。

草萍驛〔一〕次林見素〔二〕韻奉寄

山行風雪瘦能當，會喜江花照野航。本與宦途成懶散，頗因詩景受閒忙。鄉心草色春同遠，客鬢松梢晚更蒼。料得煙霞終有分，未須連夜夢溪堂。

【編年】

此詩正德三年（1508）作於浙江常山。

【校注】

〔一〕草萍驛：在浙江省常山縣，是江西和浙江的分界線。《雍正浙江通志》卷八十九：「草萍驛，《常山縣志》：『在縣西四十里。元至元二十五年置，元末廢。明洪武三年即舊址復建，三十二年燬，知縣仇經重建。隆慶元年，巡按御史

龐尚鵬奏革改為公館。」

〔二〕林見素：林俊，字待用，號見素，莆田人。成化戊戌進士，歷官刑部尚書，加太子太保贈少保，諡貞肅。

玉山東岳廟遇舊識嚴星士

憶昨東歸亭下路，數峰簫管隔秋雲。肩輿欲到妨多事，鼓枻〔一〕重來會有云。春夜絕憐燈節〔二〕近，溪聲最好月中聞。行藏無用君平〔三〕卜，請看沙邊鷗鷺群。

【編年】

此詩正德三年（1508）作於江西玉山。

【校注】

〔一〕鼓枻：划槳，謂泛舟。《楚辭·漁父》：「漁父莞爾而笑，鼓枻而去。」

〔二〕燈節：元宵節。宋·宋庠《正月望日車駕謁會靈觀置酒祝禧殿》：「上月神燈節年康，警蹕遊蒲池渭陽。」

〔三〕君平：漢代嚴遵，字君平。隱居不仕，善於卜筮。《漢書·王貢兩龔鮑傳序》：「君平卜筮於成都市……裁日閱數人，得百錢足自養，則閉肆下簾而授《老子》。」

【著錄】

明·曹學佺編《石倉歷代詩選》卷四百五十五著錄此詩。

廣信〔一〕元夕蔣太守舟中夜話

樓臺燈火水西東，簫鼓星橋渡碧空。何處忽談塵世外，百年惟此月明中。客途孤寂渾常事〔二〕，遠地相求見古風。別後新詩如不惜，衡南今亦有飛鴻。

【編年】

此詩正德三年（1508）作於江西上饒。

【校注】

〔一〕廣信：在今江西省上饒市。

〔二〕渾常事：尋常之事。宋·韓淲《李季章糸政寄近作絕句次韻答之》：「角巾東路渾常事，便駕柴車亦可憐。」

【著錄】

　　明・曹學佺編《石倉歷代詩選》卷四百五十五著錄此詩。

夜泊石亭寺用韻呈陳婁諸公因寄儲柴墟都憲及喬白巖太常諸友

【編年】

　　此組詩正德三年（1508）作於江西南昌。

　　其一

　　廿年〔一〕不到石亭寺〔二〕，惟有西山只舊青。白拂〔三〕掛墙僧已去，紅闌照水客重經。沙村遠樹凝春望〔四〕，江雨孤篷入夜聽。何處故人還笑語，東風啼鳥夢初醒。

【校注】

〔一〕廿年：弘治元年（1488），陽明親迎夫人諸氏於洪都，曾在石亭寺停泊，至本　　　年再至，時間恰好經過二十年。

〔二〕石亭寺：《雍正江西通志》卷一百十一：「石亭寺，在省城章江門外。唐建，　　　前觀察使韋丹有遺愛碑，覆以石亭。大中十三年，丹子宙觀察江西，奏以　　　為石亭院，裴休題額。宋政和間，廢為觀。明初，復為寺，亦稱石亭觀音　　　院。」

〔三〕白拂：白色的拂塵。唐・李白《尋山僧不遇作》：「窺窗見白拂，掛壁生塵埃。　　　使我空歎息，欲去仍徘徊。」

〔四〕凝春望：宋・朱熹《再用韻題翠壁》：「杖藜徙倚凝春望，覓句淹留到晚衙。」

【著錄】

　　明・曹學佺編《石倉歷代詩選》卷四百五十五、明・章潢撰《萬曆新修南昌府志》卷三十著錄此詩。

　　其二

　　悵望沙頭成久坐，江洲春樹何青青。煙霞故國虛夢想，風雨客途真慣經。白璧屢投〔一〕終自信，朱絃〔二〕一絕好誰聽？扁舟心事滄浪舊〔三〕，從與漁人笑獨醒〔四〕。

【校注】

〔一〕白璧屢投：《韓非子・和氏》：「楚人和氏得玉璞楚山中，奉而獻之厲王。厲王

使玉人相之，玉人曰：『石也。』王以和為誑而刖其左足。及厲王薨，武王即位，和又奉其璞而獻之武王。武王使玉人相之，又曰：『石也。』王又以和為誑而刖其右足。武王薨，文王即位，和乃抱其璞而哭於楚山之下，三日三夜，淚盡而繼之以血。王聞之，使人問其故，曰：『天下之刖者多矣，子奚哭之悲也？』和曰：『吾非悲刖也，悲夫寶玉而題之以石，貞士而名之以誑，此吾所以悲也。』王乃使玉人理其璞而得寶焉，遂命曰和氏之璧。」

〔二〕朱絃：《禮記·樂記》：「是故樂之隆，非極音也。食饗之禮，非致味也。清廟之瑟，朱絃而疏越，壹倡而三嘆，有遺音者矣。」

〔三〕扁舟心事滄浪舊：戰國·屈原《漁父》：「漁父莞爾而笑，鼓枻而去，乃歌曰：『滄浪之水清兮，可以濯吾纓；滄浪之水濁兮，可以濯吾足。』」

〔四〕從與漁人笑獨醒：戰國·屈原《漁父》：「漁父見而問之曰：『子非三閭大夫與？何故至於斯？』屈原曰：『舉世皆濁我獨清，眾人皆醉我獨醒，是以見放。』」

【著錄】

明·章潢撰《萬曆新修南昌府志》卷三十著錄此詩。

過分宜〔一〕望鈐岡〔二〕廟

共傳峰頂樹，古廟有靈神。楚俗多尊鬼，巫言解惑人。望禋存舊典，捍禦〔三〕及斯民。世事渾如此，題詩感慨新。

【編年】

此詩正德三年（1508）作於江西分宜。

【校注】

〔一〕分宜：縣名，屬江西省。《雍正江西通志》卷二：「雍熙元年，置分宜縣。析宜春縣之神龍、招賢等十鄉，置分宜縣以便民，欲當宜春、新喻兩縣界之中也。」

〔二〕鈐岡：地名，在江西分宜縣境內。《雍正江西通志》卷八：「鈐岡山，在分宜縣水南二里，新澤水出於右，長壽水出於左，夾於山末，故曰鈐。」

〔三〕捍禦：抵禦。王弼《周易·蒙卦》：「為之扞禦，則物咸附之。若欲取之，則物咸叛矣。」

雜詩三首

【編年】

此詩正德三年（1508）作於江西分宜。

其一

危棧斷我前，猛虎尾我後。倒崖落我左，絕壑臨我右。我足復荊榛，雨雪更紛驟。邈然思古人，無悶〔一〕聊自有。無悶雖足珍，警惕忘爾守。君觀真宰〔二〕意，匪薄亦良厚。

【校注】

〔一〕無悶：《周易·乾卦·文言》：「遯世無悶，不見是而無悶，樂則行之，憂則違之，確乎其不可拔，潛龍也。」

〔二〕真宰：宇宙的主宰。《莊子·齊物論》：「若有真宰，而特不得其朕。」

其二

青山清我目，流水靜我耳〔一〕。琴瑟在我御〔二〕，經書滿我几。措足踐坦道，悅心有妙理。頑冥〔三〕非所懲，賢達何靡靡。乾乾〔四〕懷往訓，敢忘惜分暑。悠哉天地內，不知老將至〔五〕。

【校注】

〔一〕此二句句法模擬宋·蘇轍《遺老齋絕句》其二：「眾音入我耳，諸色過吾目。」

〔二〕琴瑟在我御：《詩經·鄭風·女曰雞鳴》：「琴瑟在御，莫不靜好。」毛傳曰：「君子無故不徹琴瑟，賓主和樂，無不安好。」

〔三〕頑冥：愚昧無知之人。宋·釋惠洪《彥周以詩見寄次韻》：「頑冥雖難化，豈不發深省。」

〔四〕乾乾：自強不息。《周易·乾卦》：「九三，君子終日乾乾，夕惕若厲，無咎。」

〔五〕老將至：《論語·述而》：「葉公問孔子於子路，子路不對。子曰：『女奚不曰，其為人也，發憤忘食，樂以忘憂，不知老之將至云爾。』」

其三

羊腸亦坦道，太虛何陰晴？燈窗玩古易，欣然獲我情〔一〕。起舞還再拜，聖訓垂明明。拜舞詎踰節？頓忘樂所形。斂衽〔二〕復端坐，玄思窺沉溟。寒根固生意，息灰抱陽精。沖漠〔三〕際無極，列宿羅青冥〔四〕。夜深向晦息，始聞風雨聲。

【校注】

〔一〕獲我情：猶獲我心。《詩經・邶風・綠衣》：「絺兮綌兮，淒其以風。我思古人，
實獲我心。」

〔二〕斂衽：整理衣服，表示尊敬之意。晉・陶潛《勸農》：「敢不斂衽，敬讚德
美？」

〔三〕沖漠：靜漠虛空。《二程集》卷十五：「沖漠無朕，萬象森然已具。未應不是
先，已應不是後。如百尺之木，自根本至枝葉，皆是一貫。」

〔四〕青冥：青天。《楚辭・九章・悲回風》：「據青冥而攄虹兮，遂儵忽而捫天。」

袁州府〔一〕宜春臺〔二〕四絕

【編年】

此組詩正德三年（1508）作於江西宜春。

【校注】

〔一〕袁州府：在今江西宜春市。

〔二〕宜春臺：在今江西宜春市東南山上。《雍正江西通志》卷三十九：「宜春臺：
《府志》：『在府城東南隅。』《城塚記》：『漢宜春侯劉成於城中立五臺，其最
勝者，宜春也。高五十餘丈，植桃李以萬計。』」

其一

宜春臺上還春望，山水南來眼未嘗。卻笑韓公亦多事，更從南浦羨
滕王〔一〕。

【校注】

〔一〕此二句是指唐元和十五年七月，中書舍人太原王公為御史中丞，觀察江南西
道，九月，在眾人的建議下，重修滕王閣。竣工之後，請時任袁州刺史的韓
愈作《新修滕王閣記》。韓愈在《記》文中表達了對滕王閣的傾慕之情，其文
曰：「愈少時則聞江南多登臨之美，而滕王閣獨為第一，有環偉絕特之稱。及
得三王所為序賦記等，壯其文詞，益欲往一觀而讀之，以忘吾憂。繫官於朝，
願莫之遂。」

【著錄】

明・嚴嵩撰《（正德）袁州府志》卷十二著錄此詩，題為《登宜春臺》。

其二

臺名何事只宜春，山色無時不可人。不用煙花費妝點，儘教刊落〔一〕
儘嶙峋。

【校注】

〔一〕刊落：刪除。宋・朱熹《答徐斯遠》：「不過欲其刊落支葉，就日用間深察義
　　　理之本然，庶幾有所据依，以造實地，不但為騷人墨客而已。」

【著錄】

　　明・嚴嵩撰《（正德）袁州府志》卷十二著錄此詩，題為《登宜春臺》；
明・曹學佺編《石倉歷代詩選》卷四百五十五著錄此詩。

其三

持修江藻拜祠前，正是春風欲暮天。童冠儘多歸詠興〔一〕，城南兼
說有溫泉。

【校注】

〔一〕《論語・先進》：「莫春者，春服既成，冠者五六人，童子六七人，浴乎沂，
　　　風乎舞雩，詠而歸。」

其四

古廟香燈幾許年〔一〕，增修還費大官錢。至今楚地多風雨，猶道山
神駕鐵船。

【校注】

〔一〕幾許年：很多年。宋・陳淳《無言上人求詩依黃簿韻》：「休說西來幾許年，
　　　此身動靜莫非禪。」

【著錄】

　　明・曹學佺編《石倉歷代詩選》卷四百五十五著錄此詩。

夜宿宣風館〔一〕

【編年】

　　此詩正德三年（1508）作於江西萍鄉。

　　後世文人途經宣風館，多有和詩。如：

　　明・歐陽鐸《十二日風雨次宣風館和王伯安韻伯安有天際浮雲生白髮林

間孤月坐黃昏之句為一篇警策》:「馬蹄山路失新痕,山木橫流一段渾。兩邑封疆中作館,幾家雞犬自成村。枕邊聽水塵懷淨,山頂看雲雨氣昏。愧是宣風天萬里,幾人此地謾銷魂。」

明・顧璘《宣風館題壁和王大伯安》:「候館哦詩銷燭痕,地爐煮茗惡溪渾。叩門乞火有鄰父,打鼓報更還近村。仲冬寂寂野霜落,殘更淒淒山月昏。苦遭砧杵遠相聒,獨憶故園傷旅魂。」

明・陸深《十二月朔雪夜宿宣風館次壁間韻》:「歲晚溪流凍有痕,嶺頭雲日瘴猶渾。向來萍實千年事,一去梅花第幾村。高鳥過林驚積雪,長亭催客易黃昏。深慚未遂還吳計,獨譜離騷招楚魂。」

明・朱應登《曉發宜陽暑雨新霽晚宿宣風館次韻王陽明一首》:「絕壁雲開過雨痕,緣江漲湧碧流渾。溪田決溜疑無逕,竹嶼籠煙別有村。暑氣趂晴威更烈,客程當午思饒昏。扶持病體供驅使,未羨江淹賦別魂。」

明・林廷棉《五月三十夜宿宣風館次王伯安壁間韻》:「雨過苔紋繡綠痕,水清沙白鳥聲渾。雲封石洞僧歸舍,月落柴門犬吠村。兩鬢風霜驚白髮,一襟愁緒怯黃昏。香銷燭盡方成寐,又恐家山役夢魂。」

明・鄭鵬《宿宣風館和伯安王公韻》:「屋後青山過雨痕,門前新水赴溪渾。風聲偃稻翻平野,日腳穿雲射遠村。世路多岐還委曲,長懷最苦是黃昏。家鄉迢遞音書杳,腸斷深林蜀帝魂。」

明・許宗魯《宣風館作家書後用壁間陽明先生韻》:「雲外微紅見燒痕,道邊寒水入溪渾。此時日落楚山館,後夜月明何處村?已近閉關猶道路,偶逢傳札念晨昏。獨燒官燭看妻子,臥聽郵更驚夢魂。」

明・汪坦《宣風館用陽明先生韻》:「雨沃新苗翠已痕,石溪曲曲正流渾。千山淑氣開南楚,十里鶯聲自一村。未有涓埃霑白屋,漫留燈火照黃昏。羅施升斗還叨竊,慼問湘纍萬古魂。」

明・岳和聲《宜春縣中頓宣風館次王伯安先生赴謫龍場題壁韻》:「殷雷初霽夕陽痕,橋外沙溪似酒渾。鳥偶歌時來別館,花逢開處得孤邨。龍場萬疊征雲苦,荔水千程瘴霧昏。見說汨羅行咫尺,擬將詞賦弔湘魂。」

山石崎嶇古轍痕,沙溪馬渡水猶渾。夕陽歸鳥投深麓,煙火行人望遠村。天際浮雲生白髮,林間孤月坐黃昏〔二〕。越南冀北〔三〕俱千里,正恐春愁入夜魂。

【校注】

〔一〕宣風館：即宣風公館，在今江西萍鄉。《雍正江西通志》卷三十五：「宣風驛，舊在萍鄉縣東七十里宣風鎮。宋紹興間，徙於名教里兩村站，今改為宣風公館。宋阮閱、明王守仁皆有詩。」

〔二〕此二句與陽明《因雨和杜韻》「萬里滄江生白髮，幾人燈火坐黃昏」意境相似。

〔三〕越南冀北：越南指家鄉餘姚，冀北指故國京城，用此兩個地名，表達思鄉憂國之情。

【著錄】

　　明·曹學佺編《石倉歷代詩選》卷四百五十五、清·錢謙益輯《列朝詩集》丙集卷四著錄此詩。

萍鄉道中謁濂溪祠〔一〕

　　木偶〔二〕相沿恐未真，清輝亦復凜衣巾。簿書曾屑乘田吏〔三〕，俎豆猶存畏壘民〔四〕。碧水蒼山俱過化〔五〕，光風霽月〔六〕自傳神。千年私淑心喪後，下拜春祠薦渚蘋。

【編年】

　　此詩正德三年（1508）作於江西萍鄉。

【校注】

〔一〕濂溪祠：周敦頤祠。《雍正江西通志》卷一百八：「周濂溪祠，在萍鄉蘆溪鎮。昔周子謫鎮監稅，名士多從之遊，後人遂立祠於鎮之橋東。」

〔二〕木偶：濂溪祠內周敦頤木像。

〔三〕乘田吏：春秋時期主管畜牧的小官吏。《孟子·萬章下》：「（孔子）嘗為乘田矣。」趙岐注：「乘田，苑囿之吏也，主六畜之芻牧者也。」此處指慶曆元年周敦頤攝蘆溪鎮市征局之事。宋·度正《周敦頤年譜》：「慶曆元年辛巳，先生時年二十五歲。時分寧縣有獄，久不決，先生至，一訊立辨。邑人驚詫曰：『老吏不如也。』由是士大夫交口稱之。嘗被臺檄攝袁州蘆溪鎮市征局，袁之進士來講學於公齋者甚眾。」

〔四〕畏壘民：《莊子·雜篇·庚桑楚》：「老聃之役有庚桑楚者，偏得老聃之道，以北居畏壘之山。其臣之畫然知者去之，其妾之挈然仁者遠之。擁腫之與居，

軼掌之為使。居三年，畏壘大穰。畏壘之民相與言曰：『庚桑子之始來，吾洒然異之。今吾日計之而不足，歲計之而有餘。庶幾其聖人乎！子胡不相與尸而祝之，社而稷之乎？』」

〔五〕過化：《孟子·盡心上》：「夫君子所過者化，所存者神，上下與天地同流，豈曰小補之哉？」朱熹《孟子集注》：「君子，聖人之通稱也。所過者化，身所經歷之處，即人無不化。如舜之耕歷山而田者遜畔，陶河濱而器不苦窳也。」

〔六〕光風霽月：黃庭堅以之比喻周敦頤人品高潔、胸襟開闊。宋·黃庭堅《濂溪詩序》：「舂陵周茂叔，人品甚高，胸中灑落，如光風霽月。」

【和詩】

〔清〕毛德琦《廬山志》卷十一著錄此詩並孫應鰲和詩《謁濂溪祠次陽明先生韻》：「濂溪對眼照還真，綠草離離映葛巾。共爾後游尋聖軌，啟予先覺是天民。滿庭風月應無盡，千古心知合有神。泣路昔曾悲白首，採芳今得薦青蘋。」

【著錄】

明·曹學佺編《石倉歷代詩選》卷四百五十五著錄此詩；清·毛德琦撰《廬山志》卷十一山川分紀十著錄此詩，題為《謁濂溪祠》。

宿萍鄉武雲觀〔一〕

曉行山徑樹高低，雨後春泥沒馬蹄〔一〕。翠色絕雲開遠嶂〔二〕，寒聲隔竹隱晴溪。已聞南去艱舟楫，漫憶東歸沮杖藜。夜宿仙家〔三〕見明月，清光還似鑑湖西。

【編年】

此詩正德三年（1508）作於江西萍鄉。

【校注】

〔一〕沒馬蹄：唐·白居易《錢塘湖春行》：「亂花漸欲迷人眼，淺草纔能沒馬蹄。」

〔二〕遠嶂：遠山。唐·皇甫冉《劉方平壁畫山》：「墨妙無前，性生筆先。廻溪已失，遠嶂猶連。」

〔三〕仙家：武雲觀。

【著錄】

明·曹學佺編《石倉歷代詩選》卷四百五十五、清·陳田輯《明詩紀事》

丁籤卷十三、清・錢謙益輯《列朝詩集》丙集卷四著錄此詩。

醴陵道中風雨夜宿泗州寺〔一〕次韻

風雨偏從險道嘗，深泥沒馬陷車箱。虛傳鳥路〔二〕通巴蜀，豈必羊腸〔三〕在太行。遠渡漸看連暝色，晚霞會喜見朝陽。水南昏黑投僧寺，還理羲編〔四〕坐夜長。

【編年】

此詩正德三年（1508）作於湖南醴陵。

【校注】

〔一〕泗州寺：在醴陵縣西南。

〔二〕鳥路：猶鳥道，狹窄險峻的山路。唐・李白《蜀道難》詩：「西當太白有鳥道，可以橫絕峨眉巔。」

〔三〕羊腸：即羊腸阪。三國・魏・曹操《苦寒行》：「北上太行山，艱哉何巍巍。羊腸阪詰屈，車輪為之摧。」李善注曰：「《呂氏春秋》曰：天地之間上有九山，何謂九山？曰：太行、羊腸。高誘曰：太行山，在河內野王縣北也。羊腸，其山盤紆如羊腸，在太源晉陽北。高誘注《淮南子》曰：羊腸阪，是太行孟門之限，然則阪在太行山，在晉陽也。」

〔四〕羲編：相傳伏羲畫八卦，故《周易》亦稱羲編。

長沙答周生

旅倦憩江觀，病齒廢談誦。之子特相求，禮殫〔一〕意彌重。自言絕學〔二〕餘，有志莫與共。手持一編書，披歷見肝衷。近希小范〔三〕蹤，遠為賈生〔四〕慟。兵符及射藝，方技靡不綜。我方懲創後，見之色亦動。子誠仁者心，所言亦屢中〔五〕。願子且求志，蘊蓄事涵泳。孔聖固遑遑〔六〕，與點樂歸詠〔七〕。回也王佐才〔八〕，閉戶避鄰閧〔九〕。知子信美才，大構中梁棟。未當匠石求，滋植務培壅。愧子勤綣意，何以相規諷。養心在寡欲〔十〕，操存舍即縱〔十一〕。嶽麓何森森，遺址自南宋〔十二〕。江山足遊息，賢迹尚堪踵。何當謝病來，士氣多沉勇〔十三〕。

【編年】

此詩正德三年（1508）作於湖南長沙。

【校注】

〔一〕禮殫：漢・張衡《東京賦》：「肅肅之儀盡，穆穆之禮殫。」李善注：「殫，盡也。」

〔二〕絕學：此處專指儒學。王陽明《與辰中諸生》：「絕學之餘，求道者少，一齊眾楚，最易搖奪。自非豪傑，鮮有卓然不變者。」

〔三〕小范：范仲淹，此處指范仲淹所代表的經世之學。

〔四〕賈生：賈誼，此處指賈誼所代表的詞章之學。

〔五〕屢中：《論語・先進》：「子曰：『回也其庶乎，屢空。賜不受命，而貨殖焉億，則屢中。』」朱熹注曰：「言子貢不如顏子之安貧樂道，然其才識之明，亦能料事而多中也。」

〔六〕孔聖固遑遑：《孟子・滕文公下》：「孔子三月無君，則皇皇如也，出疆必載質。」

〔七〕與點樂歸詠：《論語・先進》：「（曾點）曰：『莫春者，春服既成，冠者五六人，童子六七人，浴乎沂，風乎舞雩，詠而歸。』夫子喟然歎曰：『吾與點也。』」

〔八〕回也王佐才：《史記・孔子世家》：「楚昭王興師迎孔子，然後得免。昭王將以書社地七百里封孔子。楚令尹子西曰：『王之使使諸侯，有如子貢者乎？』曰：『無有。』『王之輔相，有如顏回者乎？』曰：『無有。』」

〔九〕閉戶避鄰鬨：《孟子・離婁下》：「禹、稷當平世，三過其門而不入，孔子賢之。顏子當亂世，居於陋巷，一簞食，一瓢飲，人不堪其憂，顏子不改其樂。孔子賢之。孟子曰：『禹、稷、顏回同道。禹思天下有溺者，由己溺之也。稷思天下有飢者，由己飢之也，是以如是其急也。禹、稷、顏子易地則皆然。今有同室之人鬨者，救之，雖被髮纓冠而救之，可也。鄉鄰有鬨者，被髮纓冠而往救之，則惑也，雖閉戶可也。』」

〔十〕養心在寡欲：《孟子・盡心下》：「孟子曰：『養心莫善於寡欲。其為人也寡欲，雖有不存焉者，寡矣。其為人也多欲，雖有存焉者，寡矣。』」

〔十一〕操存舍即縱：《孟子・告子上》：「孔子曰：『操則存，舍則亡，出入無時，莫知其鄉，惟心之謂與？』」

〔十二〕此二句指南宋乾道元年（1165）湖南安撫使知潭州劉珙重建嶽麓書院，及朱熹在嶽麓書院講學之事。《雍正湖廣通志》卷二十三：「嶽麓書院，在府城外湘江西嶽麓山下。宋開寶九年，潭州守朱洞建，實彭城劉鰲倡之。咸平四年，

詔賜國子監經籍，與嵩陽、睢陽、白鹿為天下四大書院，從知州李允則之請
也。祥符八年，以周式為山長。紹興間，燬於兵。乾道元年，湖南安撫劉珙
重建，以張栻主教事。三年，晦庵朱子如長沙，講學書院中，手書忠孝廉節
四字。淳熙十五年，直徽猷閣潘疇繼修。紹興五年，朱子為湖南安撫，牒委
興學，四方景從者至幾千人。」

〔十三〕沉勇：沉毅果敢。《漢書·趙充國傳》：「為人沈勇有大略，少好將帥之節，而
學兵法，通知四夷事。」

涉湘於邁嶽麓是尊仰止先哲因懷友生麗澤興感伐木寄言二首

【編年】

此組詩正德三年（1508）作於湖南長沙。

其一

客行長沙道，山川鬱綢繆〔一〕。西探指嶽麓，凌晨渡湘流〔二〕。踰岡
復陟巘，弔古還尋幽。林壑有餘采，普賢〔三〕此藏修。我來實仰止〔四〕，
匪伊事盤遊〔五〕。衡雲閒曉望，洞野浮春洲。懷我二三友，伐木〔六〕增
離憂。何當此來聚，道誼日相求。

【校注】

〔一〕綢繆：連綿不斷。南朝·齊·謝朓《齊敬皇后哀策文》：「懷豐沛之綢繆兮，
背神京之弘敞。」

〔二〕湘流：湘江。《楚辭·漁父》：「寧赴湘流，葬於江魚腹中。」

〔三〕普賢：此處指麓山寺中供奉的普賢菩薩。

〔四〕仰止：仰慕嚮往。《詩經·小雅·車舝》：「高山仰止，景行行止。」

〔五〕盤遊：遊樂。《尚書·五子之歌》：「（太康）乃盤遊無度，畋於有洛之表，十
旬弗反。」孔安國注：「樂遊，逸無法度。」

〔六〕伐木：《詩經·小雅·伐木》。《毛詩序》曰：「《伐木》，燕朋友故舊也。自天
子至於庶人，未有不須友以成者。親親以睦，友賢不棄，不遺故舊，則民德
歸厚矣。」

【著錄】

明·曹學佺編《石倉歷代詩選》卷四百五十五著錄此詩；清·趙寧撰《長
沙府嶽麓志》卷六著錄此詩，題為《登嶽麓》。

其二

林間憩白石，好風亦時來。春陽熙百物，欣然得予懷。緬思兩夫子〔一〕，此地得徘徊。當年麇童冠，曠代登堂階。高情詎今昔，物色遺吾儕。顧謂二三子，取瑟為我諧。我彈爾為歌，爾舞我與偕。吾道有至樂，富貴真浮埃〔二〕。若時乘大化，勿愧點與回〔三〕。陟岡採松柏，將以遺所思。勿採松柏枝，兩賢昔所依。緣峰踐臺石，將以望所期。勿踐臺上石，兩賢昔所躋。兩賢去邈矣，我友何相違。吾斯未能信，役役〔四〕空爾疲。胡不此簪盍〔五〕，麗澤〔六〕相遨嬉。渴飲松下泉，飢殂石上芝。俯仰絕餘念，遷客難久稽。洞庭春浪濶，浮雲隔九疑。江洲滿芳草，目極令人悲。已矣從此去，奚必茲山為。戀繫乃從欲，安土惟隨時〔七〕。晚聞冀有得，此外吾何知。

【校注】

〔一〕兩夫子：張栻、朱熹。

〔二〕此二句用《孟子・盡心下》：「孟子曰：『君子有三樂，而王天下不與存焉。父母俱存，兄弟無故，一樂也。仰不愧於天，俯不怍於人，二樂也。得天下英才而教育之，三樂也。君子有三樂，而王天下不與存焉。』」宋・楊萬里《贈曾相士二首》其一：「富貴真成一聚塵，飢寒選得萬年名。」

〔三〕點與回：曾點與顏回。

〔四〕役役：勞苦不息貌。《莊子・齊物論》：「終身役役，而不見其成功。苶然疲役，而不知其所歸。可不哀耶？」

〔五〕簪盍：即盍簪。《周易・豫卦》：「九四，由豫，大有得。勿疑，朋盍簪。」孔穎達《周易正義》：「由豫，大有得者，處豫之時，居動之始，獨體陽爻，為眾陰之所從，莫不由之以得其豫，故云由豫也。大有得者，眾陰皆歸，是大有所得。勿疑，朋盍簪者，盍，合也。簪，疾也。若能不疑於物，以信待之，則眾陰群朋合聚而疾來也。」

〔六〕麗澤：《周易・兌卦》：「《象》曰：『麗澤，兌。君子以朋友講習。」孔穎達《周易正義》：「麗澤，兌者。麗，猶連也。兩澤相連，潤說之盛，故曰麗澤，兌也。君子以朋友講習者，同門曰朋，同志曰友。朋友聚居，講習道義，相說之盛，莫過於此也。故君子象之，以朋友講習也。」

〔七〕安土：《周易・繫辭上》：「樂天知命故不憂，安土敦乎仁故能愛。」王弼注：「安土敦仁者，萬物之情也。物順其情，則仁功贍矣。」

【著錄】

　　清·趙寧撰《長沙府嶽麓志》卷五、清·曾國荃撰《（光緒）湖南通志》卷七十五著錄此詩。

遊嶽麓書事

　　醴陵西來涉湘水，信宿〔一〕江城沮風雨。不獨病齒畏風濕，泥潦〔二〕侵途絕行旅。人言嶽麓最形勝，隔水溟濛隱雲霧。趙侯需晴邀我遊，故人徐陳各傳語。周生好事屢來速，森森雨腳〔三〕何由住。曉來陰翳稍披拂，便携周生涉江去。戒令休遣府中知，徒爾勞人更妨務〔四〕。橘洲僧寺浮江流，鳴鐘出延立沙際。停橈一至答其情，三洲連綿亦佳處。行雲散漫浮日色，是時峰巒益開霽〔五〕。亂流蕩槳濟倏忽，繫橇江邊老檀樹。岅行里許入麓口，周生道予勤指顧〔六〕。柳蹊梅堤存彷彿，道林林壑獨如故。赤沙想像虛田中，西嶼傾頹今塚墓。道鄉荒趾留突兀，赫曦遠望石如鼓。殿堂釋菜禮〔七〕從宜，下拜朱張〔八〕息遊地。鑿石開山面勢改，雙峰闢闢見江渚。聞是吳君所規畫，此舉良是反遭忌。九仞誰虧一簣功，嘆息遺基獨延佇。浮屠觀閣摩青霄，盤據名區遍寰宇。其徒素為儒所擯，以此方之反多愧。愛禮思存告朔羊〔九〕，況此實作匪文具。人云趙侯意頗深，隱忍調停旋修舉。昨來風雨破棟脊，方遣圬人〔十〕補殘敝。予聞此語心稍慰，野人蔬蕨亦羅置。欣然一酌纔舉杯，津夫走報郡侯至。此行隱跡何由聞，遣騎候訪自吾寓。潛來鄙意正為此，倉卒行庖益勞費。整冠出迓見兩蓋，乃知王君亦同御。肴羞層疊絲竹繁，避席興辭懇莫拒。多儀〔十一〕劣薄非所承，樂闋觴周日將暮。黃堂吏散君請先，病夫沾醉須少憩。入舟暝色漸微茫，卻喜順流還易渡。嚴城燈火人已稀，小巷曲折忘歸路。僊宮醋倦成熟寐，曉聞簷聲復如注。昨遊偶遂鬼天假，信知行樂皆有數。涉躐差償夙好心，尚有名山敢多慕。齒角盈虧分則然，行李雖淹吾不惡。

【編年】

　　此詩正德三年（1508）作於湖南長沙。

【校注】

　〔一〕信宿：連續兩夜。《詩經·豳風·九罭》：「公歸不復，於女信宿。」

　〔二〕泥潦：泥水聚集的地方。漢·蔡邕《京兆樊惠渠頌》：「清流浸潤，泥潦浮游。

昔日鹵田，化為甘壤。」

〔三〕雨腳：密集落地的雨點。唐·杜甫《茅屋為秋風所破歌》：「牀頭屋漏無乾處，
雨腳如麻未斷絕。」

〔四〕妨務：妨礙公務。唐·羅隱《東安鎮新築羅城記》：「民不毀擔，時不妨務。」

〔五〕開霽：天氣放晴。唐·高適《古樂府飛龍曲留上陳左相》：「豁達雲開霽，清
明月映秋。」

〔六〕指顧：指點顧盼。《漢書·律曆志上》：「指顧取象，然後陰陽萬物靡不條鬯該
成。」

〔七〕釋菜禮：古代入學時祭祀先聖先師的一種典禮。《禮記·月令》：「（仲春之月）
上丁，命樂正習舞，釋菜。」鄭玄注：「將舞，必釋菜於先師以禮之。」

〔八〕朱張：朱熹與張栻。

〔九〕告朔羊：《論語·八佾》：「子貢欲去告朔之餼羊。子曰：『爾愛其羊，我愛其
禮。』」朱熹集注：「告朔之禮，古者天子常以季冬頒來歲十二月之朔於諸侯，
諸侯受而藏之祖廟。月朔，則以特羊告廟，請而行之。」

〔十〕圬人：泥瓦匠人。《左傳·襄公三十一年》：「司空以時平易道路，圬人以時塓
館宮室。」杜預注：「圬人，塗者。」

〔十一〕多儀：《尚書·洛誥》：「享多儀，儀不及物，惟曰不享。」

【著錄】

明·曹學佺編《石倉歷代詩選》卷四百五十五著錄此詩。

次韻答趙太守王推官

詰朝〔一〕事虔謁，玄居宿齋沐。積霖喜新霽，風日散清燠。蘭橈〔二〕
渡芳渚，半涉見水陸。溪山儼新宇，雷雨荒大麓。皇皇絃誦區，斯文昔
炳郁。興廢尚屯疑，使我懷悱懊。近聞牧守賢，經營亟乘屋〔三〕。方舟
為予來，飛蓋遙肅肅。花絮媚晚筵，韶景正柔淑。浴沂諒同情，及茲授
春服。令德倡高詞，混珠愧魚目〔四〕。努力崇修名，迂疏自巖谷。

【編年】

此詩正德三年（1508）作於湖南長沙。

【校注】

〔一〕詰朝：詰旦。《左傳·僖公二十八年》：「戒爾車乘，敬爾君事，詰朝將見。」

杜預注：「詰朝，平旦。」

〔二〕蘭橈：小舟。唐‧王勃《採蓮曲》：「桂棹蘭橈下長浦，羅裙玉腕輕搖櫓。」

〔三〕亟乘屋：《詩經‧豳風‧七月》：「晝爾于茅，宵爾索綯，亟其乘屋，其始播百穀。」鄭箋：「亟，急。乘，治也。」

〔四〕混珠愧魚目：魚目混珠。《周易參同契》上：「魚目豈為珠，蓬蒿不成檟。同類者相從，事乖不成寶。是以燕雀不生鳳，狐兔不乳馬，水流不炎上，火動不潤下。」

【著錄】

明‧曹學佺編《石倉歷代詩選》卷四百五十五著錄此詩。

天心湖〔一〕阻泊既濟書事

掛席下長沙，瞬息百餘里。舟人共揚眉，予獨憂其駛。日暮入沅江〔二〕，抵石舟果圯。補敝詰朝發，衝風遂齟齬。暝泊後江湖，蕭條旁罾罶。月黑波濤驚，蛟鼉互睥睨〔三〕。翼午風益厲，狼狽收斷汜。天心數里間，三日但遙指。甚雨迅雷電，作勢殊未已。溟溟雲霧中，四望渺涯涘〔四〕。篙槳不得施，丁夫盡嗟諮。淋漓念同胞，吾寧忍暴使。饘粥且傾囊，苦甘吾與爾。眾意在必濟，糧絕亦均死。憑陵向高浪，吾亦詎容止。虎怒安可攖，志同稍足倚。且令並岠行，試涉湖濱沚。收柂幸無事，風雨亦浸弛。逡巡緣沚湄，迤邐就風勢。新漲翼回湍，倏忽逝如矢。夜入武陽江，漁村穩堪艤。羅市〔五〕謀晚炊，且為眾人喜。江醪信漓濁，聊復盪胸滓。濟險在需時〔六〕，微倖豈常理。爾輩勿輕生，偶然非可恃。

【編年】

此詩正德三年（1508）作於湖南長沙。

【校注】

〔一〕天心湖：《大清一統志》卷二百八十：「天心湖，在龍陽縣東南六十里，有上下二湖，接沅江縣界，東連洞庭湖，又縣南安樂湖與此湖通。」

〔二〕沅江：《雍正湖廣通志》卷十二：「沅江自辰州界東南流入府境，下注洞庭。《水經注》：沅水又東得關下山，又東帶綠蘿山，又東逕平山西，又東經臨沅縣南，縣南臨沅水，因以為名。又東入龍陽縣，下注洞庭湖方會於江。」

〔三〕睥睨：窺視。北齊・顏之推《顏氏家訓・誡兵》：「若承平之世，睥睨宮闈，幸災樂禍，首為逆亂，誑誤善良。」

〔四〕涯涘：岸邊。《莊子・秋水》：「今爾出於涯涘，觀於大海。」

〔五〕羅市：即市羅，在集市買東西。《三國志・魏志・倭人志》：「無良田，食海物自活，乘船南北市羅。」

〔六〕《周易・需卦》：「彖曰：「彖曰：需，須也。險在前也。剛健而不陷，其義不困窮矣。需，有孚，光亨，貞吉。位乎天位，以正中也。利涉大川，往有功也。」

【著錄】

明・陳洪謨撰《（嘉靖）常德府志》卷十九著錄此詩，題為《天心湖即事》。

居夷詩一百一十首

去婦嘆五首

楚人有間於新娶而去其婦者,其婦無所歸,去之山間獨居,懷綣不忘,終無他適。予聞其事而悲之,為作《去婦嘆》。

【編年】

此組詩正德三年(1508)作於赴謫途中經楚地時。

其一

委身奉箕帚〔一〕,中道成棄捐〔二〕。蒼蠅間白壁〔三〕,君心亦何愆〔四〕。獨嗟貧家女,素質難為妍。命薄良自喟,敢忘君子賢?春華〔五〕不再豔,頹魄〔六〕無重圓。新歡莫終恃,令儀〔七〕慎〔八〕周還〔九〕。

【校注】

〔一〕箕帚:簸箕和掃帚,指婦女操持家內雜務。宋·黃庭堅《贈送張叔和》:「箕帚掃公堂上塵,家風孝友故相親。」

〔二〕棄捐:特指士人不遇於時或婦女被丈夫遺棄。唐·吳筠《覽古》之七:「魯侯祈政術,尼父從棄捐。」

〔三〕蒼蠅間白壁:意為佞人變亂,君子見毀。《詩經·小雅·青蠅》:「青蠅,大夫刺幽王也。營營青蠅,止於樊。豈弟君子,無信讒言。營營青蠅,止於棘。讒人罔極,交亂四國。營營青蠅,止於榛。讒人罔極,構我二人。」漢·王充《論衡·商蟲》卷十六:「讒言傷善,青蠅污白,同一禍敗,詩以為興」。魏·曹植《贈白馬王彪》:「蒼蠅間白黑,讒巧令親疏。」

〔四〕何愆：愆，罪過，過失。魏・曹植《又愁思賦》：「誰能仙長短命也兮，獨何
愆。」

〔五〕春華：指女子的嬌艷的容貌，也指青春時光。

〔六〕頹魄：殘月。南朝・宋・謝惠連〈秋懷詩〉：「頹魄不再圓，傾羲無兩旦。」
李善注：「魄，月魄也。」

〔七〕令儀：指盛大的典禮。此處指的是新婦的婚禮。《樂府詩集・燕射歌辭三・周
朝饗樂章》：「衣冠濟濟，鐘磬洋洋，令儀克盛，嘉會有章。」

〔八〕慎：副詞，務必。

〔九〕周還：即周旋。《禮記》：「周還中規，折還中距。」

【著錄】

明・曹學佺編《石倉歷代詩選》卷四百五十五著錄此詩。

其二

依違〔一〕出門去，欲行復遲遲〔二〕。鄰嫗盡出別，強語含辛悲。陋
質〔三〕容有繆，放逐〔四〕理則宜。姑姥藉相慰，缺乏多所資。妾行長已
矣，會面當無時。

【校注】

〔一〕依違：遲疑不決，形容舊婦戀戀不捨之態。漢・劉向《九嘆・離世》：「余思
舊邦，心依違兮。」

〔二〕遲遲：形容舊婦眷戀不捨的樣子。晉・陶潛《讀史述九章・箕子》：「去鄉之
感，猶有遲遲。」

〔三〕陋質：指舊婦衰敗的容貌。

〔四〕放逐：指舊婦被驅趕。

【著錄】

明・曹學佺編《石倉歷代詩選》卷四百五十五著錄此詩。

其三

妾命如草芥〔一〕，君身比琅玕〔二〕。奈何以妾故，廢食懷憤冤。無為
傷姑意，燕爾〔三〕且為歡。中廚存宿旨〔四〕，為姑備朝餐。畜育〔五〕意
千緒，倉促徒悲酸。伊邇〔六〕望門屏，盍從〔七〕新人言。夫意已如此，
妾還當誰顏！

【校注】

〔一〕草芥：自喻卑微輕賤之草。《孟子‧离婁上》：「視天下悅而歸己，猶草芥也，惟舜為然。」宋‧陸游《歲暮感怀以余年諒無幾休日憺已迫為韻》其七：「孤臣實草芥，亦獲對宣室。」

〔二〕琅玕：似玉的美石。《尚書‧禹貢》：「厥貢惟球、琳、琅玕。」《唐書‧五行志》：「上元元年，楚州獻琅玕珠二，形如玉環，四分缺一。」

〔三〕燕爾：指新婚夫婦歡樂親密的樣子，用作慶賀新婚之辭。語出《詩經‧邶風‧谷風》：「宴爾新昏，如兄如弟。」陸德明釋：「宴，本又作『燕』。」孔穎達疏：「安愛汝之新昏，其恩如兄弟也。」

〔四〕旨：本義是味美，此處是指飯食。東漢‧許慎《說文解字》：「旨，從甘，匕聲。」《禮記‧學記》：「雖有嘉肴，弗食，不知其旨也。」

〔五〕畜育：養育。《孟子‧梁惠王上》：「仰不足以事父母，俯不足以畜妻子。」

〔六〕伊邇：將近、不遠之意。《詩經‧邶風‧谷風》：「不遠伊邇，薄送我畿。」沈約《酬孔通直邈懷蓬居》：「伊邇事清途，紛吾供賤役。」

〔七〕盍從：盍，何不，表示反問或疑問。從，依順，聽從。宋‧章沖《春秋左傳事類始末》卷二：「聖人與眾同欲，是以濟事，子何從眾子？」

【著錄】

明‧曹學佺編《石倉歷代詩選》卷四百五十五著錄此詩。

其四

去矣勿復道，已去還躊躇〔一〕。雞鳴尚聞聲，犬戀猶相隨。感此摧肝肺，淚下不可揮。岡回〔二〕行漸遠，日落群鳥飛。群鳥各有托，孤妾去何之？

【校注】

〔一〕躊躇：指舊婦極度痛心。魏‧嵇康《琴賦》：「時劫掎以慷慨，或怨沮而躊躇。」唐‧孟郊《姑蔑城詩》：「興亡意何在？綿歎空躊躇。」

〔二〕岡回：山嶺上曲折蜿蜒的小路。元‧盧亙《行盧溝之南書所見》：「岡回一崦花柳暗，川平百里風煙迷。」

【著錄】

明‧曹學佺編《石倉歷代詩選》卷四百五十五著錄此詩。

其五

空谷多淒風，樹木何瀟森〔一〕。浣衣澗冰合，採芩山雪深。離居寄巖穴，憂思托鳴琴。朝彈別鶴操〔二〕，暮彈孤鴻吟〔三〕。彈苦思彌切，巑岏〔四〕隔雲岑。君聰甚明哲〔五〕，何因聞此音。

【校注】

〔一〕瀟森：清幽陰冷。

〔二〕別鶴操：又名《別鶴弄》《別鶴怨》，《樂府詩集》古琴曲有十二操，其九為《別鶴操》。晉·崔豹《古今注》卷中記載：「《別鶴操》，商陵牧子所作也。娶妻五年而無子，父兄將為之改娶。妻聞之，中夜起，倚戶而悲嘯。牧子聞之，愴然而歌。後人因以為樂章焉。」

〔三〕孤鴻吟：又作《孤鸞吟》《別鵠吟》，晉·陶潛《擬古》其五：「上弦驚《別鶴》，下弦操《孤鸞》。」蘇軾《歐陽晦夫惠琴枕》：「孤鸞別鵠誰復聞，鼻息齁齁自成曲。」

〔四〕巑岏：形容高俊挺拔的山峰。南朝·齊·謝朓《八公山詩》：「茲嶺復巑岏，分區奠淮服。」宋·朱熹《圭父約為金斗之遊次韻獻疑聊發一笑》：「几日春風來破寒，遠峰晴露玉巑岏。」

〔五〕明哲：聰明睿智。唐·杜甫詩《寄薛三郎中》：「上有明哲君，下有行化臣。」

【著錄】

明·曹學佺編《石倉歷代詩選》卷四百五十五著錄此詩。

羅舊驛〔一〕

客行日日萬峰頭，山水南來亦勝遊。布穀鳥啼村雨暗，刺桐〔二〕花暝石溪幽。蠻煙〔三〕喜過青楊〔四〕瘴，鄉思愁經芳杜〔五〕洲。身在夜郎〔六〕家萬里，五雲〔七〕天北是神州〔八〕。

【編年】

此詩正德三年（1508）作於湖南羅舊驛。

【校注】

〔一〕羅舊驛：明沅州府芷江縣東，在今湖南省芷江縣東北。

〔二〕刺桐：宋·陳翥《桐譜》記載：「其桐文理細緊而性喜裂，身體有巨刺，其形如欓樹，其葉如楓，多生於山谷中，謂之刺桐。」宋·陳允平《有感》：「燕

子不歸春漸老，東風開盡刺桐花。」

〔三〕蠻煙：指蠻荒地區山林之中的瘴氣。宋・張詠《舟次辰陽》：「村連古洞蠻煙合，地落秋畬楚俗慳。」宋・劉子翬《絕句五首》其一：「蕉花落處蠻煙碧，六十三程是白州。」

〔四〕青楊：落葉喬木，又名水楊。

〔五〕芳杜：戰國・屈原《河伯》：「山中人兮芳杜若。」唐・駱賓王《同辛簿簡仰酬思玄上人林泉》之四：「芳杜湘君曲，幽蘭楚客詞。」

〔六〕夜郎：漢時我國西南地區古國名。今云貴川三省部分地區交界處。

〔七〕五雲：青、白、赤、黑、黃五色瑞雲，此處指帝王之居。宋・姚勉《離京留題蔣店》「葵藿丹心猶戀戀，五雲繚繞望宮南。」元・楊載《擬去京師》：「卻上高丘重回首，五雲繚繞帝王都。」

〔八〕神州：此處指京都。

【著錄】

明・曹學佺編《石倉歷代詩選》卷四百五十五、清・陳田輯《明詩紀事》丁籤卷十三、清・彭孫貽輯《明詩鈔》卷九、清・張豫章輯《四朝詩》卷七十八、清・錢謙益輯《列朝詩集》丙集卷四著錄此詩。

沅水驛〔一〕

辰陽〔二〕南望接沅州〔三〕，碧樹林中古驛樓。遠客日憐風土異〔四〕，空山惟見瘴雲〔五〕浮。耶溪〔六〕有信從誰問，楚水〔七〕無情只自流。卻幸此身如野鶴，人間隨地可淹留。

【編年】

此詩正德三年（1508）作於湖南沅水驛。

【校注】

〔一〕沅水驛：位於明沅州府芷江縣，在今湖南省芷江縣。沅水，又稱沅江，亦名芷江。《明一統志》：「沅水源出四川播州，流經沅州入常德府至辰州入江。」

〔二〕辰陽：辰陽縣在今湖南省辰溪縣西。

〔三〕沅州：至正二十四年（1364）朱元璋改為沅州府。明洪武九年（1376）復降為州，以州治盧陽縣併入，屬長沙府。在今沅江西南。

〔四〕風土異：所謂「五里不同風，百里不同俗」，風即風俗習慣，土即地理環境，

作者日漸感覺到異地的風土與家鄉的不同，也有思鄉的情感在裡面。唐・李嘉祐《題前溪館》：「今日始知風土異，潯陽南去鷓鴣啼。」

〔五〕瘴雲：即積聚的瘴氣，像雲一樣漂浮在林中。陸游詩《得所親廣州書》：「毒草自搖春寂寂，瘴雲不動晝昏昏。」

〔六〕耶溪：又名若耶溪。《越絕書》卷十一：「赤堇之山，破而出錫；若耶之溪，涸而出銅。」王琦注引施宿《會稽志》：「若耶溪在會稽縣南二十五里，北流與鏡湖合。」相傳為西施浣紗處，故別名浣沙溪。唐・孟浩然有：「想到耶溪日，應探禹穴奇。」

〔七〕楚水：泛指楚地的河流，此處特指沅水。

【著錄】

明・曹學佺編《石倉歷代詩選》卷四百五十五、清・張豫章輯《四朝詩》卷七十八、清・錢謙益輯《列朝詩集》丙集卷四著錄此詩。

鐘鼓洞〔一〕

見說水南多異跡，巖頭時有鼓鐘聲。空遺石壁〔二〕千年在，未信金砂九轉〔三〕成。遠地星辰瞻北極〔四〕，春山明月坐更深。年來夷險〔五〕還忘卻，始信羊腸〔六〕路亦平。

【編年】

此詩正德三年（1508）作於湖南辰溪。

【校注】

〔一〕鐘鼓洞：《雍正湖廣通志》卷十二：「鐘鼓洞，在（辰溪）縣東龜山。石壁峭立，入數十武，二石懸焉。扣之作鐘鼓聲。王守仁：『見說水南多異迹，崖頭時有鐘鼓聲。』」

〔二〕石壁：陡峭的山巖。晉・葛洪《神仙傳・孫博》：「山間石壁，博入其中，漸見背及兩耳，良久都沒。」唐・張說《清遠江峽山寺》：「雲峰吐日月，石壁淡煙虹。」

〔三〕金砂九轉：亦作金沙，指古時道家以金石煉成的丹藥。九轉，道教煉製丹藥有一至九轉之別，以九轉為貴。晉・葛洪《抱朴子內篇》卷四中記載：「一轉之丹服之，三年得仙；……九轉之丹服之，三日得仙。」

〔四〕北極：指廟堂之上的皇帝。唐・宋之問《途中寒食題黃梅臨江驛寄崔融》：

「北極懷明主，南溟作逐臣。」

〔五〕夷險：艱險。晉·葛洪《抱朴子·交際》：「又欲使悉得可與，經夷險而不易
情，歷危苦而相負荷者，吾未見其可多得也。」晉·陶潛《五月旦作和戴主
簿一首》：「遷化或夷險，肆志無窊隆。」

〔六〕羊腸：比喻曲折狹窄的小路。此處有兩種解釋均可，一是指自身遭遇到的災
禍；二是指赴謫途中的艱難險途。唐·白居易《江南謫居十韻》：「虎尾難容
足，羊腸易覆輪。」

【著錄】

明·曹學佺編《石倉歷代詩選》卷四百五十五著錄此詩。

平溪館〔一〕次王文濟〔二〕韻

山城寥落閉黃昏，燈火人家隔水村。清世〔三〕獨便吾職易〔四〕，窮
途〔五〕還賴此心存〔六〕。蠻煙瘴霧承相往，翠壁丹厓好共論。畎畝〔七〕
投閒〔八〕終有日，小臣何以答君恩。

【編年】

此詩正德三年（1508）作於貴州玉屏。

【校注】

〔一〕平溪：即是平溪衛。《乾隆貴州通志》：「洪武初，設平溪堡。二十三年，置平
溪衛，隸屬湖廣都司。」即今玉屏縣。

〔二〕王文濟：即王鎧，號守拙，忻州人。時為貴州參議。〔註1〕

〔三〕清世：太平盛世。宋·陸游《老學庵筆記》：「黃紙除書猶到汝，固知清世不
遺賢。」明·高啟《客舍夜坐》：「清世莫嗟人寂寞，中年漸怯歲崢嶸。」

〔四〕吾職易：由京官降為地方小官，指的是陽明遭貶謫至龍場。王陽明《送聞人
邦允序》：「吾所謂重吾有良貴焉耳，非矜與敖之謂也。吾所謂榮吾職易舉焉
耳，非顯與耀之謂也。夫以良貴為重舉職為榮，則夫人之輕與慢之也。亦於
吾何有哉？行矣吾何言。」此時，陽明的心態已經發生轉變。

〔五〕窮途：處在極為困苦的境地。《吳越春秋》：「子胥至吳，疾於中道，乞食溧
陽。適會女子擊綿於瀨水之上，筥中有飯，子胥遇之謂曰：『夫人可得一餐
乎？』女子曰：『妾獨與母居，三十未嫁，飯不可得。』子胥曰：『夫人賑

〔註1〕束景南《王陽明年譜長編》，第463頁。

窮途，少飫亦何嫌？』女子知非恒人，遂許之。」此處指陽明赴謫路途被劉
瑾追殺的險惡境地。唐・杜甫《自閬州領妻子卻赴蜀山行三首》其三：「真
供一笑樂，似欲慰窮途。」唐・白居易《新沐浴》：「窮途絕糧客，寒獄無燈
囚。」

〔六〕此心存：陸九淵《鄧文苑求言往中都》：「義理所在，人心同然，縱有蒙蔽移
奪，豈能終泯？患人之不能反求深思耳。此心苟存，則修身、齊家、治國、
平天下，一也。處貧賤、富貴、死生、禍福，亦一也。故君子素其位而行，
不願乎其外。唐虞之時，黎民於變，比屋可封之人，此心存也。周道之行，
人皆有士君子之行，兔罝可以干城，可以好仇，可以腹心者，此心存也。」

〔七〕畎畝：泛指土地、農田之事，指離官之後的清閒生活。東漢・班固《漢書・
劉向傳》：「忠臣雖在畎畝，猶不忘君惓惓之義也。」宋・陸游詩《霜風》：「願
補顏行身已老，區區畎畝亦私憂。」

〔八〕投閒：謂置身於清閒境地。宋・陸游《入秋游山賦詩》其三：「屢奏乞骸骨，
寬恩許投閒。」明・舒頔《次孤岳上人韻》：「無補但思遼海去，投閒安用小
山招。」

清平衛〔一〕即事

積雨山途喜乍晴，暖雲〔二〕浮動水花明。故園〔三〕日與青春遠，敝
縕〔四〕涼思白苧〔五〕輕。煙際卉衣〔六〕窺絕棧，峰頭戍角〔七〕隱孤城。
華夷節制嚴冠履〔八〕，漫說殊方〔九〕列省卿。

【編年】

此詩正德三年（1508）作於貴州凱里。

【校注】

〔一〕清平衛：《乾隆貴州通志》：「（洪武）二十三年，改安撫司為都勻衛，改清平
堡為清平衛。」在今貴州凱里

〔二〕暖雲：春天的雲氣。唐・李賀《蘭香神女廟三月中作》：「古春年年在，閒綠
搖暖雲。」唐・羅隱《寄渭北徐從事》：「暖雲慵墮柳垂條，驄馬徐郎過渭
橋。」

〔三〕故園：故鄉。南朝・何遜《胡興安夜別》：「方抱新離恨，獨守故園秋。」唐・
白居易《江樓聞砧》：「一夕高樓月，萬里故園心。」

〔四〕敝縕：破舊的衣服。《論語・子罕》：「衣敝縕袍，與衣狐貉者立而不恥者，其

由也與。」

〔五〕白苧：亦作白紵，指夏天的衣服，也指寒士所穿的舊衣。晉・郭泰機《答傅
咸》：「皎皎白苧絲，織為寒女衣。」宋・朱繼芳《十暑》「十暑江湖客，塵緇
白苧衫。」

〔六〕卉衣：也作卉服，即用絺葛做的衣服，泛指粗布草衣。《後漢書・南蠻西南夷
傳贊》：「百蠻蠢居，仉彼方徼。鏤体卉衣，凭深阻峭。」李賢注：「卉衣，草
服也。」原注：時土苗方仇殺。此處用卉衣代指西南諸夷民。元・馬祖常《室
婦嘆》：「咄哉室婦爾何為？卉衣糲粟充凍餧。」明・高啟《送易左司分省廣
西》：「油幕乍開依漢節，卉衣時到貢蠻金。」

〔七〕戍角：駐紮邊防軍隊的號角。唐・崔塗《隴上逢江南故人》：「三聲戍角邊城
暮，萬里鄉心塞草春。」晁沖之《和十二兄五首》之三：「戍角斷落梅，羌笛
起折柳。」

〔八〕華夷節制嚴冠履：華夷指漢民族和少數民族。節制：禮儀制度。嚴：副詞，
極、甚之意。冠履：帽子與鞋子。《史記・儒林列傳》：「冠雖敝，必加於首；
履雖新，必關於足。何者，上下之分也。」唐・孔穎達《毛詩注疏》：「夷夏
異宜山川，殊制民之器物、言語及所行禮法各是。」

〔九〕殊方：遠方，異域。此處指貴州當地。《列子・楊朱》：「至其情所欲好，耳所
欲聽，目所欲視，口所欲嘗，雖殊方偏國，非齊土之所產育者，無不必致之
猶藩牆之物也。」《漢書・董仲舒傳》：「陛下並有天下，海內莫不率服。廣覽
兼聽，極群下之知，盡天下之美。至德昭然，施於方外，夜郎康居，殊方萬
里，說德歸誼。」

【著錄】

明・曹學佺編《石倉歷代詩選》卷四百五十五著錄此詩。

興隆衛〔一〕書壁

山城高下見樓臺，野戍參差暮角摧。貴竹〔二〕路從峰頂入，夜郎〔三〕
人自日邊來。鶯花夾道驚春老，雉堞〔四〕連雲向晚開。尺素〔五〕屢題還
屢擲，衛南那有雁飛回〔六〕？

【編年】

此詩正德三年（1508）作於貴州黃平。

【校注】

〔一〕興隆衛：《乾隆貴州通志》：「（洪武）二十二年，置赤水、興隆、安莊三衛。」在今黃平縣城。

〔二〕貴竹：泛指黔地。《乾隆貴州通志・藝文》中載明・黃紱《平越衛儒學碑記》：「皇明大一統，極天地之大而有之，惟夏惟夷，悉臣悉主。粵苦貴竹古炎蕞爾苗區，其類鳥言鴃舌，椎結卉裳，習尚刀戈而好勇鬬狠，納於甄陶之內，肇置采衛之兵以鎮之，於是平越有衛蓋昉乎。」陽明有：「他年貴竹傳遺事，應說陽明舊草堂。」

〔三〕夜郎：漢時我國西南地區古國名，今黔、滇、川三省交界處。《後漢書・西南夷》：「西南夷者，在蜀郡徼外有夜郎國，東接交阯，西有滇國，北有邛都，國各立君長。」

〔四〕雉堞：城上如齒狀的矮牆。唐・杜甫《晚登瀼上堂》：「雉堞粉如雲，山田麥無壟。」唐・韋莊《綏州作》：「雕陰無樹水難流，雉堞連雲古帝州。」雉堞連雲，形容城墻的高聳。

〔五〕尺素：指書信。《飲馬長城窟行》：「呼兒烹鯉魚，中有尺素書。」

〔六〕衡南那有雁飛回：宋・陳田夫《南嶽總勝集・五峰雲跡》：「回雁峰，在衡州城南，按圖經云是南嶽之首，雁到此而止，不過南矣，遇春復回北。故月令云：雁北鄉者是也。」唐・高適《送李少府貶峽中王少府貶長沙》：「巫峽啼猿數行淚，衡陽歸雁幾封書。」唐・杜荀鶴《泛瀟湘》：「猿到夜深啼嶽麓，雁知春近別衡陽。」

【著錄】

明・曹學佺編《石倉歷代詩選》卷四百五十五、清・張豫章輯《四朝詩》卷七十八、清・朱彝尊編《明詩綜》卷三十二、清・鄂爾泰修，杜詮纂《乾隆貴州通志》卷四十六、清・錢謙益輯《列朝詩集》丙集卷四著錄此詩。

七盤〔一〕

鳥道〔二〕縈紆〔三〕下七盤，古藤蒼木峽聲寒。境多奇絕〔四〕非吾土〔五〕，時可淹留〔六〕是謫官〔七〕。猶記邊峰傳羽檄〔八〕，近聞苗俗化衣冠。投簪〔九〕實有居夷志〔十〕，垂白〔十一〕難承菽水歡〔十二〕。

【編年】

此詩正德三年（1508）作於貴州福泉。

【校注】

〔一〕七盤：乾隆《乾隆貴州通志·輿圖》：「附郭曰平越，黎峨嶕峻，七盤縈紆高峙。」在今福泉縣治。

〔二〕鳥道：指險峻且狹窄的山路。唐·李白《蜀道難》：「西當太白有鳥道，可以橫絕峨眉巔。」唐·杜甫《鄭典設自施州歸》：「翩翩入鳥道，庶脫蹉跌厄。」

〔三〕縈紆：形容山路盤旋環繞。宋·朱熹《九月六日早發潭溪夜登雲谷翌旦賦此》：「峻極踰百磴，縈紆欲千盤。」

〔四〕境多奇絕：奇絕，極其神奇。此處指不同於家鄉的自然風景及人文風俗。晉·陶潛《和郭主簿二首》其二：「凌岑聳逸峰，遙瞻皆奇絕。」宋·朱熹《次季通畫寒亭韻二首》其二：「直到仙洲奇絕處，畫寒亭下玉龍飛。」

〔五〕吾土：指故鄉。漢·王粲《登樓賦》：「雖信美而非吾土兮，曾何足以少留。」唐·杜甫《長沙送李十一》：「遠愧尚方曾賜履，境非吾土倦登樓。」

〔六〕淹留：屈居下位。晉·陶潛《九日閒居》：「棲遲固多娛，淹留豈無成。」宋·黃庭堅《丙辰仍宿清泉寺》：「官寧憚淹留，職在拊惸嫠。」

〔七〕謫官：被貶謫的官吏，此處作者自指。唐·杜甫《所思》：「苦憶荊州醉司馬，謫官樽俎定常開。」《宋史·常安民傳》：「安民監滁州酒稅，至滁，日親細務，郡守曾肇約為山林之遊，曰：『謫官，例不治事。』安民謝曰：『食焉而怠其事，不可。』」

〔八〕羽檄：古代軍中緊急的文書。古時徵兵、徵召的文書，上插鳥羽以示緊急，必須迅速傳遞。三國魏·曹植《白馬篇》：「羽檄從北來，厲馬登高隄。」唐·李白《古風》其三十四：「羽檄如流星，虎符合專城。」

〔九〕投簪：言不見用也，比喻棄官不做。晉·陸雲《逸民賦》：「蒙玉泉以濯髮兮，臨深谷以投簪。」唐·王勃《對酒春園作》：「投簪下山閣，攜酒對河梁。」

〔十〕居夷志：典出《論語》：「子欲居九夷，或曰：『陋，如之何？』子曰：『君子居之，何陋之有？』」馬融注：「九夷，東方之夷有九種。」後泛指少數民族地區。元·柳貫《贈宋季任赴甘肅詩》：「請播言斯在，居夷聖豈誣。」

〔十一〕垂白：白髮下垂，意謂年老。《漢書·杜業傳》：「誠哀老姊垂白，隨無狀子出關。」顏師古注：「垂白者，言白髮下垂也。」唐·杜甫《垂白》：「垂白馮唐老，清秋宋玉悲。」

〔十二〕菽水歡：菽水，指普通飲食。《禮記·檀弓下》：「子路曰：『傷哉！貧也。生無以為養，死無以為禮也。』孔子曰：『啜菽飲水盡其歡，斯之謂孝。』」宋·

朱熹《題林擇之欣木亭》:「真歡菽水外,一笑和樂孺。」

【著錄】

明‧曹學佺編《石倉歷代詩選》卷四百五十五、清‧鄂爾泰修,杜詮纂《乾隆貴州通志》卷四十六著錄此詩。

初至龍場〔一〕無所止結草庵居之

草庵不及肩,旅倦體方適。開棘自成籬,土階漫無級。迎風亦蕭疏〔二〕,漏雨易補輯。靈瀨〔三〕響朝湍,深林凝暮色。群獠〔四〕環聚訊,語龐意頗質。鹿豕且同遊〔五〕,茲類猶人屬。汙樽〔六〕映瓦豆〔七〕,盡醉不知夕。緬懷黃唐〔八〕化,略稱茅茨〔九〕跡。

【編年】

此詩正德三年(1508)作於貴州龍場。

【校注】

〔一〕龍場:即今修文縣。《乾隆貴州通志‧貴陽府屬州縣建制》:「修文縣,宋名乾壩龍場。元為水西安氏地。明崇禎三年,安氏獻地贖罪,設敷勇衛及修文四所。」

〔二〕蕭疏:寂寞冷清,冷落稀疏。唐‧杜甫《除架》:「束薪已零落,瓠葉轉蕭疏。」唐‧溫庭筠《題陳處士幽居》:「松軒塵外客,高竹自蕭疏。」唐‧錢起詩《送李九貶南陽》:「鴻聲斷續暮天遠,柳影蕭疏秋日寒。」

〔三〕瀨:急流。漢‧劉安《淮南鴻烈解》:「抑減怒瀨,以揚激波。」許慎注:「瀨,急流也。而抑止之,故激揚之波起也。」

〔四〕獠:泛指南方各少數民族。

〔五〕鹿豕且同遊:《禮記》:「居山以魚鱉為禮,居澤以鹿豕為禮,君子謂之不知禮。」《孟子‧盡心上》:「孟子曰:『舜之居深山之中,與木石居,與鹿豕遊,其所以異於深山之野人者幾希。』」宋‧崔伯易《感山賦》:「外吁嗟愁涕之辛酸兮,內遊鹿豕其方歡。」

〔六〕汙樽:古代盛酒的器具。明‧王三聘《事物考‧器用》:「樽,《禮運》曰:『禮始諸飲食,汙樽而杯飲。』注云:鑿地為樽,此樽名始也,後世或以瓦木為之。」

〔七〕瓦豆:古代盛食物的陶具。《儀禮》:「上佐食羞戕兩瓦豆,有醢亦用兩瓦豆,

設於薦豆之北。」晉‧郭璞《爾雅‧釋器》：「瓦豆謂之登。注：即膏登也。」
邢昺疏：「瓦豆謂之登，釋曰對文則木曰豆瓦，曰登散，則皆名豆，故云瓦豆
謂之登。冬官瓬人掌為瓦器而云豆，中縣、鄭云縣繩正豆之柄，是瓦亦名豆
也。《詩經‧大雅‧生民》云：『于豆于登。』《毛傳》云：『豆薦菹醢登大羹
也，公食大夫。』《禮》云：『大羹湇不和實於登，湇者汁大古之羹也，不調
以鹽菜，以其質故，以瓦器盛之。』郭云：『即膏登也，盎謂之缶盆也。』」

〔八〕黃唐：黃帝與唐堯的並稱。《漢書‧敘傳》：「自昔黃唐經略萬國，變定東西，
疆理南北。」《晉書‧夏侯湛傳》：「稽古則蹈黃唐，經緯則越虞夏。」曹植《制
命宗聖侯孔羨奉家祀碑》：「煌煌大魏，受命溥將。繼體黃唐，包夏含商。」
梁元帝《和劉尚書侍五明集詩》：「黃唐慚懋實，子姒愧嘉聲。」

〔九〕茅茨：也作茆茨，即茅草蓋的房屋。《墨子‧三辯》：「昔者堯舜有茅茨者，且
以為禮，且以為樂。」唐‧杜甫《佐還山後寄三首》其一：「野客茅茨小，田家
樹木低。」

【著錄】

　　明‧曹學佺編《石倉歷代詩選》卷四百五十五著錄此詩。

始得東洞〔一〕遂改為陽明小洞天三首

【編年】

　　此組詩正德三年（1508）作於貴州龍場。

【校注】

〔一〕東洞：在今貴州修文縣。《乾隆貴州通志‧山川》：「陽明洞在龍岡山半，巖下
高敞，深廣各二三丈，頂石如鑿，舊名東洞。明王守仁謫居龍場，遊息其中，
更名陽明小洞天，書於石嵌洞中，洞上有僧舍二，左巔有文昌閣，甚峻麗。」

　　其一

　　古洞閟〔一〕荒僻，虛設〔二〕疑相待。披萊〔三〕歷風磴〔四〕，移居快
幽塏〔五〕。營炊就巖竇〔六〕，放榻依石壘。穹窒旋薰塞〔七〕，夷坎〔八〕仍
掃灑。卷帙〔九〕漫堆列，樽壺動光彩。夷居信何陋，恬淡意方在〔十〕。
豈不桑梓〔十一〕懷？素位〔十二〕聊無悔。

【校注】

〔一〕閟：掩蓋、隱藏。

〔二〕虛設：空安置。漢‧蔡邕《司徒袁公夫人馬氏靈表》：「几筵虛設，幃帳空陳；品物猶在，不見其人。」

〔三〕萊：叢生的雜草。《詩經‧小雅‧十月之交》：「徹我牆屋，田卒汙萊。」

〔四〕風磴：指山巖上的石級。巖高多風，故稱風磴。唐‧杜甫《謁文公上方》：「窈窕入風磴，長蘿紛卷舒。」唐‧杜甫《陪鄭廣文遊何將軍山林十首》其六：「風磴吹陰雪，雲門吼瀑泉。」

〔五〕幽塏：幽靜高爽之地。塏：乾燥。《左傳‧昭公三年》：「初，景公欲更晏子之宅，曰：『子之宅近市，湫隘囂塵，不可以居，請更諸爽塏者。』」杜預注：「爽，明；塏，燥。」

〔六〕巖竇：巖洞。唐‧鄭巢《送魏校書赴夏口從事》：「郡邑多巖竇，何方便學仙。」宋‧蘇軾《附子由次韻》：「獨攀書室窺巖竇，還訪仙姝歇石閨。」

〔七〕穹窒旋薰塞：把洞內的老鼠洞堵上，用煙薰驅逐洞內的老鼠，薰煙盤旋在洞內，久久不能散去。穹窒：全部堵塞。《詩經‧豳風‧七月》：「穹窒熏鼠，塞向墐戶。」

〔八〕夷坎：漢‧王充《論衡‧宣漢篇》：「今履商鳥，以盤石為沃田，以桀暴為良民，夷培坷為平均化。」唐‧韋夏卿《東山記》：「芰薈翳而松桂出，夷坎窞而溪谷通。」

〔九〕卷帙：亦作卷秩，指書籍。宋‧王明清《揮塵錄》：「太平興國中，諸降王死，其群臣或宣怨言，太宗盡用之，置之館閣，使修群書，如《冊府元龜》《文苑英華》《太平廣記》之廣其卷帙，厚其祿廩，瞻給以役其心。」宋‧蘇轍《次韻子瞻病中贈提刑段繹》：「憐我久別離，卷帙為舒散。」

〔十〕夷居信何陋：典出《論語‧子罕》：「子欲居九夷。或曰：『陋如之何？』子曰：『君子居之，何陋之有？』」

〔十一〕桑梓：桑、梓二木，借指故鄉或鄉親父老。《詩經‧小雅‧小弁》：「維桑与梓，必恭敬止。」晉‧潘尼《贈滎陽太守吳子仲》：「垂覆豈他鄉，回光臨桑梓。」晉‧陸雲《答張士然一首》：「感念桑梓域，髣髴眼中人。靡靡日夜遠，眷眷懷苦辛。」

〔十二〕素位：謂現在所處之地位。《禮記‧中庸》：「君子素其位而行，不願乎其外。素富貴行乎富貴，素貧賤行乎貧賤，素夷狄行乎夷狄，素患難行乎患難，君子無入而不自得焉。」鄭玄注：「不願乎其外，謂思不出其位也。自得謂所鄉，不失其道。」朱熹集注：「素猶見在也，言君子但因見在所居之位而為其所當

為，無慕乎其外之心也。」《北史・尉元傳》：「元詣闕謝老，引見於庭命，升殿勞宴，賜冠素服。又詔曰：『前司徒山陽郡公尉元，元亨利貞明允誠，素位顯台宿，歸老私第，可謂知始知卒，希世之賢也。』」

【著錄】

明・曹學佺編《石倉歷代詩選》卷四百五十五、清・錢謙益輯《列朝詩集》丙集卷四、清・鄂爾泰修，杜詮纂《乾隆貴州通志》卷四十六、清・嵇曾筠撰《雍正浙江通志》卷二百七十二著錄此詩。

其二

童僕自相語，洞居頗不惡。人力免結構〔一〕，天巧〔二〕謝雕鑿〔三〕。清泉傍廚落，翠霧還成幕。我輩日嬉偃，主人自愉樂。雖無棨戟〔四〕榮，且遠塵囂〔五〕聒。但恐霜雪凝，雲深衣絮薄。

【校注】

〔一〕結構：連結構架，以成屋舍。唐・劉禹錫《白侍郎大尹自河南寄示兼命同作》：「結構疏林下，夤緣曲岸隈。」

〔二〕天巧：自然而成，不假雕飾。唐・韓愈《答孟郊》：「規模背時利，文字覷天巧。」宋・王阮《題高遠亭一首》：「苦無妙句窺天巧，賴有名亭慰客愁。」

〔三〕雕鑿：雕刻鑿空，比喻人為地修飾。元・揭祐民《南山泉》：「如何百年後，雕鑿加鑽刓。」

〔四〕棨戟：有繒衣或油漆的木戟。古代官吏所用的儀仗，出行時作為前導，後亦列於門庭。《唐書・張介然傳》：「始為河隴支郡太守，啟曰：『臣位三品，當給棨戟。列於京師雖富貴，不為鄉人知，願得列戟故里。』明皇許之。」唐・楊巨源《上劉侍中》：「朱門重棨戟，丹詔半縑緗。」

〔五〕塵囂：世間的紛擾、喧囂。晉・陶潛《桃花源詩》：「借問游方士，焉測塵囂外。」

【著錄】

明・曹學佺編《石倉歷代詩選》卷四百五十五、清・錢謙益輯《列朝詩集》丙集卷四、清・嵇曾筠撰《雍正浙江通志》卷二百七十二著錄此詩。

其三

我聞莞爾〔一〕笑，周慮愧爾言。上古處巢窟〔二〕，抔飲〔三〕皆汙樽。

沍極陽內伏〔四〕，石穴多冬暄〔五〕。豹隱〔六〕文始澤〔七〕，龍蟄〔八〕身乃存。豈無數尺榱〔九〕，輕裘〔十〕吾不溫。邈矣簞瓢子〔十一〕，此心期與論。

【校注】

〔一〕莞爾：微笑狀。《論語・陽貨》：「夫子莞爾而笑曰：『割雞焉用牛刀！』」唐・李翱《荅朱載言書》：「假令述笑，哂之狀曰莞爾則《論語》言之矣，曰啞啞則《易》言之矣，曰粲然則穀梁子言之矣，曰攸爾則班固言之矣，曰囅然則左思言之矣。」唐・胡曾《謝賜錢啟》：「方虞按劍之勃然，敢望夢刀之莞爾。」

〔二〕上古處巢窟：《子夏易傳》：「上古穴居而野處，後世聖人易之以宮室。」《韓非子》：「上古之世人民少而禽獸眾，人民不勝禽獸蟲蛇，有聖人作構木為巢，以避群害，而民悅之，使王天下號曰有巢氏。」唐・杜甫《晦日尋崔戢李封》：「上古葛天民，不貽黃屋憂。」

〔三〕抔飲：以手掬水而飲。《禮記・禮運》：「汙尊而抔飲，蕢桴而土鼓，猶若可以致其敬於鬼神。」鄭玄注：「中古未有釜甑，釋米捋肉加於燒石之上而食之耳，今北狄猶然。汙尊，鑿地為尊也；抔飲，手掬之也。」

〔四〕沍極陽內伏：陰陽兩級相互依存、互相轉化。沍，寒冷，凍結。

〔五〕冬暄：冬季溫暖的陽光。晉・陶潛《贈長沙公》：「於穆令族，允構斯堂，諧氣冬暄，映懷圭璋。」

〔六〕豹隱：比喻潔身自好，隱居不仕。漢・劉向《烈女傳・陶答子妻》：「妾聞南山有玄豹，霧雨七日而不下食者，何也？欲以澤其毛而成文章也，故藏而遠害。」唐・駱賓王《秋日別侯四》：「我留安豹隱，君去學鵬搏。」

〔七〕澤：光亮，潤澤。《楚辭・離騷》：「芳與澤其雜糅兮，惟昭質其猶未虧。」王逸注：「澤，質之潤也。」

〔八〕龍蟄：謂龍冬眠，潛伏起來不食不動。此處喻自己隱藏不出。《周易・繫辭》：「龍蛇之蟄，以存身也。精義入神，以致用也。」唐・陳陶《劍池》：「霸圖繚戾金龍蟄，坤道扶搖紫氣生。」

〔九〕榱：屋椽。《孟子・盡心下》：「孟子曰：『說大人則藐之，勿視其巍巍然。堂高數仞，榱題數尺，我得志弗為也；食前方丈，侍妾數百人，我得志弗為也；般樂飲酒，驅騁田獵，後車千乘，我得志弗為也。在彼者皆我所不為也，在我者皆古之制也，吾何畏哉？』」

〔十〕輕裘：輕暖的皮衣，此處指單薄的衣服。《論語・雍也》：「赤之適齊也，乘肥

馬，衣輕裘。」

〔十一〕邈矣簞瓢子：邈矣，遠絕之意，指時間久遠。潘岳《西征賦》：「古往今來，邈矣悠哉。」簞瓢子，指顏淵。《論語·雍也》：「子曰：『賢哉，回也！一簞食，一瓢飲，人不堪其憂，回也不改其樂，賢哉，回也。』」孔安國注曰：「顏淵樂道，雖簞食在陋巷，不改其所樂也。」

【著錄】

明·曹學佺編《石倉歷代詩選》卷四百五十五、清·錢謙益輯《列朝詩集》丙集卷四著錄此詩。

謫居絕糧請學於農將田南山永言寄懷

謫居屢在陳〔一〕，從者有慍見〔二〕。山荒聊可田，錢鎛〔三〕還易辦。夷俗多火耕〔四〕，仿習亦頗便。及茲春未深，數畝猶足佃〔五〕。豈徒實口腹〔六〕？且以理荒宴。遺穗〔七〕及鳥雀，貧寡發餘羨〔八〕。出耒〔九〕在明晨，山寒易霜霰。

【編年】

此詩正德三年（1508）作於貴州龍場。

【校注】

〔一〕謫居屢在陳：指饑貧無食物的困境。典出《論語·衛靈公》：「在陳絕糧，從者病，莫能興。子路慍見，曰：『君子亦窮乎？』子曰：『君子固窮，小人窮斯濫矣。』」

〔二〕慍見：臉上有怒色，表現出不滿的樣子。晉·陶潛《詠貧士七首》其二：「閒居非陳厄，竊有慍見言。」

〔三〕錢鎛：古代農具。錢，似今之鐵鏟。鎛，除草的一種短柄鋤。一說，闊口鋤。《詩經·周頌·臣工》：「命我眾人，庤乃錢鎛。」鄭玄箋：「教我庶民，具女田器。」後泛指農具。

〔四〕火耕：《漢書·武帝紀》：「江南之地，火耕水耨。」應劭曰：「燒草下水種稻，草與稻竝生，高七八寸，因悉芟去，復下水灌之，草死獨稻長，所謂火耕水耨。」唐·杜甫《戲作俳諧體遣悶》其二：「瓦卜傳神語，畬田費火耕。」仇兆鰲注：「《貨殖傳》：『楚俗之地，地廣人稀，或火耕而水耨。』楚俗燒榛種田，謂之火耕。」

〔五〕佃：耕作、開墾。《漢書·韓安國傳》：「方佃作時，請且罷屯。」顏師古注：
「佃，治田也，音與田同。」

〔六〕豈徒實口腹：指飲食。《孟子·告子上》：「飲食之人，則人賤之矣，為其養小
以失大也。飲食之人，無有失也，則口腹豈适為尺寸之肤哉？」趙岐注：
「飲食之人，人所以賤之者，為其養口腹而失道德耳。如使不失道德存仁
義，以往不嫌於養口腹也。故曰：口腹豈但為肥長尺寸之膚邪？亦為懷道者
也。章指言養其行，治其正，俱用智力，善惡相厲，是以君子居處思義，飲
食思禮也。」

〔七〕遺穗：指收穫農作物後遺落在田的穀穗。唐·杜甫《行官張望補稻畦水歸》：
「遺穗及眾多，我倉戒滋漫。」仇兆鰲注：「及眾多將分惠於人，戒滋漫不專
利於已。」

〔八〕餘羨：富餘。《孟子·滕文公下》：「以羨補不足，則農有餘，粟女有餘。」《晉
書·齊王攸傳》：「攸奏議曰：『計今地有餘羨而不農者眾，加附業之人，復有
虛假。通天下之謀，則饑者必不少矣。』」元·揭傒斯《漁父》：「雖無餘羨無
不足，何用世上千鍾祿。」

〔九〕耒：古代一種可以腳踏的木製翻土農具。《管子·海王》：「耕者必有一耒一耜
一銚，若其事立。」

【著錄】

明·曹學佺編《石倉歷代詩選》卷四百五十五、清·錢謙益輯《列朝詩
集》丙集卷四著錄此詩。

觀稼

下田既宜稌〔一〕，高田亦宜稷〔二〕。種蔬須土疏，種蕷〔三〕須土濕。
寒多不實秀〔四〕，暑多有螟螣〔五〕。去草不厭頻，耘禾不厭密。物理〔六〕
既可玩，化機〔七〕還默識。即是參贊功〔八〕，毋為輕稼穡〔九〕！

【編年】

此詩正德三年（1508）作於貴州龍場。

【校注】

〔一〕下田既宜稌：地勢低窪的田地適合種植粳稻。《詩經·周頌·豐年》：「豐年多
黍多稌，亦有高廩，萬億及秭。」毛傳：「稌，稻也。」

〔二〕高田亦宜稷：地勢高的田地適合種植粟米。《爾雅‧釋草》：「粢，稷。」《左傳》云：「粢食不鑿粢者，稷也。」《曲禮》云：「稷曰姿粢是也。」郭璞云：「今江東人呼粟為粢，然則粢也稷也粟也正是一物。而本草稷米在下品別有粟米，在中品又似二物，故先儒共疑焉。」《爾雅‧釋地》：「下溼曰隰，大野曰平，廣平曰原，高平曰陸，大陸曰阜，大阜曰陵，大陵曰阿，可食者曰原。」晉‧郭璞注：「《公羊傳》曰：『下平曰隰。』」宋‧邢昺疏：「原者，何上平曰原，下平曰隰，何休云分別之者，地勢各有所生，原宜粟，隰宜麥，當教民所宜，因以制貢賦是也。」

〔三〕蕷：即薯蕷。南朝‧梁江淹《江文通集注》：「薯蕷」。明‧胡之驥注：「《本草》曰：『薯蕷，一名山芋，益氣力，長肌，除邪氣，服之輕身，耳目聰明。』」南北朝‧劉敬叔《異苑》：「薯蕷，一名山芋，根既可入藥，又復可食。野人謂之土藷，若欲掘取，默然則獲，唱名者便不可得。人有植者，隨所種之物而像之也。」

〔四〕實秀：開花結果。《詩經‧大雅‧生民》：「實方實苞，實種實褒，實發實秀，實堅實好，實穎實粟。」鄭玄箋：「不榮而實曰秀。」春秋戰國‧管仲《管子》：「而農夫修其功力極然，則天為粵宛，草木養長，五穀蕃實秀大。」

〔五〕螟螣：螟，螟蛾的幼虫。螣，亦作蟘，吃苗叶的害虫。《詩經‧小雅‧大田》：「去其螟螣，及其蟊賊，無害我田穉。」毛傳：「食心曰螟，食葉曰螣，食根曰蟊，食節曰賊。」

〔六〕物理：事物的道理、規律，此處指農事之中的規律。《周書‧明帝紀》：「天地有窮已，五常有推移，人安得常在，是以生而有死者，物理之必然。」唐‧杜甫《曲江二首》其一：「細推物理須行樂，何用浮名絆此身。」

〔七〕化機：大自然變化的機樞。唐‧呂巖《呂子說易‧上經》：「天有四德，惟元所統，此元之所以為大也。元氣通品，物賴之而生成化機，因之而不滯，則陰陽之闔闢不偏乾道之始終，無間乃天理之本然。」宋‧朱熹《寄山中舊知七首》其二：「慷慨平生志，冥茫造物機。」

〔八〕參贊功：通過玩物理，識化機，知道稼穡的原理，進而培育農作物的功夫。《禮記‧中庸》：「能盡物之性，則可以贊天地之化育。可以贊天地之化育，則可以與天地參矣。」漢‧鄭玄注：「盡性者，謂順理之使不失其所也。贊，助也。育，生也。助天地之化生，謂聖人受命在王位致大平。」

〔九〕稼穡：耕種和收穫，泛指農業勞動。《孟子‧滕文公上》：「后稷教民稼穡，樹

藝五穀,五穀熟而民人育。」《史記·周本紀》:「棄為成人,遂好耕農,相地之宜,宜穀者稼穡焉。」

採蕨〔一〕

採蕨西山〔二〕下,扳援〔三〕陟崔嵬〔四〕。遊子望鄉國,淚下心如摧。浮雲〔五〕塞長空〔六〕,頹陽〔七〕不可回。南歸斷舟楫〔八〕,北望多風埃〔九〕。已矣供子職〔十〕,勿更貽親哀!

【編年】

此詩正德三年(1508)作於貴州龍場。

【校注】

〔一〕採蕨:蕨,俗稱蕨菜,生在山野,嫩叶可食。借指隱居不仕的生活。《詩經·召南·草蟲》:「陟彼南山,言采其蕨。」陸璣疏:「蕨,山菜也,周秦曰蕨,齊魯曰虌,初生似蒜,莖紫黑色,可食。」晉·顏紉明《靈棋經》:「采蕨湌松絕世塵,白雲流水萬年春。九重丹詔非吾顧,成性存存獨養真。」唐·白居易《晚秋有懷鄭中舊隱》:「寥落歸山夢,殷勤採蕨歌。」

〔二〕西山:指首陽山。在今山西省永濟縣南。相傳伯夷、叔齊隱居於此。宋·蘇軾《故周茂叔先生濂溪》:「因拋彭澤米,偶似西山夫。」

〔三〕扳援:攀援,攀著他物向上或向前。唐·李白《蜀道難》:「黃鵠之飛尚不得過,猿猱欲度愁扳援。」

〔四〕陟崔嵬:從低處往高處攀援。陟,由低處向高處走。崔嵬,指有石的土山,泛指高山。《詩經·周南·卷耳》:「陟彼崔嵬,我馬虺隤。」毛傳:「崔嵬,土山之戴石者。」唐·張說《過蜀道山》:「披林入峭蒨,攀磴陟崔嵬。」

〔五〕浮雲:典出《文子·上德》:「日月欲明,浮雲蓋之。」後喻佞奸之徒當道,蒙蔽君上之明。晉·張華《遊獵篇》:「厲風蕩原隰,浮雲蔽昊天。」唐·李白《登金陵鳳凰台》:「總為浮雲能蔽日,長安不見使人愁。」也可作思鄉解。《古詩十九首》:「浮雲蔽白日,遊子不顧返。」唐·顧況《遊子吟》:「浮雲蔽我鄉,踟躕遊子吟。」

〔六〕長空:即天空。唐太宗《遠山澄碧霧》:「殘雲收翠嶺,夕霧結長空。」唐·李白《春日獨酌二首》其二:「長空去鳥沒,落日孤雲還。」

〔七〕頹陽:夕陽、落日。唐·王泠然《初月賦》:「望頹陽之初落,見凝月之孤生。」唐·李白《古風》其四十五:「浮雲蔽頹陽,洪波振大壑。」

〔八〕斷舟楫：無舟楫可乘。斷，隔絕。舟楫，船支。《詩經·衛風·竹竿》：「檜楫松舟。」毛傳：「楫所以櫂舟，舟楫相配，得水而行。」宋·楊萬里《舟中望羅浮山》：「弱水只知斷舟楫。」

〔九〕風埃：指紛亂不堪的世事。宋·歐陽修《夜聞風聲有感奉呈原父舍人聖俞直講》：「風埃共侵迫，心志亦摧殘。」《宣和畫譜》：「趙幹善畫山水，所畫皆江南風景，多作樓觀、舟楫、水村、漁市，雖在朝市風埃中，一見便令人褰裳欲涉，問舟浦激間也。」

〔十〕已矣供子職：已矣，嘆詞。子女對父母應盡的供養的職責。典出《孟子·萬章上》：「我竭力耕田，共為子職而已矣。」元·釋大訢《送趙公子歸蜀》：「子職供承重，親知囑諭諄。」

猗猗〔一〕

猗猗澗邊竹，青青〔二〕巖畔松。直幹〔三〕歷冰雪，密葉留清風。自期〔四〕永相托，雲壑〔五〕無違蹤。如何兩分植，憔悴歎西東。人事多翻覆〔六〕，有如道上蓬。惟應歲寒意〔七〕，隨處還當同。

【編年】

此詩正德三年（1508）作於貴州龍場。

【校注】

〔一〕猗猗：美盛的樣子。《詩經·衛風·淇奧》：「瞻彼淇奧，綠竹猗猗。」毛傳：「猗猗，美盛貌。」虞羲竹：「含風自颯颯，負雪亦猗猗。」趙秉文：「猗猗南山竹，並生凡卉叢。」

〔二〕青青：樹木茂盛的樣子。《詩經·衛風·淇奧》：「瞻彼淇奧，綠竹青青。」毛傳：「青青，茂盛貌。」于鄴：「青青伊澗松，移種在蓮宮。」蘇軾：「青青一寸松，中有梁棟姿。」

〔三〕直幹：挺直的樹幹。丘遲：「清心有素體，直榦無曲枝。」宋·王安石《古松》：「森森直榦百餘尋，高入青冥不附林。」唐·杜甫《戲為韋偃雙松圖歌》：「已令拂拭光凌亂，請君放筆為直幹。」

〔四〕自期：自許。

〔五〕雲壑：被雲氣遮蓋的山谷。

〔六〕翻覆：指世事無常、變化不定。唐·岑參詩《梁園歌送河南王說判官》：「萬事翻覆如浮雲，昔人空在今人口。」唐·李白詩《古風》其五十九：「世塗多

翻覆，交道方險巇。」

〔七〕歲寒意：一年之中最嚴寒的時節。《論語・子罕》：「歲寒，然後知松柏之後彫也。」

【著錄】

明・曹學佺編《石倉歷代詩選》卷四百五十五著錄此詩。

南溟〔一〕

南溟有瑞鳥〔二〕，東海〔三〕有靈禽〔四〕。飛遊集上苑〔五〕，結侶珍樹林。願言飾羽儀〔六〕，共舞簫韶〔七〕音。風雲忽中變，一失難相尋。瑞鳥既遭麋〔八〕，靈禽投荒岑〔九〕。天衢〔十〕雨雪積，江漢虞羅侵〔十一〕。哀哀鳴索侶〔十二〕，病翼飛未任。群鳥亦千百，誰當會其心？南嶽有竹實〔十三〕，丹溜〔十四〕青松陰。何時共棲息？永托雲泉深〔十五〕。

【編年】

此詩正德三年（1508）作於貴州龍場。

【校注】

〔一〕南溟：亦作南冥，指南方大海。《莊子・逍遙遊》：「是鳥也，海運則將徙於南冥。南冥者，天池也。」唐・宋之問《途中寒食》：「北極懷明主，南溟作逐臣。」

〔二〕瑞鳥：吉祥之鳥。《禽經》：「羽族之君長也，鸞，瑞鳥。」晉・張華注：「鸞者，鳳鳥之亞始生，類鳳。久則五彩變易，故字從變省。《禮斗儀》曰：『天下太平安寧則見，其音如鈴，鑾鑾然也。周之文物大備，法車之上，綴以大鈴，如鸞之聲也，後改為鑾。』」唐・宋之問《和幸三會寺》：「瑞鳥呈書字，神龍吐浴泉。」

〔三〕東海：泛指東方大海。晉・郭璞《山海經傳・北荒經》：「炎帝之少女名曰女娃，女娃遊於東海，溺而不返，故為精衛，常銜西山之木石以堙於東海。」晉・郭璞《山海經傳・大荒東經》：「東海之渚中有神人，面鳥身，珥兩黃蛇，以蛇貫耳，踐兩黃蛇名曰禺虢。」

〔四〕靈禽：有靈性的珍獸、神鳥。此處詩人自謂也。南朝・梁・簡文帝《七勵》：「異草雙條，靈禽比翼。」唐・賈島《黃鵠下太液池》：「太液無彈弋，靈禽翅不垂。」

〔五〕上苑：皇家的園林。唐・王勃《採蓮賦》：「上苑神池，芳林御陂，樓陰架沚，殿彩乘漪。」

〔六〕羽儀：比喻居高位而有才德，被人尊重或堪為楷模的典範。《周易・漸卦》：「鴻漸於陸；其羽可用為儀。」唐・孔穎達疏：「處高而能不以位自累，則其羽可用為物之儀表，可貴可法也。」

〔七〕簫韶：舜時樂名。《書・益稷》：「《簫韶》九成，鳳皇來儀。」宋明帝《白紵篇》：「簫韶協音神鳳來。」

〔八〕縻：拴縛，束縛。

〔九〕荒岑：偏僻的山區。《爾雅・釋山》：「山小而高曰岑。」此處指詩人被貶謫貴州龍場。

〔十〕天衢：本義指廣闊的天空，此處指京都。唐・陳子昂《申宗人冤獄書》：「天衢得以清泰，万國得以歡宁。」

〔十一〕江漢虞羅侵：江漢，泛指長江與漢水之間及其附近的一些地區。虞羅，指掌管山澤之虞人所張設的網羅。唐・陳子昂《感遇詩》其二三：「豈不在遐遠，虞羅忽見尋。多材信為累，歎息此珍禽。」侵，侵犯，捕捉。結合上句，指詩人與友人在堂遭忌遭棄，在野亦被打擊。

〔十二〕哀哀鳴索侶：哀哀，悲傷不已的樣子，此處指失去伴侶之後的靈禽哀鳴聲。索侶，尋找伴侶。

〔十三〕南嶽有竹實：南嶽，《爾雅・釋山》：「泰山為東嶽，華山為西嶽，霍山為南嶽，恒山為北嶽，嵩山為中嶽。」清・郝懿行義疏：「霍山在今廬江灊縣，潛水出焉，別名天柱山。」竹實，竹子所結的子實，形如小麥，也稱竹米。漢・韓嬰《韓詩外傳》卷八：「鳳乃止帝東國，集帝梧桐，食帝竹實，沒身不去。《詩》曰：『鳳凰于飛，翽翽其羽，亦集爰止。』」

〔十四〕丹溜：道教所說的仙水。晉・郭璞《遊仙詩》之六：「陵陽挹丹溜，容成揮玉杯。」

〔十五〕雲泉：白雲清泉，山中勝景，指遠離塵世，山中清修。唐・賈島《鹽池院觀鹿》：「別有野麛人不見，一生長飲白雲泉。」唐・李白《贈盧徵君昆弟》：「明主訪賢逸，雲泉今已空。」

【著錄】

明・曹學佺編《石倉歷代詩選》卷四百五十五著錄此詩。

溪水

溪石何落落〔一〕，溪水何泠泠〔二〕。坐石弄溪水，欣然濯我纓〔三〕。溪水清見底，照我白髮生。年華若流水，一去無回停。悠悠〔四〕百年內，吾道〔五〕終何成！

【編年】

此詩正德三年（1508）作於貴州龍場。

【校注】

〔一〕落落：猶磊落。常用以形容人的氣質、襟懷。《晏子春秋·內篇問上》：「其行水也，美哉水乎，清清其濁，不無雩途，其清無不灑除，是以長久也。公曰廉政而遨亡，其行何也？對曰：『其行石也，堅哉石乎！落落視之，則堅循之，則堅內外，皆堅無以為久，是以遨亡也。」

〔二〕泠泠：清涼、潔白的樣子，也指溪水發出的聲音清越、悠揚。《文子·上德》：「混混之水，濁可以濯吾足乎？泠泠之水，清可以濯吾纓乎？」唐·沈佺期《嵩山石淙侍宴應制》：「溪水泠泠逐行漏，山煙片片引香爐。」

〔三〕欣然濯我纓：典出《孟子·離婁上》：「有孺子歌曰：『滄浪之水清兮可以濯我纓，滄浪之水濁兮可以濯我足。』孔子曰：『小子聽之，清斯濯纓，濁斯濯足矣，自取之也。』《楚辭·漁父》：「漁父莞爾而笑，鼓枻而去，歌曰：『滄浪之水清兮可以濯我纓，滄浪之水濁兮可以濯我足。』」唐·白居易《題噴玉泉》：「幾時此崖下，來作濯纓翁。」元·袁桷《集廉園》：「濯纓及吾足，照映鬚眉真。」

〔四〕悠悠：久遠、遙遠。《楚辭·九辯》：「去白日之昭昭兮，襲長夜之悠悠。」唐·杜甫《發秦州》：「大哉乾坤內，吾道長悠悠。」

〔五〕吾道終何成：吾道，《論語·里仁》：「子曰：『參乎！吾道一以貫之。』」

【著錄】

明·曹學佺編《石倉歷代詩選》卷四百五十五著錄此詩。

龍岡新構〔一〕

諸夷以予穴居頗陰濕，請構小廬。欣然趨事，不月而成。諸生聞之，亦皆來集，請名龍岡書院，其軒曰「何陋」。

【校注】

〔一〕龍岡：《乾隆貴州通志》：「龍岡，在城東南二里。明王守仁構何陋軒、君子亭
　　　處。」

【編年】

此詩正德三年（1508）作於貴州龍場。

其一

　　謫居聊假息〔一〕，荒穢〔二〕亦須治。鑿巇〔三〕薙〔四〕林條，小構自
成趣。開窗入遠峰，架扉出深樹。墟寨〔五〕俯透迤，竹木互蒙翳〔六〕。
畦蔬稍溉鋤〔七〕，花藥頗雜蒔〔八〕？宴適〔九〕豈專予，來者得同憩。輪
奐非致美〔十〕，毋令易傾敝。

【校注】

〔一〕假息：稍作休息。晉・王嘉《拾遺記・秦始皇》：「嘗息大樹之下，假息而寐。」
　　　南北朝・楊衒之《洛陽伽藍記》：「今在梁朝，元慎正色曰：『江左假息，僻居
　　　一隅，地多濕蟄，攢育蟲蟻。』」

〔二〕荒穢：荒蕪的田地。晉・陶潛《歸園田居》其三：「晨興理荒穢，帶月荷鋤
　　　歸。」宋・劉子翬《種菜》：「傍舍植柔蔬，攜鉏理荒穢。」

〔三〕鑿巇：鑿，挖掘、開鑿。巇，小山。《詩經・大雅・公劉》：「陟則在巇，復降
　　　在原。」毛傳曰：「巇，小山，別於大山也。」唐・王邕《後浯溪銘》：「茲地
　　　心閒勝事，松花對偃，薜葉交垂，鑿巇作達。因泉漲池，乃構竹亭，乃葺茅
　　　宇，群書當戶，靈藥映圃。」

〔四〕薙：除草。《禮記・月令》：「是月也，土潤溽暑，大雨時行，燒薙行水，利以
　　　殺草。」鄭玄注：「薙謂迫地芟草也。」

〔五〕墟寨：鄉村市集稱墟，聚集的村莊稱寨。墟寨，亦作墟里，指村落。

〔六〕竹木互蒙翳：蒙翳，遮蔽、覆蓋。形容竹子、樹木葉葉相交，非常茂盛。宋・
　　　蘇軾《問大冶長老乞桃花茶栽東坡》：「嗟我五畝園，桑麻苦蒙翳。」又《種
　　　茶》：「茨棘尚未容，蒙翳爭交構。」宋・陸游《醉題埭西酒家》：「桑麻蒙翳
　　　不通隣，魷酒頹然一老民。」

〔七〕畦蔬稍溉鋤：種植的方畝蔬菜需要灌溉除草。《楚辭・離騷》：「畦留夷與揭車
　　　兮，雜杜衡與芳芷。」朱熹集注：「畦，隴種也。」

〔八〕花藥頗雜蒔：花木和藥材也雜種在蔬菜田地之中。花藥，指芍藥，也泛指花

木。晉·陶潛《時運》：「斯晨斯夕，言息其廬。花藥分列，林竹翳如。」蒔，
移栽、種植。《尚書·堯典》：「播時百穀。」漢·鄭玄注：「種蒔五穀以救活
之。」

〔九〕宴適：安適。南朝·梁·何遜《至大雷聯句》：「若非今宴適，詎使客愁輕。」

〔十〕輪奐：形容屋宇高大眾多。《禮記·檀弓》：「晉獻文子成室，晉太夫發焉。張
老曰：『美哉輪焉，美哉奐焉。』」王勃《惠普寺碑》：「固以輪奐之美，冠真
宰以先鳴珇範之奇，告靈基而得雋。」

【著錄】

明·曹學佺編《石倉歷代詩選》卷四百五十五、清·聖祖玄燁《御選宋金
元明四朝詩》卷二十三、清·陳田輯《明詩紀事》卷二十三、清·張豫章輯
《四朝詩》卷七十八、清·錢謙益輯《列朝詩集》丙集卷四著錄此詩。

其二

營茅乘田隙〔一〕，洽旬始苟完〔二〕。初心待風雨，落成〔三〕還美觀。
鋤荒既開徑，拓樊〔四〕亦理園。低簷避松偃，疏土行竹根。勿剪牆下棘，
束列因可藩〔五〕。莫擷林間蘿，蒙籠覆雲軒。素缺農圃學〔六〕，因茲得
深論。毋為輕鄙事，吾道固斯存〔七〕。

【校注】

〔一〕營茅乘田隙：鄉人們趁著農閒的時間為作者建造茅屋。

〔二〕洽旬始苟完：用了十天的時間才完成茅屋的建造。旬，十日。《尚書·堯典》：
「期，三百有六旬有六日，以閏月定四時成歲。」唐·陸德明釋文：「十日為
旬。」

〔三〕落成：建築物的竣工稱落成。典出《詩經·小雅·斯干序》：「斯干，宣王考
室也。」漢·鄭玄箋：「宣王於是築宮廟群寢，既成而釁之，歌斯干之詩以落
之。此之謂成室宗廟成，則又祭祀先祖。」落，古代宮室築成時舉行的祭禮。
《左傳》：「楚子成章華之臺，願與諸侯落之。」晉·杜預注：「宮室始成祭之
曰落成。」宋·劉克莊《白鶴故居》：「故國難歸去，新巢甫落成。」

〔四〕拓樊：開闢籬笆。

〔五〕束列因可藩：將牆上棘棜編排列，亦可作為藩籬。

〔六〕農圃學：農事的學問。《論語·子路》：「樊遲請學稼，子曰：『吾不如老農。』
請學為圃，曰：『吾不如老圃。』」宋·朱熹注：「種五穀曰稼，種蔬菜曰圃。」

〔七〕吾道固斯存：我的思想學說也在農事之中體現出來。典出《論語·里仁》：「子曰：『參乎！吾道一以貫之。』」唐·張九齡《洪州西山祈雨是日輒應賦詩言事》：「義濟亦吾道，誠存為物祈。」唐·杜甫《屏迹》其二：「用拙存吾道，幽居近物情。」

【著錄】

明·曹學佺編《石倉歷代詩選》卷四百五十五、清·聖祖玄燁《御選宋金元明四朝詩》卷二十三、清·張豫章輯《四朝詩》卷七十八、清·錢謙益輯《列朝詩集》丙集卷四著錄此詩。

諸生來

簡滯動罹咎〔一〕，廢幽〔二〕得幸免。夷居雖異俗，野樸〔三〕意所眷。思親獨疚心〔四〕，疾憂庸自遣。門生頗群集，樽罍〔五〕亦時展。講習〔六〕性所樂，記問復懷靦〔七〕。林行或沿澗，洞遊還陟巘。月榭坐鳴琴，雲窗臥披卷。澹泊生道真〔八〕，曠達匪荒宴〔九〕。豈必鹿門棲〔十〕，自得乃高踐〔十一〕。

【編年】

此詩正德三年（1508）作於貴州龍場。

【校注】

〔一〕簡滯動罹咎：罹咎，遭受禍患。《尚書·洪範》：「不協於極，不罹於咎，皇則受之。」

〔二〕廢幽：廢，殘。幽，囚居。暗指詩人曾因上疏而遭劉瑾嫉恨，遭受廷杖，身體受到殘害，後被投入獄中。

〔三〕野樸：淳樸少詐機的野夫，此處詩人自喻。《禮記》：「其民之敝惷而愚，喬而野，樸而不文。」漢·鄭玄注：「喬而野者，亦因昔時寬裕忠恕至末世，民猶驕野，如淳樸之時也；樸而不文者，淳時民皆質樸不競文華，至亂時猶承奉之亦然也。」

〔四〕疚心：心中感到愧疚。《詩經·小雅·大東》：「既往既來，使我心疚。」晉·潘岳《秋興賦》：「彼四感之疚心兮，遭一塗而難忍。」

〔五〕樽罍：古代盛酒的器皿，泛指酒杯。唐·韓愈《晚秋郾城夜會李正封聯句上王中丞盧院長》：「歿廟配樽罍，生堂合馨鏽。」宋·范仲淹《明堂賦》：「樽

荂離離，玉帛莘莘。」

〔六〕講習：與諸生一起研討學習。《周易・兌卦》：「《象》曰：『麗澤兌，君子以朋友講習。』」唐・孔穎達疏：「朋友聚居，講習道義，相說之盛，莫過於此也。」宋・趙抃《題周敦頤濂溪書堂》：「何當結良朋，講習取諸兌。」

〔七〕記問復懷靦：指記誦詩書以待問或資談助，此陽明自謙之語，陽明不以師自居，而是以友相勉。《禮記・學記》：「記問之學不足以為人師。」漢・鄭玄注：「記問謂豫誦雜難難說，至講時為學者論之，此或時師不心解，或學者所未能問。」靦，慚愧。

〔八〕澹泊生道真：無求寡慾的生活使得陽明越發接近聖人之道。澹泊，恬淡寡欲，不為名利。晉・陶潛《閒情賦》：「檢逸辭而宗澹泊，始則蕩以思慮，而終歸閒正。」唐・白居易《春遊西林寺》：「身閒易淡泊，官散無牽迫。」

〔九〕曠達匪荒宴：雖懷有豁達的心胸，但並不沉溺於宴飲之中。曠達，豁達的心胸。《晉書・裴頠傳》：「處官不親所司，謂之雅遠；奉身散其廉操，謂之曠達。」唐・盧照鄰《詠史四首》其四：「偉哉曠達士，知命固不憂。」唐・白居易《秋日與張賓客舒著作同遊龍門醉中狂歌凡二百三十八字》：「開懷曠達無所繫，觸目勝絕不可名。」宋・吳儆《和孫先生產及棣華堂詩韻》：「誦習號純儒，曠達稱高士。」荒宴，沉溺於宴樂之中。南朝・宋・顏延之《五君詠》其三：「韜精日沈飲，誰知非荒宴。」

〔十〕鹿門：指隱士所居之地。《後漢書・龐公傳》：「後遂攜妻子登鹿門山，因採藥不返。」唐・杜甫《冬日有懷李白》：「未因乘興去，空有鹿門期。」唐・杜甫《遣興》：「鹿門携不遂，雁足繫難期。」

〔十一〕高踐：即高蹈，遠居避世隱逸。南朝・梁・皇侃《論語義疏》：「子曰賢者辟世者，謂天地閉則賢人隱，高蹈塵外，枕流漱石，天子諸侯莫得而臣也。」

西園

方園不盈〔一〕畝，蔬卉頗成列。分溪免甕灌，補籬防豕蹢〔二〕。蕪草稍焚薙，清雨夜來歇。濯濯新葉敷〔三〕，熒熒〔四〕夜花發。放鋤息重陰〔五〕，舊書漫披閱。倦枕竹下石，醒望松間月。起來步閒謠〔六〕，晚酌簷下設。盡醉即草鋪〔七〕，忘與鄰翁別。

【編年】

此詩正德三年（1508）作於貴州龍場。

【校注】

〔一〕盈：超過。唐・韓愈《合江亭》：「樹蘭盈九畹，栽竹逾万个。」宋・韓維《仲連兄治南堂》：「有園不盈畝，正在居南偏。」

〔二〕補籬防豕蹢：補籬笆防止家畜踐踏菜園。豕，豬。蹢，獸蹄。《詩經・小雅・漸漸之石》：「有豕白蹢，烝涉波矣。」毛傳：「蹢，蹄也。」

〔三〕濯濯新葉敷：茂盛新發的葉子片片鋪展開來。濯濯，光淨明朗的樣子。《詩經・大雅・崧高》：「四牡蹺蹺，鈎膺濯濯。」毛傳：「濯濯，光明也。」韓愈《南山詩》：「春陽潛沮洳，濯濯吐深秀。」蘇軾《和子由記園中草木十一首》其八：「濯濯翠莖滿，愔愔清露涵。」敷，鋪展。

〔四〕熒熒：光鮮艷麗的樣子。戰國・宋玉〈高唐賦〉：「玄木冬榮，煌煌熒熒。」李善注：「煌煌熒熒，草木花光也。」唐・杜甫《簡吳郎司法》：「雲石熒熒高葉曉，風江颯颯亂帆秋。」

〔五〕重陰：指陰雨。魏・曹植《贈王粲》：「重陰潤萬物，何懼澤不周？」晉・成公綏〈嘯賦〉：「濟洪災於炎旱，反亢陽於重陰。」李周翰注：「雲雨謂之重陰也。」宋・朱熹《冬雨不止》：「重陰潤九野，小雨紛微微。」

〔六〕起來步閒謠：邊走邊歌唱，十分悠閒的狀態。謠，歌唱而不用樂器伴奏。《詩經・魏風・園有桃》：「心之憂矣，我歌且謠。」毛傳：「曲合樂曰歌，徒歌曰謠。」晉・陶潛：「斂襟獨閒謠，緬焉起深情。」唐・權德輿《奉和李給事省中書情寄劉苗崔三曹長因呈許陳二閣老》：「分曹列侍登文石，促膝閒謠接羽觴。」

〔七〕盡醉即草鋪：醉酒之後直接在草鋪上打盹。

【著錄】

明・曹學佺編《石倉歷代詩選》卷四百五十五、清・張玉書《御定佩文齊詠物詩選》卷二百二十六、清・聖祖玄燁《御選宋金元明四朝詩》卷二十三、清・鄂爾泰修，杜詮纂《乾隆貴州通志》卷四十六、清・聖祖玄燁《佩文齋詠物詩選》卷二百二十六、清・張豫章輯《四朝詩》卷二十三、清・錢謙益輯《列朝詩集》丙集卷四著錄此詩。

水濱洞〔一〕

送遠憩岨谷〔二〕，濯纓俯清流。沿溪涉危石〔三〕，曲洞藏深幽〔四〕。花靜馥常閟〔六〕，溜暗光亦浮〔七〕。平生泉石好，所遇成淹留〔八〕。好

鳥〔九〕忽雙下，條魚〔十〕亦群游。坐久塵慮息〔十一〕，澹然與道謀〔十二〕。

【編年】

此詩正德三年（1508）作於貴州龍場。

【校注】

〔一〕水濱洞：《大清一統志・貴陽府圖・山川》：「水濱洞，在府城北，又有水落洞
為眾水所歸，上有石樓可棲。」

〔二〕岨谷：險峻的山谷。岨，也作砠，有土的石山。《詩經・周南・卷耳》：「陟彼
砠矣，我馬瘏矣。」

〔三〕危石：高大的石山。《莊子・田子方》：「嘗與汝登高山，履危石，臨百仞之淵，
若能射乎？」宋・朱熹《涉澗水作》：「幽谷濺濺小水通，細穿危石認行蹤。」

〔四〕深幽：偏遠、僻靜。《後漢書・張禹傳》：「歷行郡邑，深幽之處莫不畢到。」
宋・張耒《夏日十二首》其六：「養拙貧無事，深幽樂更真。」

〔六〕花靜馥常閟：無風花靜靜生香，在這乳洞之中顯得越發幽靜。馥，香氣散發。
閟，幽靜。

〔七〕溜暗光亦浮：洞中的暗流反射出點點波光。溜，迅疾的水流。宋・胡子澄《乳
洞》：「門開空寂寂，泉溜暗淙淙。」

〔八〕淹留：逗留、羈留。晉・陶潛《與殷晉安別一首》：「負杖肆遊從，淹留忘宵
晨。」唐・權德輿《贈友人》：「知向巫山逢日暮，輕袿玉佩暨淹留。」

〔九〕好鳥：有生機的鳥兒。三國・魏・曹植《公宴》：「潛魚躍清波，好鳥鳴高枝。」
宋・翁森《四時讀書樂》其一：「好鳥枝頭亦朋友，落花水面皆文章。」

〔十〕條魚：體小呈條狀，扁身體白，光滑，無鱗，淡水魚，今謂銀魚。唐・杜甫
《白小》：「白小群分命，天然二寸魚。」黃鶴注曰：「詩云天然二寸魚，又名
之曰白小，當是今所謂麷條魚者。」這兩句寫萬物悠然，自然之樂。

〔十一〕塵慮息：塵世之憂慮消散。唐・孟浩然《經七里灘》：「揮手弄潺湲，從茲洗
塵慮。」宋・蘇轍《靈巖寺》：「入門塵慮息，盥漱得清泚。」

〔十二〕澹然與道謀：宋・王安石《次韻酬朱昌叔五首》：「拙於人合且天合，靜與道
謀非食謀。」湛若水《陽明贈方吏部歸樵四首金山出示次韻》其二：「太虛萬
事片雲浮，若有神明與道謀。」

【著錄】

明・曹學佺編《石倉歷代詩選》卷四百五十五、清・張玉書《御定佩文齊

詠物詩選》卷七十七、清・聖祖玄燁《御選宋金元明四朝詩》卷二十三、清・
鄂爾泰修，杜詮纂《乾隆貴州通志》卷四十六、清・聖祖玄燁《佩文齋詠物詩
選》卷七十七、清・張豫章輯《四朝詩》卷二十三、清・錢謙益輯《列朝詩
集》丙集卷四著錄此詩。

山石

山石猶有理〔一〕，山木猶有枝。人生非木石，別久寧無思！愁來步
前庭，仰視行雲〔二〕馳。行雲隨長風〔三〕，飄飄去何之？行雲有時定，
遊子無還期。高梁〔四〕始歸燕，題鴂〔五〕已先悲。有生豈不苦，逝者長
若斯！已矣復何事？商山行採芝〔六〕。

【編年】

此詩正德三年（1508）作於貴州龍場。

【校注】

〔一〕理：條理、文理。《荀子・正名》：「形體色理。」楊倞注：「理，文理也。」

〔二〕行雲：流動的浮雲。晉・陶潛《閑情賦》：「意夫人之在茲，託行雲以送懷。」
宋・張協《雜詩》其五：「流波戀舊浦，行雲思故山。」

〔三〕長風：遠風。三國・魏・曹植《雜詩》：「轉蓬離本根，飄搖隨長風。」《晉書・
宗慤傳》：「叔父問所志，慤曰：『願乘長風，破萬里浪。』」

〔四〕高梁：即屋樑。唐・韋莊：「百口似萍依廣岸，一身如燕戀高梁。」

〔五〕題鴂：即伯勞，古稱鵙，《詩經・豳風・七月》：「七月鳴鵙。」毛傳：「鵙，
伯勞也。」即杜鵑。漢・張衡〈思玄賦〉：「恃己知而華予兮，鶗鴂鳴而不
芳。」李善注：「《臨海異物志》曰：鶗『鴂，一名杜鵑，至三月鳴，晝夜不
止，夏末乃止。』」宋・蘇轍《寄范文景仁》：「留連四月聽鶗鴂，扁舟一去浮
奔渾。」

〔六〕商山行採芝：《漢書・張陳王周傳》：「良曰：『此難以口舌爭也，顧上有所不
能致者四人。四人年老矣，皆以上嫚侮士，故逃匿山中，義不為漢臣，然上
高此四人。今公誠能毋愛金玉璧帛，令太子為書，卑辭安車，因使辯士，固
請宜來。」顏師古注曰：「顧念也四人，謂園公、綺里季、夏黃公、甪里先生，
所謂商山四皓也。」宋・郭茂倩輯《樂府詩集・琴曲歌辭》：「《琴集》曰：採
芝操，四皓所作也。《古今樂錄》曰：南山四皓隱居，高祖聘之，四皓不甘，
仰天歎而作歌。按《漢書》曰：四皓皆八十餘，鬚眉皓白，故謂之四皓。即

東園公、綺里季、夏黃公、甪里先生也。崔鴻曰：四皓為秦博士，遭世暗昧，坑黜儒術，於是退而作此歌，亦謂之四皓歌。」載四皓作《採芝操》：「皓天嗟嗟，深谷逶迤。樹木莫莫，高山崔嵬。巖居穴處，以為幄茵。曄曄紫芝，可以療飢。唐虞往矣，吾當安歸。」後提及商山、商山紫芝、商山芝意為遁世隱居。

【著錄】

　　明·曹學佺編《石倉歷代詩選》卷四百五十五、清·聖祖玄燁《御選宋金元明四朝詩》卷二十三、清·張豫章輯《四朝詩》卷七十八、清·朱彝尊編《明詩綜》卷三十二、清·錢謙益輯《列朝詩集》丙集卷四著錄此詩。

無寐二首

【編年】

　　此詩正德三年（1508）作於貴州龍場。

其一

　　煙燈曖〔一〕無寐，憂思〔二〕坐〔三〕長往〔四〕。寒風振喬林〔五〕，葉落聞窗響。起窺庭月光，山空遊罔象〔六〕。懷人阻積雪，崖冰幾千丈。

【校注】

〔一〕曖：昏暗、朦朧。南朝·梁·沈約《夜夜曲》：「孤鐙曖不明，寒機曉猶織。」

〔二〕憂思：憂愁的思緒。《禮記·儒行》：「將不忘百姓之病也，其憂思有如此者。」唐·孔穎達疏：「其憂思有如此。謂儒者身雖不遇，猶能憂思於人，有如在上之事也。」戰國·屈原《九章》：「心鬱鬱之憂思兮，獨永歎乎增傷。」三國·魏·曹操《短歌行》：「慨當以慷，憂思難忘。」

〔三〕坐：漸、將。宋·陳與義《遊道林嶽麓》：「山中日易晚，坐失群木陰。」

〔四〕長往：指避世隱居。唐·韋應物《雲陽館懷谷口》：「長往遂真性，暫遊恨卑喧。」元·趙汸《浮邱祠》「飄然長往不知處，遺跡宛在軒轅山。」

〔五〕喬林：即樹木高大的叢林。喬，樹幹高大且樹枝往上盤旋。《說文解字》：「喬，高而曲也。」

〔六〕罔象：亦作罔像，古代傳說中的水怪，或謂木石之怪。《國語·魯語下》：「水之怪，曰龍、罔象。」韋昭注：「或曰罔象食人，一名沐腫。」李周翰注：「罔

象，鬼名也。」《莊子・達生》：「水有罔象。」陸德明釋文：「司馬本作『無傷』。云：狀如小兒，赤黑色，赤爪，大耳，長臂。一云：水神名。」

【著錄】

明・曹學佺編《石倉歷代詩選》卷四百五十五著錄此詩。

其二

窮厓〔一〕多雜樹，上與青冥〔二〕連。穿雲下飛瀑，誰能識其源？但聞清猿嘯〔三〕，時見皓鶴翻〔四〕。中有避世士，冥寂〔五〕棲其巔。繄〔六〕予亦同調，路絕難攀援。

【校注】

〔一〕窮厓：即高厓。

〔二〕青冥：指青天、天空。

〔三〕清猿：因其啼聲淒清，固稱清猿。宋・李堪《興福寺》：「清猿嘯遠壑，好鳥鳴虛廊。」

〔四〕皓鶴：即白鶴。唐・韋莊《對雪》：「皓鶴褵褷飛不辨，玉山重疊凍相連。」

〔五〕冥寂：靜默、幽靜。《晉書・郭璞傳》：「無巖穴而冥寂，無江湖而放浪。」晉・郭璞〈遊仙詩〉其三：「綠蘿結高林，蒙蘢蓋一山。中有冥寂士，靜嘯撫清弦。」李善注：「冥，玄默也。」唐・李白《春陪商州裴使君遊石娥溪》：「蕭條出世表，冥寂閉玄關。」

〔六〕繄：文言助詞，惟。《左傳》：「爾有母遺，繄我獨無？」

【著錄】

明・曹學佺編《石倉歷代詩選》卷四百五十五、清・陳田輯《明詩紀事》丁籤卷十三著錄此詩。

諸生夜坐

謫居澹虛寂〔一〕，眇然〔二〕懷同遊。日入山氣〔三〕夕，孤亭俯平疇〔四〕。草際見數騎，取徑如相求。漸近識顏面，隔樹停鳴騶〔五〕。投轡〔六〕雁鶩〔七〕進，攜榼各有羞。分席夜堂坐，絳蠟清樽浮〔八〕。鳴琴復散帙〔九〕，壺矢交觥籌〔十〕。夜弄溪上月，曉陟林間丘。村翁或招飲，洞客偕探幽。講習有真樂，談笑無俗流〔十一〕。緬懷風沂興〔十二〕，千載相為謀。

【編年】

此詩正德三年（1508）作於貴州龍場。

【校注】

〔一〕虛寂：猶清靜，虛無寂靜。唐・孟浩然《晚春遠上人南亭》：「給園支遁隱，虛寂養身和。」唐・宋之問《遊雲門寺》：「理勝常虛寂，緣空自感靈。」

〔二〕眇然：高遠狀、遙遠貌。《漢書・王褒傳》：「何必偓佺訏信若彭祖，呴噓呼吸如僑松，眇然絕俗離世哉！」唐・顏師古注：「眇然，高遠之意也。」晉・郭璞《登百尺樓賦》：「情眇然以思遠，悵自失而潛慍。」唐・杜甫《夏日歎》：「眇然貞觀初，難與數子偕。」

〔三〕山氣：山中的雲霧之氣。晉・陶潛《飲酒》其五：「山氣日夕嘉，飛鳥相與還。」南北朝・庾信《奉和山池》：「日落含山氣，雲歸識雨餘。」唐・宋之問：「日暝山氣落，江空潭靄微。」

〔四〕平疇：平坦的田野。晉・陶潛《癸卯歲始春懷古田舍二首》其二：「平疇交遠風，良苗亦懷新。」

〔五〕鳴騶：古代隨從顯貴出行並傳呼喝道的騎卒，有時借指顯貴。此處應指來客所騎之馬及從人。隋・虞世基《出塞》：「待拜長平坂，鳴騶入禮闈。」明・沈周《夏日閒居作》：「種瓜莫道東門近，肯為鳴騶暫倚鋤。」

〔六〕投轡：放下馭馬的韁繩。轡，駕馭馬的韁繩。《詩經・邶風・簡兮》：「有力如虎，執轡如組。」朱熹集傳曰：「轡，今之韁也。」晉・陸機《凌霄賦》：「陟瑤臺以投轡，步玉除而容與。」

〔七〕雁鶩：鵝和鴨。鄭玄注《儀禮疏》：「乘禽，乘行之禽也，亦云雁鶩之屬。」南朝・梁・劉孝標《廣絕交論》：「分雁鶩之稻粱，霑玉斝之餘。」南朝・梁・沈約《三月三日率爾成章》：「東出千金堰，西臨雁鶩陂。」宋・陸游《歲晚》：「征蓬滿野風霜苦，多稼連雲雁鶩肥。」

〔八〕絳蠟清樽浮：燭光的倒影浮動在杯中的清酒里。絳蠟，即紅燭。宋・蘇軾《次韻代留別》：「絳蠟燒殘玉斝飛，離歌唱徹萬行啼。」

〔九〕鳴琴復散帙：與友人彈琴或讀書，相處融融。散帙，打開書帙此處指讀書。

〔十〕壺矢交觥籌：壺矢，壺與矢為投壺用具，一種飲酒時助興的遊戲。觥，盛酒的器皿。籌，酒令籌。唐・趙嘏《宛陵寓居上沈大夫二首》其二：「觥籌不盡須歸去，路在春風縹緲間。」宋・歐陽修《醉翁亭記》：「宴酣之樂，非絲非竹。射者中，奕者勝，觥籌交錯。」

〔十一〕談笑無俗流：俗流，即庸俗之輩。化用劉禹錫《陋室銘》：「談笑有鴻儒，往來無白丁。」

〔十二〕緬懷風沂興：典出《論語·先進》：「『點，爾何如？』鼓瑟希，鏗爾，舍瑟而作，對曰：『異乎三子者之撰。』子曰：『何傷乎？亦各言其志也。』曰：『莫春者，春服既成，冠者五六人，童子六七人，浴乎沂，風乎舞雩，詠而歸。』夫子喟然歎曰：『吾與點也！』」

【著錄】

明·曹學佺編《石倉歷代詩選》卷四百五十五著錄此詩。

艾草次胡少參〔一〕韻

艾草〔二〕莫艾蘭，蘭有芬芳姿。況生幽谷底，不礙君稻畦〔三〕。艾之亦何益？徒令香氣衰。荊棘生滿道，出刺傷人肌。持刀忌觸手，睨視〔四〕不敢揮。艾草須艾棘，勿為棘所欺。

【編年】

此詩正德三年（1508）作於貴州貴陽。

【校注】

〔一〕胡少參：胡拱。《嘉靖貴州通志》：「左參議，胡拱，南京人。」《武宗正德實錄》卷十八：「正德元年十月甲寅（初九），升南京戶部郎中胡拱為貴州布政司左參議。」諸多注本作胡洪，推測因字形相近而誤。

〔二〕艾草：除草。艾通刈，刈割，斬除。

〔三〕稻畦：稻田。

〔四〕睨視：斜視。

【著錄】

明·曹學佺編《石倉歷代詩選》卷四百五十五著錄此詩。

鳳雛〔一〕次韻答胡少參

鳳雛生高厓，風雨摧其翼。養痾〔二〕深林中，百鳥驚辟易〔三〕。虞人〔四〕視為妖，舉網爭彈弋〔五〕。此本王者瑞，惜哉誰能識！吾方哀其窮，胡忍復相亟？鴟梟〔六〕據叢林，驅鳥恣搏〔七〕食。嗟爾獨何心？梟鳳如白黑〔八〕。

【編年】

此詩正德三年（1508）作於貴州貴陽。

【校注】

〔一〕鳳雛：幼鳳，比喻俊傑人才。唐·李咸用《輕薄怨》：「鳳雛麟子皆至交，春風相逐垂楊橋。」

〔二〕養痾：即養病。痾，疾病。《宋書·謝莊傳》：「今不敢復言此，當付之來生耳，但得保餘年，無復物務，少得養痾。」唐·孟郊《西齋養病夜懷多感因呈上從叔子雲》：「守淡遺眾俗，養痾念餘生。」唐·韋應物《閒居贈友》：「閒居養痾瘵，守素甘葵藿。」

〔三〕辟易：避退、避開。《史記·項羽本紀》：「赤泉侯為騎將追項王，項王瞋目叱之，赤泉侯人馬俱驚，辟易數里。」唐·李白《古風》其五十九：「行人皆辟易，志氣橫嵩丘。」

〔四〕虞人：古代掌山澤苑囿之官。《周禮·夏官·大司馬》：「虞人萊所田之野為表。」唐·賈公彥疏：「虞人者，若田在澤，澤虞；若田在山，山虞。」

〔五〕舉網爭彈弋：虞人爭先恐後地張起網羅，拿起彈弓去捕捉鳳雛。網，用繩線等結成的捕魚或捉鳥獸的用具。彈，彈弓。弋，用帶繩的箭來射。《詩經·鄭風·女曰雞鳴》：「將翱將翔，弋鳧与雁。」漢·鄭玄箋：「弋，繳射也。」

〔六〕鴟梟：也作鴟鴞。《詩經·豳風·鴟鴞》：「鴟鴞鴟鴞，既取我子，無毀我室。」毛傳：「鴟鴞，鸋鳩也。」鴟，鷂鷹。梟，貓頭鷹一類的鳥。舊傳梟食母，故常以喻惡人。唐·杜甫《病柏》：「鴟鴞志意滿，養子穿穴內。」

〔七〕搏：捕捉。《周禮·地官·司虣》：「若不可禁，則搏而戮之。」清·孫詒讓正義：「搏，猶今言捕也。」

〔八〕梟鳳如白黑：善惡不分、黑白不辨之意。白黑，比喻是非、善惡、賢愚、清濁等相反的人或事物。《漢書·王莽傳》：「群縣賦斂，遞相賕賂，白黑紛然。」唐·顏師古注：「白黑，謂清濁也。」唐·杜甫《兩當縣吳中侍御江上宅》：「不忍殺無辜，所以分白黑。」

鸚鵡和胡韻

鸚鵡生隴西〔一〕，群飛恣鳴遊。何意虞羅〔二〕及？充貢來中州〔三〕。金條縻華屋，雲泉謝林丘。能言實階禍〔四〕，吞聲亦何求！主人有隱寇〔五〕，竊發聞其謀〔六〕。感君惠養德〔七〕，一語思所酬〔八〕。懼君不見

察〔九〕，殺身反為尤〔十〕。

【編年】

此詩正德三年（1508）作於貴州貴陽。

【校注】

〔一〕鸚鵡生隴西：鸚鵡，一種可以效人說話的鳥，比喻有才之士。《禽經》：「鸚鵡出隴西，能言鳥也。人以手撫拭其背，則瘖瘂矣。」隴西，《漢書．地理志》卷二十八下：「隴西郡，秦置。」唐．顏師古注曰：「隴坻謂隴阪，即今之隴山也。此郡在隴之西，故曰隴西。」

〔二〕虞羅：見前注，《南溟》《鳳雛次韻答胡少參》。

〔三〕充貢來中州：充當貢品，被獻給帝王。中州，古豫州地處九州之中，稱為中州。此處指中原地區的帝都。

〔四〕能言實階禍：能言，指鸚鵡可效人言。此處作者自指，因上疏勸言而獲罪。階禍，招致罪禍。《三國志．蜀志．先主傳》：「董卓首難，蕩覆京畿，曹操階禍，竊執天衡。」

〔五〕隱寇：暗處的憂患。實指武宗被宦官蒙蔽的憂患。

〔六〕竊發聞其謀：（鸚鵡）聽聞了小人慾謀害主人的陰謀。竊發，偶然間發現。

〔七〕感君惠養德：感激主人（君主）的加恩撫養的恩德。

〔八〕一語思所酬：為君一言，就是為了報答主人（君主）的恩德。酬，報答。

〔九〕見察：明辨、詳審。《管子》：「見察謂之明。」唐．李白《代贈遠》：「相思欲有寄，恐君不見察。」

〔十〕尤：過失、罪愆。《詩經．小雅．四月》：「廢為殘賊，莫知其尤。」漢．鄭玄箋：「尤，過也。」

【著錄】

明．曹學佺編《石倉歷代詩選》卷四百五十五著錄此詩。

諸生

人生多離別，佳會〔一〕難再遇。如何百里來，三宿便辭去？有琴不肯彈，有酒不肯御。遠陟見深情，寧予有弗顧？洞雲還自棲，溪月誰同步？不念南寺時，寒江雪將暮？不記西園日，桃花夾川路？相去倏幾月，秋風落高樹。富貴猶塵沙，浮名亦飛絮。嗟我二三子〔二〕，吾道有

真趣。胡不攜書來，茆堂好同住！

【編年】

　　此詩正德三年（1508）作於貴州龍場。

【校注】

　〔一〕佳會：高雅的聚會。三國‧魏‧曹植《元會》：「初歲元祚，吉日惟良。乃為
　　　　佳會，宴此高堂。」宋‧李祁《留別諸友分韻得日字》：「佳會不可常，歲宴
　　　　正寥慄。」

　〔二〕二三子：猶言諸君，幾個人。典出《論語‧八佾》：「二三子何患於喪乎？天
　　　　下之無道也久矣，天將以夫子為鐸。」宋‧蘇軾《二鮮于君以詩文見寄作詩
　　　　為謝》：「喜聞二三子，結髮師閔顏。」

【著錄】

　　明‧曹學佺編《石倉歷代詩選》卷四百五十五、清‧聖祖玄燁《御選宋金
元明四朝詩》卷二十三、清‧張豫章輯《四朝詩》卷二十三、清‧朱彝尊編
《明詩綜》卷三十二著錄此詩。

遊來仙洞〔一〕早發道中

　　霜風清木葉，秋意生蕭疏〔二〕。沖星〔三〕策曉騎，幽事將有徂〔四〕。
股蟲〔五〕亂飛擲，道狹草露濡〔六〕。傾〔七〕暑特晨發，征夫已先途。淅
米石間溜〔八〕，炊火巖中廬。煙峰上初日，林鳥相嚶呼〔九〕。意欣物情
適，戰勝癯色腴〔十〕。行樂信宇宙〔十一〕，富貴非吾圖〔十二〕！

【編年】

　　此詩正德三年（1508）作於貴州貴陽。

【校注】

　〔一〕來仙洞：即今貴陽仙人洞。《乾隆貴州通志》：「棲霞山，在城東五里，山腹有
　　　　洞曰霞山仙洞。明王守仁、郭子章俱有詩。」清‧顧祖禹《讀史方輿紀要》：
　　　　「棲霞山，在府東七里，山半有來仙洞。」

　〔二〕蕭疏：淒涼。唐‧溫庭筠《題陳處士幽居》：「松軒塵外客，高竹自蕭疏。」

　〔三〕沖星：即沖斗。唐‧王勃《上明員外啟》：「辨鍔橫霜，直上沖星之氣。」

　〔四〕幽事將有徂：將有尋山問水的好去處。幽事，幽景、勝景。唐‧皮日休《魯
　　　　望春日多尋野景日休抱疾杜門因有是寄》：「野侶相逢不待期，半緣幽事半緣

詩。」徂，去、往。《詩經‧豳風‧東山》：「我徂東山，慆慆不歸。」漢‧鄭玄箋：「我往之東山，既久勞矣。」

〔五〕股蟲：成群的飛蟲。

〔六〕濡：沾濕。《周易‧夬卦》：「獨行，遇雨若濡，有慍，无咎。」唐‧孔穎達疏：「濡，濕也。」

〔七〕傾：傾通頃，近來。

〔八〕淅米石間溜：在山石間的溪水中淘米。

〔九〕嚶呼：鳥鳴聲。《詩經‧小雅‧伐木》：「嚶其鳴矣，求其友聲。」明‧楊基《舟中聞春禽寄江陰包鶴洲》：「山中無音樂，絲竹在禽鳥。嚶嚶呼春晴，嚦嚦報春曉。」

〔十〕癯色腴：癯色，面色消瘦。

〔十一〕行樂信宇宙：聽任自己在這天地之中尋找樂趣。行樂，娛樂、尋找樂趣。漢‧楊惲《報孫會宗書》：「人生行樂耳，須富貴何時？」信，聽任。宇宙，天地之間。《呂氏春秋‧下賢》：「神覆宇宙而無望。」東漢‧高誘注：「四方上下曰宇，以屋喻天地也。往古來今曰宙，言其神而包覆之無望無界畔也。」晉‧陶潛《讀山海經》其一：「俯仰終宇宙，不樂復何求？」

〔十二〕富貴非吾圖：富貴並不是我所貪圖的。元‧王惲《汲冢懷古》：「長歌復一杯，此外非吾圖。」

【著錄】

明‧曹學佺編《石倉歷代詩選》卷四百五十五著錄此詩。

別友

幽尋意方結，奈此世累〔一〕牽。凌晨驅馬別，持杯且為傳。相求苦非遠，山路多風煙。所貴明哲士，秉道〔二〕非苟全。去矣崇令德〔三〕，吾亦行歸田〔四〕。

【編年】

此詩正德三年（1508）作於貴州龍場。

【校注】

〔一〕世累：世俗的牽累。晉‧嵇康《東方朔至清》：「不為世累所攖，所欲不足無營。」唐‧韓愈《秋懷詩》其十：「世累忽進慮，外憂遂侵誠。」宋‧陸游《夜

坐園中至夜分》：「漸近秋清知病減，盡捐世累覺心平。」

〔二〕秉道：堅信自己所信奉的正道。《漢書‧蕭望之傳》：「左遷君為太子太傅，君其秉道明孝，正直是與，帥意亡譽，靡有後言。」唐‧白居易《四皓廟》：「隨時有顯晦，秉道無磷緇。」

〔三〕令德：即美德。《毛詩經‧小雅‧湛露》：「顯允君子，莫不令德。」漢‧蘇武：「願君崇令德，隨時愛景光。」

〔四〕歸田：即辭官回鄉務農。晉‧陶潛《歸園田居》其一：「開荒南野際，守拙歸田園。」宋‧蘇軾《送呂行甫司門倅河陽》：「歸田雖未果，已覺去就輕。」

【著錄】

明‧曹學佺編《石倉歷代詩選》卷四百五十五著錄此詩。

贈黃太守澍〔一〕

歲宴〔二〕鄉思切，客久親舊疏。臥疴閉空院，忽來故人車。入門辨眉宇〔三〕，喜定還驚吁〔四〕。遠行亦安適，符竹〔五〕膺〔六〕新除〔七〕。荒郡號難理，況茲徵索餘〔八〕！君才素通敏〔九〕，窘劇宜有紓〔十〕。蠻鄉雖瘴毒，逐客猶安居。經濟〔十一〕非復事，時還理殘書。山泉足遊憩，鹿麋能友予〔十二〕。澹然穹壤〔十三〕內，容膝皆吾廬〔十四〕。惟營〔十五〕垂白念，旦夕懷歸圖。君行勉三事〔十六〕，吾計終五湖〔十七〕。

【編年】

此詩正德三年（1508）作於貴州龍場。

【校注】

〔一〕黃太守：名澍，字文澤，此行赴任雲南姚安知府。《大清一統志》：「黃澍，侯官人。正德中知姚安府，雪獄十三人，建棟川書院以課士。」

〔二〕歲宴：歲末、年底。宴，晚，通晏。韋應物《秋夜二首》其二：「歲宴仰空宇，心事若寒灰。」宋‧李祁《留別諸友分韻得日字》：「佳會不可常，歲宴正寥慄。」

〔三〕眉宇：眉毛與額頭之間，泛指容貌。漢‧枚乘〈七發〉：「然陽氣見於眉宇之間，侵淫而上，幾滿大宅。」漢‧劉良注：「眉宇，眉額間也。」唐‧杜甫《贈太子太師汝陽郡王》：「汝陽讓帝子，眉宇真天人。」宋‧陸游《感舊》其二：「望之眉宇何軒軒，高談浩若洪河翻。」

〔四〕驚吁：驚歎、驚訝。唐・杜甫《草堂》：「國家法令在，此又足驚吁。」宋・楊萬里《過長峰逕遇雨遣悶十絕句》其六：「猿藤陂子枉驚吁，未抵長峰小半途。」

〔五〕符竹：《漢書・文帝紀》：「九月，初與郡守為銅虎符、竹使符。」唐・顏師古注引應劭曰：「銅虎符第一至第五，國家當發兵遣使者，至郡合符，符合乃聽受之。竹使符皆以竹箭五枚，長五寸，鐫刻篆書，第一至第五。」後以符竹為郡守職權的憑任。

〔六〕膺：承受、接受。漢・班固〈東都賦〉：「天子受四海之圖籍，膺萬國之貢珍。」唐・李善注：「膺，猶受也。」唐・杜甫《送魏二十四司直充嶺南掌選崔郎中判官兼寄韋韶州》：「才美膺推薦，君行佐紀綱。」

〔七〕新除：謂新拜官職。除，任命官職。

〔八〕況茲徵索餘：更何況在強徵索取之後。徵索，徵稅索租。

〔九〕通敏：通達敏慧。《唐書・李回傳》：「強幹有吏才，遇事通敏，歷官中外，事無不理。」

〔十〕窘劇宜有紆：此時的百姓極端窘迫艱難，應該採取寬緩的政策。紆，從容寬緩。

〔十一〕經濟：經世濟民。《尚書大傳》「古先賢鉅儒，博考經濟，垂世立教，或顯達未及其身，斯旃揚宜歸於後茲，據該撫疏稱先儒。」宋・梅堯臣《汴渠》：「我實山野人，不識經濟宜。」

〔十二〕鹿麋能友予：亦能和麋鹿為友。《孟子・盡心上》：「舜之居深山之中，與木石居，與鹿豕遊，其所以異於深山之野人者幾希。」鹿麋，泛指鹿類。宋・宋無《青衣洞隱者》：「人嘯雲谷應，坐石鹿麋親。」宋・陸游《初夏雜詠》：「鹿麋為老伴，松屑當朝餐。」

〔十三〕穹壤：指天地內。南朝・梁・沈約〈齊故安陸昭王碑文〉：「思所以克播遺塵，敝之穹壤。」唐・張銑注：「言使遺塵之聲，與天地同敝。」宋・陸游《北望》：「豈無豪傑士，憤氣塞穹壤。」宋・樓鑰《送張定叟尚書鎮襄陽》：「公家忠獻公，勳名照穹壤。」宋・何夢桂《希有鳥吟》：「穹壤紛眾羽，固有仁不仁。」

〔十四〕容膝皆吾廬：能夠容納下我的雙膝的地方都是我可居住的地方。容膝，僅能容下雙膝的狹小空間。晉・陶潛《歸去來兮辭》：「倚南窗以寄傲，審容膝之易安。」

〔十五〕營：謀慮、思慮。

〔十六〕三事：三件事，指正德、利用、厚生。《書‧大禹謨》：「六府三事允治。」孔穎達疏：「正身之德，利民之用，厚民之生，此三事惟當諧和之。」

〔十七〕吾計終五湖：我的願望是乘舟泛湖歸隱而去。計，計劃、考慮。《國語‧越語下》：「范蠡辭於王曰：『君王勉之，臣不復入於越國矣。』遂乘輕舟以浮於五湖，莫知其所終極。」後世以五湖謂隱遁之所。唐‧李白《答王十二寒夜獨酌有懷再入吳中》：「少年早欲五湖去，見此彌將鐘鼎疏。」宋‧王安石《送襄如晦即席分題三首》其二：「行不顧斗米，自與五湖期。」

【著錄】

明‧曹學佺編《石倉歷代詩選》卷四百五十五著錄此詩。

寄友用韻

懷人坐沉夜，帷燈曖幽光。耿耿〔一〕積煩緒，忽忽〔二〕如有忘。玄景〔三〕逝不處，朱炎〔四〕化微涼。相彼谷中葛〔五〕，重陰殞衰黃〔六〕。感此遊客子，經年未還鄉。伊人〔七〕不在目，絲竹〔八〕徒滿堂。天深雁書杳，夢短關塞〔九〕長。情好矢無斁〔十〕，願言覿〔十一〕終償。惠我金石編〔十二〕，徽音激宮商〔十三〕。馳輝〔十四〕不可即，式〔十五〕爾增予傷！馨香襲肝臂〔十六〕，聊用心中藏。

【編年】

此詩正德三年（1508）作於貴州龍場。

【校注】

〔一〕耿耿：心事重重的樣子。《詩經‧邶風‧柏舟》：「耿耿不寐，如有隱憂。」《楚辭‧遠游》：「夜耿耿而不寐兮，魂煢煢而至曙。」宋‧洪興祖補注：「耿耿，不安也。」宋‧程俱《夜坐》：「青燈耿耿夜何其，雲篆吐蘭初一線。」

〔二〕忽忽：迷糊、恍忽。戰國‧宋玉〈高唐賦〉：「悠悠忽忽，怊悵自失。」唐‧李善注：「忽忽，迷也。」唐‧白居易《齋月靜居》：「忽忽眼塵猶愛睡，些些口業尚誇詩。」

〔三〕玄景：夜色、夜景。東晉‧庾闡佚詩：「玄景如映璧，繁星如散錦。」

〔四〕朱炎：烈日。三國‧魏‧何晏〈景福殿賦〉：「開建陽則朱炎豔，啟金光則清風臻。」唐‧劉良注：「朱炎，日也。」唐‧杜甫《雨》：「白穀變氣候，朱炎

安在哉？」

〔五〕相彼穀中葛：相，觀察。穀，糧食作物總稱。《孟子·梁惠王上》：「不違農時，
　　　穀不可勝食也。」葛，一種可食用的植物。《詩經·周南·葛覃》：「葛之覃兮，
　　　施于中谷。」

〔六〕衰黃：枯黃。

〔七〕伊人：那個人。《詩經·秦風·蒹葭》：「所謂伊人，在水一方。」漢·高亨注：
　　　「伊人，是人，意中所指的人。」此處指所寄之友人。晉·陶潛《桃花源記
　　　並詩》：「黃綺之商山，伊人亦云逝。」唐·李商隱《復至裴明府所居》：「伊
　　　人卜築自幽深，桂巷杉籬不可尋。」

〔八〕絲竹：弦樂器與竹管樂器之總稱，泛指音樂。《禮記·樂記》：「金石絲竹，樂
　　　之器也。」唐·薛能《清河泛舟》：「繞郭煙波浮泗水，一船絲竹載涼州。」

〔九〕關塞：邊塞、關隘，此處指道路。唐·杜甫《秋興八首》其八：「關塞極天惟
　　　鳥道，江湖滿地一漁翁。」唐·杜甫《夢李白二首》其一：「魂來楓林青，魂
　　　返關塞黑。」

〔十〕無斁：不厭倦。《詩經·周南·葛覃》：「為絺為綌，服之無斁。」漢·鄭玄箋：
　　　「斁，厭也。」

〔十一〕覬：希冀。《楚辭·九辯》：「事亹亹而覬進兮，蹇淹留而躊躇。」

〔十二〕惠我金石編：惠，敬詞，用於他人對自己的行動，惠贈之意。金石，此處比
　　　喻詩文音調鏗鏘，文辭優美。金石編，對友人來信或者詩文的贊稱。

〔十三〕徽音激宮商：徽音，即優美的音樂，此處指友人的音訊。宮商，五音中的宮
　　　音與商音，泛指美妙的音樂。《毛詩序》：「聲成文。」漢·鄭玄箋：「聲成文
　　　者，宮商上下相應。」

〔十四〕馳輝：亦作馳暉，飛馳的日光，意為時間流逝之快。南朝·齊·謝朓〈暫使
　　　下都夜發新林至京邑贈西府同僚〉：「驅車鼎門外，思見昭丘陽，馳暉不可
　　　接，何況隔兩鄉。」唐·李善注：「馳暉，日也。」唐·李白《梁園吟》：「連
　　　呼五白行六博，分曹賭酒酣馳輝。」

〔十五〕式：發語詞，無實意。《詩經·大雅·蕩》：「式號式呼，俾晝作夜。」

〔十六〕肝膽：比喻真心誠意。宋·范仲淹《謝依所乞依舊知鄧州表》：「竭肝膽以論
　　　事，犯雷霆而進忠。」

【著錄】

　　清·朱彝尊編《明詩綜》卷三十二、清·聖祖玄燁《御選宋金元明四朝

詩》卷二十三、清‧張豫章輯《四朝詩》卷二十三著錄此詩。

秋夜

樹暝棲翼〔一〕喧，螢飛夜堂靜。遙穹出晴月〔二〕，低簷入峰影。窅然〔三〕坐幽獨，怵爾抱深警〔四〕。年徂道無聞〔五〕，心違跡未屏〔六〕。蕭瑟中林秋，雲凝松桂冷。山泉豈無適？離人懷故境。安得駕雲鴻〔七〕，高飛越南景！

【編年】

此詩正德三年（1508）作於貴州龍場。

【校注】

〔一〕棲翼：棲息過夜的鳥兒。翼，代指鳥。

〔二〕晴月：清朗的月亮。

〔三〕窅然：深遠、岑寂的樣子。唐‧陳子昂《感遇》其四：「窅然遺天地，垂化入無窮。」唐‧張九齡《與生公尋幽居處》：「及此雲山去，窅然巖徑好。」

〔四〕怵爾抱深警：淒愴的環境勾起思親之念，進而心中泛起深深的警戒。怵，淒愴、悲涼。《禮記‧祭統》：「心怵而奉之以禮。」漢‧鄭玄注：「怵，感念親之貌也。」抱，藏、心中存有。

〔五〕年徂道無聞：年華逝去而學術上無所收穫。

〔六〕心違跡未屏：心違，違背了自己的心願。唐‧杜甫《憶昔行》：「秋山眼冷魂未歸，仙賞心違淚交墮。」屏，避退、隱退。《禮記‧曲禮上》：「侍坐於君子，若有告者曰：『少間，願有復也。』則左右屏而待。」漢‧鄭玄注：「屏，猶退也，隱也。」

〔七〕安得駕雲鴻：雲鴻，高飛的大雁。宋‧楊萬里《送彭子山提刑郎中赴召》：「我隨病鶴欹黃帽，公駕雲鴻上碧穹。」

【集評】

明‧王夫之《明詩評選》卷四選錄此詩，並評之曰：「沉實清冽。『離人懷故境』，正使三謝操觚，未易造此。」

【著錄】

明‧曹學佺編《石倉歷代詩選》卷四百五十五、清‧陳田輯《明詩紀事》丁籤卷十三、清‧錢謙益輯《列朝詩集》丙集卷四著錄此詩。

採薪二首

【編年】

此詩正德三年（1508）作於貴州龍場。

其一

朝採山上荊〔一〕，暮採谷中栗〔二〕。深谷多凄風，霜露沾衣濕。採薪勿辭辛，昨來斷〔三〕薪拾。晚歸陰墅底，抱甕還自汲〔四〕。薪水良獨勞，不愧食吾力！

【校注】

〔一〕荊：種類繁多的落葉灌木，可作柴火。

〔二〕栗：一種落葉喬木，果實為堅果，可食用。

〔三〕斷：盡、缺乏。

〔四〕抱甕還自汲：抱著水罐自己去提水。甕，小口大腹的陶製汲水罐。《周易·井卦》：「井谷射鮒，甕敝漏。」唐·陸德明釋文引鄭注曰：「甕，停水器也。」汲，從井裡取水。宋·陸游《雜書幽居事》：「抱甕窮園叟，還山老布衣。」

其二

倚擔青崖際，歷〔一〕斧崖下石。持斧起環顧，長松百餘尺。徘徊不忍揮，俯略〔二〕澗邊棘。同行笑吾餒〔三〕，爾斧安用歷？快意〔四〕豈不能？物材各有適。可以相天子，眾稚詎足識！

【校注】

〔一〕歷：歷通厲，磨礪。《荀子·性惡》：「鈍金必將待礱厲然後利。」唐·楊倞注：「礱、厲，皆磨也。」

〔二〕略：略通掠，砍伐。

〔三〕餒：怯。《孟子·公孫丑上》：「行有不慊於心，則餒矣。」

〔四〕快意：謂恣意所欲。《史記·樂書》：「上古明王舉樂者，非以娛心自樂，快意恣欲，將欲為治也。」《漢書·鮑宣傳》：「治天下者，當用天下之心為心，不得自專快意而已也！」唐·杜甫《壯遊》：「快意八九年，西歸到咸陽。」

龍岡漫興五首

【編年】

此詩正德三年（1508）作於貴州龍場。

其一

投荒〔一〕萬里入炎州〔二〕，卻喜官卑得自由〔三〕。心在夷居何有陋？身雖吏隱〔四〕未忘憂〔五〕。春山卉服〔六〕時相問，雪寨藍輿〔七〕每獨遊。擬把犁鋤從許子〔八〕，謾將弦誦〔九〕止言游〔十〕。

【校注】

〔一〕投荒：即遭到貶謫、流放到荒遠之地。唐・柳宗元《別舍弟宗一》：「一身去國六千里，萬死投荒十二年」。唐・劉復《送黃曄明府岳州湘陰赴任》：「三年護塞從戎遠，萬里投荒失意多」。

〔二〕炎州：典出自《楚辭・遠遊》：「嘉南州之炎德兮，麗桂樹之冬榮」，因此後來用「炎州」來指代南方廣大地區。

〔三〕卻喜官卑得自由：官卑，官職低下。語有自嘲之義，指遭貶的自己身微官卑無由上達。唐・白居易《代書詩寄微之》：「疏狂屬年少，閒散為官卑。」得自由，《孟子・公孫丑下》：「我無官守，我無言責也，則吾進退，豈不綽綽然有餘裕哉？」漢・趙岐注：「孟子言人去，今我居師賓之位，進退自由，豈不綽綽然舒緩有裕餘乎」。

〔四〕吏隱：所謂不以利祿縈心，雖居官卻猶如隱者。唐・杜甫《東津送韋諷攝閬州錄事》：「聞說江山好，憐君吏隱兼」。唐・劉禹錫《酬樂天醉後狂吟十韻》：「吏隱情兼遂，儒玄道兩全」。

〔五〕忘憂：《論語・述而》：「其為人也，發憤忘食，樂以忘憂」。王陽明《答毛憲副書》：「不敢以一朝之患而忘其終身之憂也。」

〔六〕卉服：草服。《尚書・禹貢》：「島夷卉服。」孔安國傳：「南海島夷，草服葛越。」孔穎達疏：「舍人曰：『凡百草一名卉』，知卉服是草服，葛越也。

〔七〕藍輿：《晉書・陶潛傳》：「淵明素有腳疾，因乘藍輿」。此時的王陽明已經融入了當地的生活，與龍場當地人們的相處也很融洽。唐・韓翃《送客歸江州》：「聞道泉明居止近，藍輿相訪會淹留。」

〔八〕許子：即許由，或作許繇，傳說為遠古時隱士。《韓非子・說林下》：「堯以天下讓許由，許由逃之。舍於家人，家人藏其皮冠。夫棄天下而家人藏其皮冠，是不知許由者也。」

〔九〕弦誦：《禮記・文王世子》：「春誦，夏弦。」漢・鄭玄注：「誦謂歌樂也，弦謂以絲播詩。」唐・孔穎達疏：「誦謂歌樂者，謂口誦歌樂之篇章，不以琴瑟歌也。雲弦謂以絲播詩者，謂以琴瑟播彼詩之音節，詩音則樂章也。」後亦

以稱詩禮教化或學校教育。

〔十〕言游：即子游。《論語・陽貨》：「子之武城，聞弦歌之聲，夫子莞爾而笑曰：
　　　『割雞焉用牛刀。』子游對曰：『昔者偃也聞諸夫子曰：『君子學道則愛人，
　　　小人學道則易使也。』子曰：『二三子，偃之言是也，前言戲之耳。』」

【著錄】

　　明・曹學佺編《石倉歷代詩選》卷四百五十五著錄此詩。

其二

旅況蕭條寄草堂〔一〕，虛簷落日自生涼〔二〕。芳春〔三〕已共煙花〔四〕
盡，孟夏俄驚草木長〔五〕。絕壁千尋凌杳靄〔六〕，深厓六月宿冰霜。人
間不有宣尼叟〔七〕，誰信申根未是剛〔八〕？

【校注】

〔一〕旅況蕭條寄草堂：陽明化用高適寄杜甫詩：「人日題詩寄草堂，遙憐故人思故
　　　鄉」（《人日寄杜二拾遺》），在此化用此語亦包涵了謫官他鄉，不免時時泛起
　　　的念故思鄉之情。

〔二〕虛簷落日自生涼：虛簷，也作虛檐，凌空的屋檐。唐・杜甫《謁先主廟》：「虛
　　　簷交鳥道，枯木半龍鱗。」自生涼，餘溫散去，夜晚降臨，溫度下降。宋・
　　　陸游《林亭書事》：「吏退林亭夏日長，烏紗白紵自生涼。」宋・蔡襄《五月
　　　宿江陰軍葛公綽草堂》：「曾解征衣寄草堂，枕邊泉石自生涼。」

〔三〕芳春：指春天。唐・陳子昂《送東萊王學士無競》：「孤松宜晚歲，眾木愛芳
　　　春。」

〔四〕煙花：泛指綺麗的春景。唐・李白《黃鶴樓送孟浩然之廣陵》：「故人西辭黃
　　　鶴樓，煙花三月下揚州。」唐・杜甫《清明》其二：「秦城樓閣煙花裏，漢主
　　　山河錦繡中。」

〔五〕孟夏俄驚草木長：晉・陶潛《讀山海經十三首》其一：「孟夏草木長。」孟夏，
　　　指夏季的第一個月，即農曆四月。俄驚，二字表達一種猝不及防的忽然之感。
　　　唐・白居易《與夢得偶同到敦詩宅感而題壁》：「山東才副蒼生願，川上俄驚
　　　逝水波。」宋・朱熹《假山焚香作煙雲掬水為瀑布二首》其一：「平地俄驚紫
　　　翠堆，便應題作小飛來。」

〔六〕絕壁千尋凌杳靄：絕壁，意指山之高大和險峭。陽明詩《琅琊山中三首》其
　　　二：「絕壁倒翻銀海浪。」南朝・宋・謝靈運《登石門最高頂》：「晨策尋絕

壁，夕息在山樓。」千尋，古以八尺為一尋，形容極高或極長。唐·孟郊《送蕭鍊師入四明山》：「千尋直裂峰，百尺倒瀉泉。」杳靄，雲霧飄緲的樣子。宋·朱熹《次圭父游將軍巖韻二首》其一：「極目危岑杳靄間，誰將層棟壓巉屼。」

〔七〕宣尼叟：指孔子。漢代追諡稱孔子為褒成宣尼公，故宣尼即後世對孔子的代稱。

〔八〕誰信申棖未是剛：《論語·公冶長》：「子曰：『吾未見剛者。』或對曰：『申棖。』子曰：『棖也欲，焉得剛？』」

其三

路僻〔一〕官卑病益閑，空林〔二〕惟聽鳥間關〔三〕。地無醫藥憑書卷，身處蠻夷亦故山。用世謾懷伊尹恥〔四〕，思家獨切老萊斑〔五〕。夢魂兼喜無餘事，只在耶溪舜水灣〔六〕。

【校注】

〔一〕路僻：指人跡罕至之地。宋·陸游《得所親廣州書》：「人稀野店山魈語，路僻蠻村荔子繁。」陽明詩亦有《送蔡希顏》：「路僻迷樹深。」

〔二〕空林：渺無人跡的樹林。晉·張協《雜詩》其六：「咆虎響窮山，鳴鶴聒空林。」唐·杜甫《一室》：「一室他鄉遠，空林暮景懸。」

〔三〕間關：狀聲詞，形容鳥鳴聲。唐·韓愈《幽懷》：「間關林中鳥，亦知和為音。」

〔四〕伊尹恥：伊尹，商湯大臣，名伊，一名摯，尹是官名。是湯妻陪嫁的奴隸，後助湯伐夏桀，被尊為阿衡。湯去世後歷佐卜丙（即外丙）、仲壬二王。後太甲即位，因荒淫失度，被伊尹放逐到桐宮，三年後迎之復位。三國·魏·曹植《求通親親表》：「伊尹恥其君不為堯舜，孟子曰：『不以事堯事其君者，不敬其君者也。』」

〔五〕老萊斑：指老萊子斑衣戲蝶的故事。《孟子》趙岐注：「老萊子七十而慕，衣五彩之衣，為嬰兒匍匐於父母前也。」唐·徐堅《初學記·孝第》：「《孝子傳》曰：老萊子至孝，奉二親，行年七十，著五綵褊襴衣，弄鶵鳥於親側。」

〔六〕耶溪：即若耶溪。後魏·酈道元《水經注》：「若耶溪，水上承山焦嶺、麻溪谿之下，孤潭周數畝麻，潭下注若耶溪，水至清照，眾山倒影，窺之如畫。宋·樂史《太平寰宇記》：「若耶溪在會稽縣東二十八里。按《水經》云：若

耶溪東，方數丈，冬溫夏涼，漢太尉鄭弘宿居潭側，因以名。」此處指代陽明的家鄉餘姚。

其四

臥龍〔一〕一去忘消息，千古龍岡〔二〕漫有名。草屋〔三〕何人方管樂〔四〕，桑間無耳聽咸英〔五〕。江沙漠漠遺雲鳥，草木蕭蕭動甲兵。好共鹿門龐處士，相期採藥入青冥。

【校注】

〔一〕臥龍：喻隱居或尚未嶄露頭角的傑出人材。《三國志·蜀志·諸葛亮傳》：「諸葛孔明者，臥龍也。」宋·張載《八翁吟》其九：「襄中斜谷臥龍翁，量如江海氣如虹。不應三顧逢先主，至今千載慕冥鴻。」

〔二〕龍岡：《乾隆貴州通志·地理·修文縣》：「龍岡，在城東南二里。明王守仁構何陋軒、君子亭處。」

〔三〕草屋：指自己所居住的破舊房屋。晉·陶潛《歸園田居》其一：「方宅十餘畝，草屋八九間。」

〔四〕管樂：管仲、樂毅。《三國志·蜀志·諸葛亮傳》曰：「亮躬耕隴畝，好為梁父吟，身長八尺，每自比於管仲、樂毅，時人莫之許也。惟博陵崔州平、潁川徐庶元直與亮友善，謂為信然。」唐·高適《奉酬睢陽李太守》：「未能方管樂，翻欲慕巢由。」

〔五〕咸英：即咸池、六英，皆上古雅樂。《莊子外篇·天地》：「大聲不入於里耳。」晉·郭象注：「大聲，司馬云謂咸池六英之樂也。」唐·庾肩吾《奉使北徐州參丞御》：「咸英起雲鳳，率舞間笙鏞。」

【著錄】

明·曹學佺編《石倉歷代詩選》卷四百五十五著錄此詩。

其五

歸與〔一〕吾道在滄浪〔二〕，顏氏〔三〕何曾擊柝〔四〕忙？枉尺〔五〕已非賢者事，斲輪〔六〕徒有古人方。白雲晚憶歸巖洞，蒼蘚春應遍石床。寄語峰頭雙白鶴，野夫〔七〕終不久龍場。

【校注】

〔一〕歸與：《論語·鄉黨》：「子在陳曰：『歸與！歸與！吾黨之小子狂簡，斐然成

章，不知所以裁之也。』」

〔二〕滄浪」，即漢水。《楚辭·魚父》：「滄浪之水清兮，可以濯吾纓；滄浪之水濁
　　　兮，可以濯吾足。」

〔三〕顏氏：指孔子的學生顏回。孔子對顏回很是推崇，《論語·雍也》：「子曰：『賢
　　　哉！回也！一簞食，一瓢飲，在陋巷，人不堪其憂，回也不改其樂。賢哉！
　　　回也！』」

〔四〕擊柝：敲梆巡夜的小吏。《孟子·萬章下》：「仕非為貧也，而有時乎為貧；娶
　　　妻非為養也，而有時乎為養。為貧者，辭尊居卑，辭富居貧。辭尊居卑，辭
　　　富居貧，惡乎宜乎？抱關擊柝。」漢·趙岐注：「抱關擊柝，監門之職也。」
　　　唐·杜甫《暮歸》：「霜黃碧梧白鶴棲，城上擊柝復烏啼。」

〔五〕枉尺：比喻小有所損，而大有所獲。《孟子·滕文公下》：「枉尺而直尋，宜若
　　　可為也。」宋·朱熹注：「枉，屈也；直，伸也。八尺曰尋，所屈者小，所伸
　　　者大也。」宋·邵雍《高竹》其三：「枉尺既不能，括囊又何謝。」

〔六〕斫輪：比喻熟練而高超的技藝。《莊子外篇·天道》：輪扁對齊桓公曰：『斫輪
　　　不疾不徐，得之於手應之於心。』」宋·黃庭堅《戲題小雀捕飛蟲畫扇》：「丹
　　　青妙處不可傳，輪扁斲輪如此用。」

〔七〕野夫：隱居者的代稱，此處是作者自指。《禮記·郊特牲》：「野夫黃冠。黃冠，
　　　草服也。」孔穎達疏：「田夫則野夫也。」唐·白居易《閒夜詠懷因招周協律
　　　劉薛二秀才》：「世名檢束為朝士，心性疏慵是野夫。」

答毛拙庵〔一〕見招書院

　　野夫病臥成疏懶〔二〕，書卷長拋舊學荒〔三〕。豈有威儀〔四〕堪法象
〔五〕？實慚文檄〔六〕過稱揚。移居正擬投醫肆，虛席〔七〕仍煩避講堂。
範我定應無所獲〔八〕，空令多士〔九〕笑王良〔十〕。

【編年】

　　此詩正德三年（1508）作於貴州龍場。

【校注】

〔一〕毛拙庵：毛科，字應奎，號拙庵。正德三年，任貴州按察司副使並提學副使。
　　　《雍正浙江通志》：「毛科，餘姚人，貴州提學副使。」另陽明有書信《答毛
　　　憲副書》《送毛憲副致仕歸桐江書院序》，並為其作《遠俗亭記》。

〔二〕疏懶：懶散。《北齊書·李繪傳》：「下官膚體疏懶，手足遲鈍，不能逐飛追走

以事佞人。」晉・嵇康《与山巨源絕交書》：「性复疏懶，筋駑肉緩。」唐・杜甫《佐還山後寄三首》其一：「舊諳疏懶叔，須汝故相攜。」宋・蘇軾《東湖》：「予今正疏懶，官長幸見函。」

〔三〕舊學荒：昔日所學都已荒廢了。宋・朱熹《鵝湖寺和陸子壽》：「舊學商量加邃密，新知培養轉深沉。」宋・陸游《秋晚書懷》：「結廬窮僻新知少，屬疾沈綿舊學荒」。

〔四〕威儀：莊重的儀容舉止。二字出自《詩經・大雅・抑》：「抑抑威儀，維德之隅。人亦有言，靡哲不愚。」漢・鄭玄注曰：「人密審於威儀者，是其德必嚴正也。故古之賢者道行心平，可外占而知內，如宮室之制，內有繩直，則外有廉隅也。」朱熹注曰：「有哲人之德者，固必有哲人之威儀矣。而今之所謂哲者，未嘗有其威儀，則是無哲而不愚矣。」

〔五〕法象：效仿。《墨子・辭過》：「為宮室若此，故左右皆法象之。」《漢書・禮樂志》：「今幸有前聖遺制之威儀，誠可法象而補備之，經紀可因緣而存著也。」

〔六〕文檄：文書，即毛憲副招陽明進書院之文書。檄，文體名。古官府用以徵召、曉喻、聲討的文書。

〔七〕虛席：空著座位等候，表示禮賢。宋・元絳《陳升之起復集賢殿大學士制》：「久虛席以思賢，宜敷朝而渙號。」

〔八〕範我定應無所獲：以我為範一定無所收穫。陽明反用「王良」之典。

〔九〕多士：《詩經・大雅・文王》：「世之不顯，厥猶翼翼。思皇多士，生此王國。王國克生，維周之楨。濟濟多士，文王以寧。」宋・朱熹《詩集傳》曰：「此承上章而言。其傳世豈不顯乎？而其謀猷皆能勉敬如此也。美哉，此眾多之賢士，而生於此文王之國也！文王之國，能生此眾多之士，則足以為國之幹，而文王亦賴以為安矣。蓋言文王得人之盛，而宜其傳世之顯也。」

〔十〕王良：《孟子・滕文公》：「昔者趙簡子使王良與嬖奚乘，終日而不獲一禽。嬖奚反命曰：『天下之賤工也。』或以告王良。良曰：『請復之。』強而後可，一朝而獲十禽。嬖奚反命曰：『天下之良工也。』簡子曰：『我使掌與女乘。』謂王良。良不可，曰：『吾為之範我馳驅，終日不獲一；為之詭遇，一朝而獲十。《詩》云：不失其馳，舍矢如破。我不貫與小人乘，請辭。』御者且羞與射者比，比而得禽獸，雖若丘陵，弗為也。如枉道而從彼，何也？且子過矣，枉己者未有能直人者也。」宋・朱熹《孟子集注》曰：「或曰：『居今之世，出處去就，不必一一中節，欲其一一中節，則道不得行矣。』楊氏曰：『何其

不自重也！枉已其能直人乎？古之人寧道之不行，而不輕其去就，是以孔孟雖在春秋戰國之時，而進必以正，以至終不得行而死也。使不邮其去就而可以行道，孔孟當先為之矣。孔孟豈不欲道之行哉？』」

老檜

老檜〔一〕斜生古驛傍，客來繫馬解衣裳。托根非所〔二〕還憐汝，直幹不撓終異常。風雪凜然存節概〔三〕，刮摩聊爾見文章〔四〕。何當移植山林下，偃蹇〔五〕從渠〔六〕拂漢蒼〔七〕。

【編年】

此詩正德三年（1508）作於貴州龍場。

【校注】

〔一〕老檜：檜樹，柏科，常綠喬木。其壽命可長達數百年，故稱老檜。

〔二〕托根非所：生長的不是地方。

〔三〕風雪凜然存節概：風雪寒烈之中依然保持志節氣概，望之令人敬畏。

〔四〕文章：錯雜的色彩或花紋。《後漢書·張衡傳》：「文章煥以粲爛兮，美紛紜以從風。」

〔五〕偃蹇：高聳的樣子。《楚辭·離騷》：「望瑤臺之偃蹇兮，見有娀之佚女。」漢·王逸注：「偃蹇，高貌。」唐·盧照鄰《於時春也慨然有江湖之思寄贈柳九隴》：「晨攀偃蹇樹，暮宿清泠泉。

〔六〕從渠：任其。宋·蘇軾《芙蓉城》：「從渠一念三千齡，下作人間尹與邢。」宋·陸游《和范待制秋興》：「一生不作牛衣泣，萬事從渠馬耳風。」

〔七〕漢蒼：漢，雲漢，即雲霄。蒼，指天，天空。宋·蘇軾《擇勝亭銘》：「維古潁城因潁為隍，倚舟於門美哉，洋洋如淮之甘，如漢之蒼，如洛之溫，如浚之涼。」

却巫

臥病空山〔一〕無藥石〔二〕，相傳土俗事神巫〔三〕。吾行久矣將焉禱〔四〕？眾議紛然反見迂〔五〕。積習片言容未解〔六〕，輿情三月或應孚〔七〕。也知伯有〔八〕能為厲，自笑孫僑〔九〕非丈夫。

【編年】

此詩正德三年（1508）作於貴州龍場。

【校注】

〔一〕空山：幽深少人的山林。唐・韋應物《寄全椒山中道士》：「落葉滿空山，何處尋行跡？」

〔二〕藥石：藥材和砭石，泛指藥物。《列子・楊朱》：「及其病也，無藥石之儲；及其死也，無瘞埋之資。」

〔三〕神巫：巫醫。

〔四〕吾行久矣將焉禱：《論語・述而》：「子疾病，子路請禱。子曰：『有諸？』子路對曰：『有之。誄曰禱爾於上下神祇。』子曰：『丘之禱久矣！』」

〔五〕迂：迂腐，不通事理。

〔六〕積習片言容未解：村民們一直以來信奉巫醫的習慣，是我用隻言片語難以與他們解釋清楚的。積習，長期形成的習慣，一般是不好的習慣。

〔七〕輿情三月或應孚：眾人們多月以來議論紛紛，也許我應該不辜負了他們的好意。輿情，群情。孚，信服。

〔八〕伯有：代稱受屈或含冤而死的人。春秋時鄭大夫良霄，字伯有。他主持國政時，和貴族駟帶發生爭執，被殺於羊肆，死後變為厲鬼。《左傳》：「鄭人相驚以伯有，曰伯有至矣，則皆走不知所往。」晉・杜預注：「襄三十年，鄭人殺伯有，言其鬼至。」唐・吳融《偶題》：「莫道精靈無伯有，尋聞任俠報爰絲。」

〔九〕孫僑：即公孫僑，字子產。《左傳》：「子大叔問其故，子產曰：『鬼有所歸，乃不為厲，吾為之歸也。』」宋・林堯叟注：「言鬼有宗廟則得其所，鬼乃不為惡厲以害於民，我立二人使有宗廟以為之依歸也。」

過天生橋〔一〕

水光如練落長松，雲際天橋隱白虹。遼鶴不來華表爛〔二〕，仙人一去石橋空〔三〕。徒聞鵲駕〔四〕橫秋夕，謾說秦鞭到海東〔五〕。移放長江還濟險〔六〕，可憐虛卻萬山中〔七〕。

【編年】

此詩正德三年（1508）作於貴州龍場。

【校注】

〔一〕天生橋：位於今距修文縣城西北。《明一統志・貴州宣慰使司》：「天生橋，在安撫司北三十里，石壁千仞，環繞如城，水流其下，人行其上，坦平若橋。」

〔二〕遼鶴不來華表爛：晉·陶潛《搜神後傳》：「丁令威，本遼東人，學道於靈虛山，後化鶴，歸遼集城門華表柱。時有少年舉弓欲射之，鶴乃飛，徘徊空中而言曰：『有鳥有鳥丁令威，去家千年今始歸。城郭如故人民非，何不學仙冢纍纍。』遂高上沖天。今遼東諸丁云其先世有升仙者，但不知名字耳。」宋·陳襄《和子瞻》其二：「緱笙一闋人何在，遼鶴重來事已非。」元·戴良《承君衡叔幹遠送賦此以別》：「半生望眼迷遼鶴，一夜歸心到蜀鵑。」

〔三〕仙人一去石橋空：相傳天生橋乃是仙人攢合兩山而成，仙人已去，徒留一座空橋。

〔四〕鵲駕：亦作鵲橋。古傳七夕鵲為橋，以度織女也。

〔五〕謾說秦鞭到海東：宋·樂史《太平寰宇記》引《三齊略記》云：「秦始皇造石橋，渡海觀日出處，有神人召石，下城陽一十山石遣東下，岌岌相隨，如行狀，石去不駛，神人鞭之，皆見血。今驗召石山之下其石有色，盡赤焉。」

〔六〕濟險：救險、救危。

〔七〕可憐虛卻萬山中：可惜卻白白置放在這萬山之中。

【著錄】

明·曹學佺編《石倉歷代詩選》卷四百五十五著錄此詩。

南霽雲祠〔一〕

死矣中丞〔二〕莫謾疑，孤城援絕久知危。賀蘭未滅〔三〕空遺恨，南八如生定有為〔四〕。風雨長廊嘶鐵馬〔五〕，松杉陰霧卷靈旗〔六〕。英魂千載知何處？歲歲邊人〔七〕賽〔八〕旅祠〔九〕。

【編年】

此詩正德三年（1508）作於貴州貴陽。

【校注】

〔一〕南霽雲祠：在今貴陽中華南路忠烈宮。《乾隆貴州通志·營建·壇廟》：「忠烈廟，在府城中大街，俗名黑神廟，祀唐南霽雲。明正毓問按察使王憲建慮，請賜額，一在修女縣北門外里許，一在舊息烽所城內。」
南霽雲，《新唐書·忠義中·許遠傳》附《南霽雲傳》：「南霽雲者，魏州頓丘人。少微賤，為人操舟，祿山反，鉅野尉張沼起兵討賊，拔以為將。霽雲善騎射，見賊百步內乃發，無不應弦斃。」韓愈《張中丞傳後序》記載：「南霽

雲之乞救於賀蘭也，賀蘭嫉巡遠之聲，威功績出已上，不肯出師救。愛霽雲之勇且壯，不聽其語，強留之，且食與樂，延霽雲坐。霽雲慷慨語曰：『雲來時睢陽之人，不食月餘日矣。雲雖欲獨食，義不忍，雖食且不下咽。』因拔所佩刀斷一指，血淋漓以示賀蘭。一座大驚，皆感激為雲泣下。雲知賀蘭終無為，雲出師意即馳去。出城，抽矢射佛寺浮圖，矢著其上甎半箭，曰：『吾歸破賊，必滅賀蘭，此矢所以志也。』城陷，賊以刃脅降巡，巡不屈，即牽去，將斬之，又降霽雲，雲未應，巡呼雲曰：『南八，男兒死耳，不可為不義屈。』雲笑曰：『欲將以有為也，公有言，雲敢不死？』即不屈。」後文南八亦指此人。

〔二〕中丞：即張巡。《新唐書·忠義中·張巡傳》：「張巡，字巡，鄧州南陽人。博通群書，曉戰陣法，氣志高邁，略細節。所交必大人長者，不與庸俗合時人叵知也。安祿山反，天寶十五載正月，賊酋張通晤陷宋曹等州，譙郡太守楊萬石降賊，逼巡為長史，使西迎賊軍，巡率吏哭玄元皇帝祠，遂起兵討賊，從者千餘。」

〔三〕賀蘭未滅：賀蘭，即賀蘭進明。見注〔一〕。

〔四〕有為：有所作為。《周易·繫辭上》：「是以君子將有為也。」

〔五〕鐵馬：此處作兩解。一則為實寫，指懸於檐間的風鈴。一則為虛寫，指配有鐵甲的戰馬的雄師勁旅。陽明立於長廊之上，仿佛聽見金戈鐵馬般的廝殺。

〔六〕靈旗：亦作兩解。一則指祠堂所懸掛的幡旗。一則指戰旗。《史記·孝武本紀》：「其秋，為伐南越，告禱泰一，以牡荊畫幡日月北斗登龍，以象天一三星，為泰一鋒，名曰『靈旗』。為兵禱，則太史奉以指所伐國。」《漢書·禮樂志》：「招搖靈旗，九夷賓將。」唐·顏師古注：「畫招搖於旗以征伐，故稱靈旗。」

〔七〕邊人：可作兩解。一指邊遠之人，即黔地人民祭祀南霽雲祠。一作戍邊之人。《國語·魯語上》：「晉人殺厲公，邊人以告。吳·韋昭注：「邊人，疆場之司也。」唐·王建《送人》：「邊人易封侯，男儿戀家鄉。」

〔八〕賽：舊時祭祀酬神之稱，此處指祭祀南八祠堂。

〔九〕旅祠：祠堂不在所祀者的故鄉，稱旅祠。

【著錄】

清·鄂爾泰修，杜詮纂《乾隆貴州通志》卷四十六著錄此詩，題為《南守軍廟》。

春晴

　　林下春晴風漸和〔一〕，高巖殘雪已無多。遊絲〔二〕冉冉〔三〕花枝靜，青璧迢迢〔四〕白鳥過。忽向山中懷舊侶，幾從洞口夢煙蘿〔五〕。客衣〔六〕塵土終須換，好與湖邊長芰荷〔七〕。

【編年】

　　此詩正德四年（1509）作於貴州貴陽。

【校注】

〔一〕和：平靜溫和。

〔二〕遊絲：指飄蕩在空中的蛛絲。南朝·梁·沈約《八詠詩經·會圃臨春風》：「遊絲曖如網，落花霧似霧。」

〔三〕冉冉：柔弱下垂的樣子。三國·魏·曹植《美女篇》：「柔條紛冉冉，葉落何翩翩。」

〔四〕迢迢：高高的樣子。晉·陸機《擬西北有高樓》：「高樓一何峻，迢迢峻而安。」

〔五〕煙蘿：草樹茂密，煙聚蘿纏的地方，借指幽隱之地。唐·白居易《青龍寺早夏》：「胡為戀朝市，不去歸煙蘿。」宋·蘇舜欽《離京後作》：「脫身離網罟，含笑入煙蘿。」

〔六〕客衣：指客居者的衣著。南北朝·庾信《對燭賦》：「龍沙雁塞甲應寒，天山月沒客衣單。」唐·杜甫《醉歌行》：「風吹客衣日杲杲，樹攪離思花冥冥。」

〔七〕芰荷：指菱葉與荷葉。《楚辭·離騷》：「製芰荷以為衣兮，集芙蓉以為裳。」唐·杜甫《章梓州水亭》：「城深通雲霧，亭深到芰荷。」

【著錄】

　　明·曹學佺編《石倉歷代詩選》卷四百五十五著錄此詩。

陸廣〔一〕曉發

　　初日瞳瞳〔二〕似曉霞，雨痕新霽〔三〕渡頭沙。溪深幾曲雲藏峽，樹老千年雪作花。白鳥〔四〕去邊回驛路，青崖缺處見人家。遍行奇勝纔經此，江上無勞〔五〕羨九華〔六〕。

【編年】

　　此詩正德四年（1509）作於貴州修文。

【校注】

〔一〕陸廣：在今修文縣六廣鎮。《乾隆貴州通志·地理·修文縣》：「陸廣渡，在城
　　東北三十里。」《大清一統志·貴陽府·津梁》：「陸廣渡，在修文縣廢濯靈所
　　西二十里。」

〔二〕瞳瞳：日出時光亮的樣子。唐·白居易《續古詩十首》其十：「春旦日初出，
　　瞳瞳耀晨輝。」唐·白居易《和錢員外禁中夙興見示》：「窅窅鍾漏盡，瞳瞳
　　霞景初。」

〔三〕新霽：雨、雪後初晴。戰國·楚·宋玉《高唐賦》：「遇天雨之新霽兮，觀百穀
　　之俱集。」唐·白居易《池上即事》：「久陰新霽宜絲管，苦熱初涼入綺羅。」

〔四〕白鳥：白色羽毛的鳥，鶴、鷺之類。《詩經·大雅·靈臺》：「麀鹿濯濯，白鳥
　　翯翯。」唐·杜甫《曲江對酒》：「桃花細逐楊花落，黃鳥時兼白鳥飛。」唐·
　　杜甫《雨四首》其一：「紫崖奔處黑，白鳥去邊明。」

〔五〕無勞：無須、不用。唐·杜甫《有感》其二：「慎勿吞青海，無勞問越裳。」

〔六〕九華：九華山。見前注。

【著錄】

　　明·曹學佺編《石倉歷代詩選》卷四百五十五、清·張豫章輯《四朝詩》
卷七十八、清·陳田輯《明詩紀事》丁籤卷十三著錄此詩；清·鄂爾泰修，杜
詮纂《乾隆貴州通志》卷四十六著錄此詩，題為《六廣曉發》；清·錢謙益輯
《列朝詩集》丙集卷四著錄此詩。

雪夜

　　天涯久客歲侵尋〔一〕，茆屋新開楓樹林。漸慣省言〔二〕因病齒〔三〕，
屢經多難〔四〕解安心。猶憐未繫蒼生望，且得閒為白石吟〔五〕。乘興最
堪風雪夜〔六〕，小舟何日返山陰〔七〕？

【編年】

　　此詩正德四年（1509）作於貴州龍場。

【校注】

〔一〕侵尋：亦作侵潯，漸進，漸次發展。宋·王安石《慾歸》：「塞垣春錯莫，行
　　路老侵尋。」金·蔡松年《晚夏驛騎再之涼陘觀獵山間往來十有五日因書成
　　詩》：「可憐歲月易侵尋，慚愧山川知我心。」

〔二〕省言：反省自己的言行舉止。唐·白居易《五塞人望歸眾心在慎言動之初》：「是以古之天子，口不敢戲言，身不敢妄動，動必三省言。」

〔三〕病齒：陽明從赴謫貴州開始，就多次提到病齒。如《長沙答周生》：「旅倦憩江觀，病齒廢談誦。」《遊嶽麓書事》：「不獨病齒畏風濕，泥潦侵途絕行旅。」《答人問神仙》：「僕誠生八歲而即好其說，今已餘三十年矣，齒漸搖動，髮已有一二莖變化成白。」

〔四〕多難：《詩經·周頌·訪落》：「維予小子，未堪家多難。」漢·鄭玄箋：「多，眾也。我小子耳，未任統理國家眾難成之事……難成之事，謂諸政有業未平者。」《詩經·周頌·小毖》：「未堪家多難。」漢·鄭玄箋：「我又會於辛苦，遇三監及淮夷之難也。」唐·杜甫《登樓》：「花近高樓傷客心，萬方多難此登臨。」

〔五〕白石吟：同「飯牛歌」。典出《呂氏春秋·舉難》：「甯戚欲干齊桓公，窮困無以自進。於是為商旅，將任車以至齊，任亦將也，暮宿於郭門之外。桓公郊迎客，夜開門，辟任車，爝火甚盛，從者甚眾，甯戚飯牛居車下，望桓公而悲，擊牛角疾歌。」漢·蔡邕《琴操》：「甯戚飯牛車下叩角而商歌曰：『南山矸，白石礦，生不逢堯與舜禪，短布單衣裁至骭，長夜冥冥何時旦。』」唐·陸龜蒙《同皮襲美訪寂上人》：「明時尚阻青雲步，半夜猶追白石吟。」元·王旭《上高侍郎聖舉》：「高門不厭麻衣客，試作南山白石吟。」

〔六〕乘興最堪風雪夜：南朝·宋·劉義慶《世說新語·任誕》：「王子猷居山陰，夜大雪，眠覺，開室，命酌酒，四望皎然，因起仿偟詠左思《招隱詩》，忽憶戴安道。時戴在剡，即便夜乘小船就之，經宿方至，造門不前而返。人問其故，王曰：『吾本乘興而行，興盡而返，何必見戴？』」宋·蘇軾《題永叔會老堂》：「乘興不辭千里遠，放懷還喜一樽同。」

〔七〕山陰：即陽明故鄉。《萬曆紹興府志》：「山陰縣，越王句踐都。秦始皇三十七年，徙大越民，置餘杭。伊攻故鄣，因徙天下有罪適吏民置，故大越處以備東海外，乃更名大越，曰山陰。《會稽土地志》云：『邑在山之陰。』」

【著錄】

明·曹學佺編《石倉歷代詩選》卷四百五十五著錄此詩。

元夕二首

【編年】

此詩正德四年（1509）作於貴州龍場。

其一

故園今夕是元宵，獨向蠻村〔一〕坐寂寥〔二〕。賴有遺經〔三〕堪作伴，喜無車馬〔四〕過相邀。春還草閣梅先動〔五〕，月滿虛庭雪未消。堂上花燈諸弟集，重闈〔六〕應念一身〔七〕遙。

【校注】

〔一〕蠻村：荒村。宋·蘇軾《題過所畫枯木竹石》之三：「倦看澀勒暗蠻村，亂棘孤藤束瘴根。」宋·陸游《得所親廣州書》：「人稀野店山魈語，路僻蠻村荔子繁。」

〔二〕寂寥：寂靜無聲。漢·劉向〈九歎·惜賢〉：「聲嗷嗷以寂寥兮，顧僕夫之憔悴。」漢·王逸注：「寂寥，空無人民之貌也。」唐·孟浩然《夜歸鹿門歌》：「巖扉松徑長寂寥，惟有幽人夜來去。」

〔三〕遺經：指古代留傳下來的經書。漢·伏勝《尚書大傳》：「間有伏生巋然久存，獨能壽遺經於胸臆，以傳來學而新生民之耳目哉。」宋·朱熹《送德和弟歸婺源二首》其二：「十年寂寞抱遺經，聖路悠悠不計程。」

〔四〕車馬：車、馬是古代陸上最主要交通工具，此處指應酬。《詩經·小雅·十月之交》：「擇有車馬，以居徂向。」唐·孟浩然《大堤行寄萬七》：「大隄行樂處，車馬相馳突。」

〔五〕梅先動：梅花開。宋·劉子翬《次韻盧贊元喜雪》：「也知近郭梅先動，只恐行春路未乾。」

〔六〕重闈：舊稱父母或祖父母。唐·謝朓《休沐重還丹陽道中》：」志狹輕軒冕，恩甚戀重闈。」宋·岳珂《桯史·周益公降官》：「尊重闈而濡浹於慶施。」

〔七〕一身：謂獨自一人，作者自謂。《戰國策·趙策三》：「世以鮑焦無從容而死者，皆非也。今眾人不知，則為一身。」朱熹《梅溪胡氏客館觀壁間題詩自警二絕》：「十年湖海一身輕，歸對黎渦卻有情。」

【著錄】

明·曹學佺編《石倉歷代詩選》卷四百五十五、清·朱彝尊編《明詩綜》卷三十二、清·鄂爾泰修，杜詮纂《乾隆貴州通志》卷四十六著錄此詩。

其二

去年今日臥燕臺〔一〕，銅鼓〔二〕中宵〔三〕隱地雷。月傍苑樓燈彩淡，風傳閣道〔四〕馬蹄回。炎荒萬里頻回首，羌笛〔五〕三更謾自哀。尚憶先

朝〔六〕多樂事，孝皇曾為兩宮開〔七〕。

【校注】

〔一〕燕臺：指戰國時燕昭王所築的黃金臺，相傳燕昭王築臺以招納天下賢士，故也稱賢士臺、招賢臺。此處指朝廷。唐·李白《江上答崔宣城》：「謬忝燕臺召，而陪郭隗蹤。」唐·韓翃《送客之上谷》：「披衣朝易水，匹馬夕燕臺。」

〔二〕銅鼓：古代西南少數民族所使用的樂器，俗稱「諸葛鼓」。唐·杜佑《通典·權量》：「銅鼓，鑄銅為之，虛其一面，覆而擊其上。南夷、扶南、天竺類，皆如此。嶺南豪家則有之大者，廣丈餘。」宋·范成大《桂海虞衡志·志器》：「銅鼓，古蠻人所用。南邊土中時有掘得者，相傳為馬伏波所遺，其制如坐墩而空其下。滿鼓皆細花紋，極工緻。四角有小蟾蜍。兩人舁行，以手拊之，聲全似鞞鼓。」

〔三〕中宵：半夜。魏·曹植《愁霖賦》：「中宵臥而歎息，起飾帶而撫琴。」陸機《贈尚書郎顧彥先二首》其二：「迅雷中宵激，驚電光夜舒。」

〔四〕閣道：古宮苑中架木通車的覆道。唐·王維《奉和聖制從蓬萊向興慶閣道中留春雨中春望之作應制》：「鑾輿迥出仙門柳，閣道迴看上苑花。」唐·元稹《春六十韻》：「層臺張舞鳳，閣道架飛虹。」

〔五〕羌笛：古代的管樂器，長二尺四寸，三孔或四孔，因出於羌中，故名羌笛。唐·王之渙《涼州詞》其一：「羌笛何須怨楊柳，春風不度玉門關。」此處指黔地少數民族的樂器。

〔六〕先朝：前朝，即孝宗朝。後句孝皇亦是此意。

〔七〕孝皇：事母周太后至孝的明憲宗，而非明孝宗。

兩宮：兩宮太后，指英宗孝莊皇后錢氏與憲宗生母周太后。《明史》卷一百十三《英宗孝莊錢皇后傳》曰：「英宗孝莊皇后錢氏，海州人。正統七年，立為后。帝憫后族單微，欲侯之，后輒遜謝，故后家獨無封。英宗北狩，傾中宮貲佐迎駕。夜哀泣籲天，倦即臥地，損一股。以哭泣復損一目。英宗在南宮，不自得，后曲為慰解。后無子，周貴妃有子，立為皇太子。英宗大漸，遺命曰：『錢皇后千秋萬歲後，與朕同葬。』大學士李賢退而書之冊。憲宗立，上兩宮徽號，下廷臣議。太監夏時希貴妃意，傳諭獨尊貴妃為皇太后。大學士李賢、彭時力爭，乃兩宮並尊，而稱后為慈懿皇太后。」同卷《孝肅周太后傳》曰：「孝肅周太后，英宗妃憲宗生母也，昌平人。天順元年封貴妃。憲宗即位，尊為皇太后。……先是憲宗在位，事太后至孝，五日一朝，燕享必親，

太后意所欲，惟恐不懌。」

兩宮開：明憲宗為向兩宮太后盡孝，擬於次年元宵張燈，並命翰林詞臣撰寫詩詞。當時外有邊患，內有叛亂，且有江西湖廣旱災，翰林編修章懋等上疏勸諫，觸怒明憲宗，被庭杖貶謫。

《明實錄》成化三年十二月九日記載曰：「調翰林院編修章懋為湖廣臨武縣知縣、黃仲昭湘潭縣知縣、檢討莊㷿桂陽州判官。時以明年上元張燈，命翰林詞臣撰詩詞。懋等上疏，以為：陛下張燈之舉，或者兩宮皇太后在上，欲極孝養，奉其歡心。然大孝在乎養志。臣等伏覩兩宮母后恭儉慈仁之德著於天下，坤儀貞靜，豈以張燈為樂哉？況今兩廣弗靖，四川未寧，遼東賊情難測，北虜尤當深慮，江西、湖廣亢旱數千里，民不聊生，雖蒙優詔賑卹，而公私匱乏，計無所出，可為寒心。此正宵旰焦勞，不遑暇食之時，兩宮母后同憂天下之日。至如翰林之官，以論思代言為職，雖曰供奉文字，然鄙俚不經之詞，豈宜進於君上？固不可曲引宋祁、蘇軾之教坊致語，以自取侮慢不敬之罪。臣等又嘗伏讀宣宗章皇帝《御製翰林院箴》有曰：『啟沃之言，惟義與仁，堯舜之道，鄒孟以陳。』今張燈之舉，恐非堯舜之道；應制之詩，恐非仁義之言。臣等知陛下之心，即祖宗之心，故不敢以是妄陳於上。且知其不可，猶順而為之，是不忠也。知不可為，而不以實聞，是不直也。不忠不直，臣罪大矣。伏願採芻蕘之言，於此等事，一切禁止。疏入，上曰：『元宵張燈，儒臣應制撰詩，歷代有之。祖宗以來，不廢此典。朕今視舊減省，止存其禮，以奉兩宮聖母，豈至妨政害民？懋等不通典故，妄言譏議，難居文翰之職。』命杖之，調外任。」

《明史》卷一百七十九《章懋傳》亦載其事。

【著錄】

清·朱彝尊《明詩綜》卷三十二著錄此詩。

家僮作紙燈

寥落〔一〕荒村燈事〔二〕賒〔三〕，蠻奴試巧剪春紗。花枝綽約〔四〕含輕霧，月色玲瓏〔五〕映綺霞。取辦不徒酬令節〔六〕，賞心〔七〕兼是惜年華。如何京國王侯第，一盞中人產十家。

【編年】

此詩正德四年（1509）作於貴州龍場。

【校注】

〔一〕寥落：冷落、冷清。唐・張九齡《南還以詩代書贈京都舊寮》：「去國誠寥落，經途弊險巇。」

〔二〕燈事：指元宵節張燈遊樂之事。

〔三〕賒：稀少。

〔四〕綽約：柔婉美好的樣子，此處擬以少女姿態喻花枝。《莊子・逍遙遊》：「肌膚若冰雪，綽約若處子。」

〔五〕玲瓏：明澈清亮的樣子。漢・揚雄〈甘泉賦〉：「前殿崔巍兮，和氏玲瓏。」李善注引晉灼曰：「玲瓏，明見貌也。」唐・韓愈《題百葉桃花》：「百葉雙桃晚更紅，窺窗映竹見玲瓏。」沈約《登臺望秋月》：「散朱庭之奕奕，入青瑣而玲瓏。」李白玉階怨：「卻下水精簾，玲瓏望秋月。」

〔六〕取辦不徒酬令節：置辦紙燈不僅僅是為了應景佳節。令節，佳節。

〔七〕賞心：娛悅心志。宋・邵雍《同程郎中父子月陂上閒步吟》：「必期快作賞心事，卻恐賞心難便來。」

【著錄】

明・曹學佺編《石倉歷代詩選》卷四百五十五著錄此詩。

白雲堂〔一〕

白雲僧舍市橋東，別院回廊小徑通。歲古籛松存獨幹，春還庭竹發新叢。晴窗〔二〕暗映群峰雪，清梵〔三〕長飄高閣風。遷客〔四〕從來甘寂寞，青鞋〔五〕時過月明中。

【編年】

此詩正德四年（1508）作於貴州貴陽。

【校注】

〔一〕白雲堂：在貴陽。束景南《王陽明年譜長編》：「白雲堂，向來不知在何處，今按詩明云『白雲僧舍市橋東』，可見白雲堂乃僧寺，即白雲寺也。白雲寺（中有白雲堂）為貴陽名剎，由西識禪師創建，一名西普陀寺，與遼北普陀寺、閩南普陀寺、舟山東普陀寺齊名，今重建於貴陽市白雲區雲峰大道龍井路，蓋原址也。」〔註2〕

〔註2〕束景南《王陽明年譜長編》，第513頁。

〔二〕晴窗：明亮的窗戶。宋・蘇軾《記夢回文二首並敘》其二：「紅焙淺甌新活火，
　　　龍團小碾鬭晴窗。」宋・朱熹《和章國華祈雨呈平父諸兄三首》其三：「晴窗
　　　揮汗苦驕陽，雨檻披衣快晚涼。」

〔三〕清梵：謂僧尼誦經的聲音。南北朝・庾信《奉和闡弘二教應詔》：「魚山將鶴
　　　嶺，清梵雨邊來。」元・宋無《寄山中僧》：「清梵夜廻松月冷，孤禪晝起柏
　　　煙疏。」

〔四〕遷客：遭貶斥放逐之人。南北朝・江淹《恨賦》：「遷客海上，流戍隴陰。」
　　　唐・李白《鸚鵡洲》：「遷客此時徒極目，長洲孤月向誰明。」宋・王禹偁《初
　　　入山聞提壺鳥》：「遷客由來長合醉，不煩幽鳥道提壺。」

〔五〕青鞋：指草鞋。唐・杜甫《發劉郎浦》：「白頭厭伴漁人宿，黃帽青鞋歸去來。」
　　　清・仇兆鼇注：「沈氏曰：『青鞋，芒鞋。』」宋・朱熹《奉答張彥輔解嘲》：
　　　「青鞋布襪非公事，古木寒泉要我閒。」

【著錄】

　　明・曹學佺編《石倉歷代詩選》卷四百五十五著錄此詩。

來仙洞

　　古洞春寒客到稀，綠苔荒徑草霏霏〔一〕。書懸絕壁留僧偈〔二〕，花發
層蘿繡佛衣。壺榼〔三〕遠從童冠集〔四〕，杖藜〔五〕隨處宦情微〔六〕。石
門遙鎖陽明鶴〔七〕，應笑山人〔八〕久不歸。

【編年】

　　此詩正德四年（1509）作於貴州貴陽。束景南《王陽明年譜長編》：「來
仙洞為貴陽道教聖地，白雲寺為貴陽佛教聖地，陽明特選往遊也。」〔註3〕

【校注】

〔一〕霏霏：草木濃密盛多。唐・歐陽詹《回鸞賦》：「鬱霏霏以葳蕤，輝熠熠以嚴
　　　顒。」唐・吳融《東歸次瀛上》：「暖煙輕淡草霏霏，一片晴山襯夕暉。」

〔二〕僧偈：指僧人雋永的詩作。偈，即佛經中的唱頌詞，通常以四句為一偈。明・
　　　顧協《陪周處士訪西林上人》：「借筆抄僧偈，焚香看佛書。」

〔三〕壺榼：泛指盛酒或茶水的容器。《淮南子・氾論訓第十三》：「霤水足以溢壺
　　　榼，而江河不能實漏卮。」宋・趙抃《留題劍門東園》：「予方錦官去，邀我

〔註3〕束景南《王陽明年譜長編》，第513頁。

置壺榼。」

〔四〕童冠集：童冠，指青少年。《論語・先進》：「莫春者，春服既成，冠者五、六人，童子六、七人，浴乎沂，風乎舞雩，詠而歸。」晉・張華《上巳篇》：「朋從自遠至，童冠八九人。追好舞雩庭，擬迹洙泗濱。」

〔五〕杖藜：謂拄著手杖行走。唐・杜甫《暮歸》：「年過半百不稱意，明日看雲還杖藜。」金・王磵《寓居南村》：「鼓笛誰家賽春社，杖藜隨過柘岡西。」元・任士林《屢訪開元陳高士不值》：「我亦乾坤一腐儒，杖藜時訪白雲居。」

〔六〕宦情微：宦情，為官的志趣、意愿。唐・許渾《晚自東郭回留一二遊侶》：「鄉心迢遞宦情微，吏散尋幽竟落暉。」

〔七〕陽明鶴：指關在陽明洞中的鶴。

〔八〕山人：隱居在山中的士人，此處作者自指。《楚辭・河伯》：「山中人兮芳杜若，飲泉石兮蔭松栢。」南朝・齊・孔稚珪《北山移文》：「蕙帳空兮夜鶴怨，山人去兮曉猿驚。」

【著錄】

明・曹學佺編《石倉歷代詩選》卷四百五十五著錄此詩，題為《來僊祠》。

木閣〔一〕道中雪

瘦馬支離〔二〕緣絕壁，連峰窅窕〔三〕入層雲。山村樹暝驚鴉陣，澗道雪深逢鹿群。凍合〔四〕衡茅〔五〕炊火斷，望迷孤戍〔六〕暮笳聞。正思講習諸賢在，絳蠟清醅〔七〕坐夜分〔八〕。

【編年】

此詩正德四年（1509）作於貴州龍場。

【校注】

〔一〕木閣：即木閣箐。乾隆《貴州通志・地理・修文縣》：「木閣箐山，在城東南二十五里，林木蓊鬱，山石巑岏。」

〔二〕支離：憔悴、衰疲。晉・郭璞《客傲》：「不塵不冥，不驪不騂，支離其神，蕭悴其形。」唐・杜甫《贈崔十三評事公輔》：「分軍應供給，百姓日支離。」清・仇兆鰲注引王嗣奭曰：「支離，謂民力已罷。」唐・白居易《病中宴坐》：「外安支離體，中養希夷心。」

〔三〕窅窕：亦作窅篠，幽深的樣子。宋・秦觀《同子瞻端午日遊諸寺賦得深字》：
　　　　「參差水石瘦，窅窕房櫳深。」唐・杜甫《客堂》：「捨舟復深山，窅窕一林
　　　　麓。」

〔四〕凍合：冰封。唐・李益《鹽州過胡兒飲馬泉》：「從來凍合關山路，今日分流漢
　　　　使前。」宋・蘇軾《雪詩》其一：「石泉凍合竹無風，夜色沉沉萬境空。」

〔五〕衡茅：衡門茅屋，簡陋的居室。晉・陶潛《辛丑歲七月赴假還江陵夜行塗
　　　　口》：「養真衡茅下，庶以善自名。」

〔六〕孤戍：孤立的邊城。唐・杜甫《發秦州》：「日色隱孤戍，烏啼滿城頭。」

〔七〕清醑：即清酒。醑，未濾去糟的酒。唐・杜甫《客至》：「盤飧市遠無兼味，
　　　　樽酒家貧只舊醅」。

〔八〕夜分：夜半。《後漢書・光武帝紀下》：「講論經理，夜分乃寐。」唐・李賢注：
　　　　「分猶半也。」

【著錄】

　　明・曹學佺編《石倉歷代詩選》卷四百五十五、清・朱彝尊編《明詩綜》
卷三十二、清・鄂爾泰修，杜詮纂《乾隆貴州通志》卷四十六著錄此詩。

元夕雪用蘇韻〔一〕二首

【編年】

　　此詩正德四年（1509）作於貴州龍場。

【校注】

〔一〕蘇韻：用蘇軾《雪後北臺書壁》二首韻。

其一

　　林間暮雪定歸鴉，山外鈴聲報使車〔一〕。玉盞〔二〕春光傳柏葉〔三〕，
夜堂銀燭亂簪花〔四〕。蕭條音信愁邊雁，迢遞〔五〕關河夢裏家。何日扁
舟還舊隱〔六〕，一蓑江上把魚叉。

【校注】

〔一〕使車：使者所乘之車。唐・岑參《青門歌》：「青門金鎖平旦開，城頭日出使
　　　　車回。」

〔二〕玉盞：亦作玉琖、玉醆，玉飾的酒杯。《禮記・明堂位》：「爵用玉琖乃彫。」
　　　　唐・孔穎達疏：「琖，夏后氏之爵名也。以玉飾之，故曰玉琖。」

〔三〕柏葉：指柏葉酒。唐・杜甫《人日》其二：「樽前柏葉休隨酒，勝裏金花巧耐寒。」

〔四〕簷花：窗檐。唐・杜甫《醉時歌》：「清夜沉沉動春酌，燈前細雨簷花落。」趙次公注：「簷花近乎簷邊之花也。學者不知所出，或以簷雨之細如水，或遂以簷花為簷雨之名。故特為詳之。」

〔五〕迢遞：遙遠。唐・杜甫《送樊二十三侍御赴漢中判官》：「居人莽牢落，遊子方迢遞。」

〔六〕舊隱：舊時的隱居處。唐・項斯《送歸江州友人初下第》：「新春城外路，舊隱水邊村。」

【著錄】

明・曹學佺編《石倉歷代詩選》卷四百五十五著錄此詩。

其二

寒威〔一〕入夜益廉纖〔二〕，酒甕爐床亦戒嚴。久客漸憐衣有結〔三〕，蠻居長歎食無鹽。饑豺正爾群當路〔四〕，凍雀從渠自宿簷。陰極陽回〔五〕知不遠，蘭芽〔六〕行見〔七〕發春尖。

【校注】

〔一〕寒威：形容極其寒冷。唐・方干《歲晚言事寄鄉中親友》：「寒威半入龍蛇窟，暖氣全歸草樹根。」宋・梅堯臣《雪中通判家飲回》：「凍禽聚立高樹時，密雲萬里增寒威。」

〔二〕廉纖：形容綿綿微雨。唐・韓愈《晚雨》：「廉纖晚雨不能晴，池岸草間蚯蚓鳴。」

〔三〕衣有結：衣服上補滿了補丁。宋・蘇軾《浣溪沙》：「空腹有詩衣有結，濕薪如桂米如珠，凍吟誰伴撚髭鬚。」

〔四〕饑豺正爾群當路：飢餓的豺狼虎豹隱伏路邊找尋獵物，形容朝堂之上宦官弄權，殘害忠良。

〔五〕陰極陽回：陰到達了極點，陽便隨之而出，形容冬盡春來的季節轉換。

〔六〕蘭芽：蘭的嫩芽。南朝・梁・劉孝綽《答何記室》：「蘭芽隱陳葉，荻苗抽故叢。」

〔七〕行見：將要看到。

【著錄】

明‧曹學佺編《石倉歷代詩選》卷四百五十五著錄此詩。

曉霽用前韻〔一〕書懷二首

【編年】

此詩正德四年（1509）作於貴州龍場。

【校注】

〔一〕前韻：即前詩之蘇韻。

其一

雙闕〔一〕鐘聲起萬鴉，禁城月色滿朝車。竟誰詩詠東曹檜〔二〕？正憶梅開西寺花。此日天涯傷逐客，何年江上卻還家？曾無一字堪驅使〔三〕，謾有虛名擬八叉〔四〕。

【校注】

〔一〕雙闕：古代宮殿兩邊高臺上的樓觀，此處指京城。《古詩十九首‧青青陵上柏》：「兩宮遙相望，雙闕百餘尺。」唐‧杜甫《承聞河北諸道節度入朝歡喜口號絕句》之十：「意氣即歸雙闕舞，雄豪復遣五陵知。」清‧仇兆鰲注：「雙闕，謂都中。」

〔二〕竟誰詩詠東曹檜：宋‧葉夢得《石林詩話》：「元豐間，蘇子瞻繫大理獄。神宗本無意深罪，子瞻時相進呈忽言：『蘇軾於陛下有不臣意。』神宗改容曰：『軾固有罪，然於朕不應至是，卿何以知之？』時相因舉軾檜：『根到九泉無曲處，世間唯有蟄龍知』之句，對曰：『陛下飛龍在天，軾以為不知己，而求之地下之蟄龍，非不臣而何？』神宗曰：『時人之詞，安可如此論？彼自詠檜，何預朕事？』時相語塞。」用此典故暗喻皇帝遭受佞人挑唆，使得正直之臣遭遇磨難，心中頗有對武宗昏昧不明的微詞。

〔三〕驅使：差遣、役使。唐‧杜甫《江畔獨步尋花七絕句》其二：「詩酒尚堪驅使在，未須料理白頭人。」宋‧陸游《城上》：「賴有生平管城子，不妨驅使荅風光。」

〔四〕八叉：即溫庭筠。宋‧尤袤《全唐詩話》：「溫庭筠才思艷麗，工於小賦，每入試，押官韻作賦，凡八叉手而八韻成，時號『溫八叉』。」

【著錄】

明・曹學佺編《石倉歷代詩選》卷四百五十五著錄此詩。

其二

澗草巖花欲鬥纖〔一〕，溪風林雪故爭嚴〔二〕。連歧〔三〕盡說還宜麥，煮海〔四〕何曾見作鹽。路斷暫憐無過客，病餘兼喜曝晴簷。謫居亦自多清絕〔五〕，門外群峰玉笋〔六〕尖。

【校注】

〔一〕鬥纖：鬥艷，形容花開得燦爛。宋・李光《紀異》「掣電驅雷起蟄龍，一番桃李鬭纖穠。」

〔二〕爭嚴：凛冽，形容极寒。宋・陳淳《平坦雪兼風雨》「那識堅剛金石操，於中凛凛獨爭嚴。」

〔三〕連歧：歧，指岔路。指大雪覆蓋了地面，將歧路連成了一片。

〔四〕煮海：煮海水出鹽，以鹽之白喻雪之白。晉・左思《吳都賦》：「煮海為鹽，採山鑄錢。」唐・白居易《和微之春日投簡陽明洞天五十韻》：「利饒鹽煮海，名勝水澄湖。」

〔五〕清絕：清雅至極。唐・李山甫《山中覽劉書記新詩》：「記室新詩相寄我，藹然清絕更無過。」宋・陸游《小雨泛鏡湖》：「吾州清絕冠三吳，天寫雲山萬幅圖。」

〔六〕玉笋：比喻秀麗聳立的山峰。宋・楊萬里《真陽峽》：「夾岸對排雙玉笋，此峰外面萬山青。」

【著錄】

明・曹學佺編《石倉歷代詩選》卷四百五十五著錄此詩。

次韻陸僉憲〔一〕元日〔二〕喜晴

城裏夕陽城外雪，相將十里異陰晴。也知造物〔三〕曾何意？底是〔四〕人心苦未平！柏府〔五〕樓臺銜〔六〕倒景〔七〕，茆茨松竹瀉寒聲。布衾莫謾愁僵臥，積素〔八〕還多達曙明。

【編年】

此詩正德四年（1509）作於貴州貴陽。

【校注】

〔一〕陸僉憲：即陸順。《乾隆貴州通志》：「陸健，字文順，鄞縣人，弘治進士。正德間，任貴州僉事。」憲，舊指朝廷委駐各行省的高級官吏，引申為對上司的尊稱。

〔二〕元日：正月初一。《尚書·舜典》：「月正元日，舜格於文祖。」唐·孔穎達疏：「元日，上日也。」

〔三〕造物：指創造萬物的神。《莊子·大宗師》：「偉哉，夫造物者將以予為此拘拘也。」宋·蘇軾《紅梅三首》其二：「也知造物含深意，故與施朱發妙姿。」宋·朱熹《山中舊知七首》：「慷慨平生志，冥茫造物機。」

〔四〕底是：何處是。元·王惲《樓居春望圖》：「翠斂雙蛾底是愁，不綠春去落花稠。」

〔五〕柏府：御史府的別稱，《漢書·朱博傳》：「府中列栢樹，常有野烏數千，棲宿其上，晨去暮來，號曰朝夕烏。」元·李思衍《寄江西魏按察》：「寒生柏府風霜面，清照梅花玉雪心。」此處指陸僉憲的官署。

〔六〕銜：銜接、相連。

〔七〕倒景：也作倒影。漢·揚雄〈甘泉賦〉：「歷倒景而絕飛梁兮，浮蠛蠓而撇天。」唐·李善注引張揖曰：「《陵陽子明經》曰：『倒景氣去地四千里，其景皆倒。』」指天上最高處，日月之光反由下上照，而於其處下視日月，其影皆倒。喻柏府之高。唐·李白《古風》：「含笑凌倒景，欣然願相從。」

〔八〕積素：指積雪。南朝·宋·謝惠連〈雪賦〉：「積素未虧，白日朝鮮。」唐·李周翰注：「言積雪未銷，白日鮮明。」唐·岑參《和祠部王員外雪後早朝即事》：「長安雪後似春歸，積素凝華連曙暉。」

元夕木閣山火

荒村燈夕偶逢晴，野燒峰頭處處明。內苑〔一〕但知鰲作嶺〔二〕，九門〔三〕空說火為城〔四〕。天應為我開奇觀，地有茲山不世情〔五〕。卻恐炎威〔六〕被〔七〕松柏，休教玉石〔八〕遂同頹〔九〕！

【編年】

此詩正德四年（1509）作於貴州龍場。

【校注】

〔一〕內苑：皇宮內的庭園，亦指皇宮之內。

〔二〕鰲作嶺：元宵節時布置花燈，疊成鰲形，高峻如山，稱為鰲山。

〔三〕九門：古代宮室制度，天子所居處設九門。《禮記·月令》：「田獵、罝罦、羅罔、畢翳、餧獸之藥，毋出九門。漢·鄭玄注：「天子九門者，路門也、應門也、雉門也、庫門也、皋門也、城門也、近郊門也、遠郊門也、關門也。」此處指京城。

〔四〕火為城：古代朝會時的火炬儀仗。唐·李肇《唐國史補》卷下：「每元日、冬至立仗，大官皆備珂傘，列燭有至五六佰炬者，謂之火城。宰相火城將至，則眾少皆撲滅以避之。」

〔五〕不世情：不世，非一世所能有，謂罕有。世間罕見的情況。

〔六〕炎威：原指權勢，此處指火勢威猛。

〔七〕被：危及。

〔八〕玉石：玉與石頭，比喻好與壞、賢與愚。漢·孔安國《尚書》注：「火炎崑岡，玉石俱焚。」唐·孔穎達疏：「崑山出玉，言火逸而害玉。」唐·李白《送張秀才謁高中丞》：「我無燕霜感，玉石俱燒焚。」

〔九〕頳：指被火燒過之後的赤色。

夜宿汪氏〔一〕園

小閣藏身一斗方〔二〕，夜深虛白〔三〕自生光。梁間來下徐生榻〔四〕，座上慚無荀令香〔五〕。驛樹雨聲翻屋瓦，龍池〔六〕月色浸書床。他年貴竹傳異事，應說陽明舊草堂〔七〕。

【編年】

此詩正德四年（1509）作於貴州貴陽。

【校注】

〔一〕汪氏：待考。

〔二〕斗方：比喻狹小的空間。

〔三〕虛白：心中純淨無欲。《莊子·人間世》：「虛室生白，吉祥止止。」司馬彪曰：「室比喻心，心能空，虛則純白獨生也。」南北朝·江總《借劉太常說文》：「幽居服藥餌，山宇生虛白。」唐·杜甫《歸》：「虛白高人靜，喧卑俗累牽。」

〔四〕徐生榻：徐生即徐稚。《後漢書·徐稚傳》：「時陳蕃為太守，以禮請署功曹，稚不免之，既謁而退，蕃在郡不接賓客，唯稚來特設一榻，去則縣之。」表

示對賢才的器重或對賓客的禮遇。唐・許渾《將為南行陪尚書崔公宴海榴堂》：「賓館盡開徐稚榻，客帆空戀李膺舟。」

〔五〕荀令香：也作令公香，荀令即荀彧。《藝文類聚・香爐》下引《襄陽記》：「劉季和性愛香，嘗上廁還，過香爐上。主簿張坦曰：『人名公作俗人，不虛也。』季和曰：『荀令君至人家，坐處三日香。為我如何令君，而惡我愛好也？』坦曰：『古有好婦人，患而捧心矉眉，見者皆以為好；其鄰醜婦法之，見者走。公便欲使下官遁走耶？』季和大笑，以是知坦。」指高雅人士的風度神采。唐・王維《春日直門下省早期》：「遙聞侍中珮，暗識令君香。」

〔六〕龍池：此處指庭院中的窪地水池。唐・沈佺期《龍池篇》：「龍池躍龍龍已飛，龍德先天天不違。」按：明皇為諸王時，故宅在隆慶坊，宅有井，井溢成池。中宗時，數有雲龍之祥，後引龍首堰水注池中，池面遂益廣，即龍池也。

〔七〕陽明舊草堂：指的是陽明在龍場所筑草屋。

【著錄】

明・曹學佺編《石倉歷代詩選》卷四百五十五著錄此詩。

春行

冬盡西歸〔一〕滿山雪，春初復來花滿山。白鷗亂浴清溪上，黃鳥〔二〕雙飛綠樹間。物色〔三〕變遷隨轉眼，人生豈得長朱顏〔四〕！好將吾道從吾黨，歸把漁竿東海灣。

【編年】

此詩正德四年（1509）作於貴陽返龍場途中。

【校注】

〔一〕冬盡西歸：指陽明從貴陽回龍場，龍場在貴陽西北，故曰西歸。

〔二〕黃鳥：《詩經・周南・葛覃》：「黃鳥于飛，集于灌木，其鳴喈喈。」三國・魏・曹植《三良》：「黃鳥為悲鳴，哀哉傷肺肝。」趙幼文校注：「《詩經・黃鳥篇》序：『《黃鳥》，哀三良也。』」唐・李白《江南春懷》：「青春幾何時，黃鳥鳴不歇。」《爾雅・釋鳥》：「皇，黃鳥。」晉・郭璞注：「俗呼黃離留，亦名搏黍。」黃離留，即黃鶯。郝懿行義疏：「按此即今之黃雀，其形如雀而黃，故名黃鳥，又名搏黍，非黃離留也。」

〔三〕物色：景色、景物。南朝・宋・鮑照《秋日示休上人》：「物色延暮思，霜露

逼朝榮。」宋・蘇舜欽《寄王幾道同年》：「新安道中物色佳，山昏雲澹晚雨斜。」

〔四〕朱顏：原指紅潤美好的容顏，此處指青春年少。唐・郎士元《聞蟬寄友人》：「朱顏向華髮，定是幾年程。」宋・曾鞏《孔教授張法曹以曾論薦特示長箋》：「綠髮朱顏兩少年，出倫清譽每相先。」

【著錄】

明・曹學佺編《石倉歷代詩選》卷四百五十五著錄此詩。

村南

花事紛紛春欲酣〔一〕，杖藜隨步過村南。田翁開野〔二〕教新犢，溪女分流〔三〕浴種蠶〔四〕。稚犬吠人依密槿〔五〕，閒鳬〔六〕照影立晴潭。偶逢江客〔七〕傳鄉信，歸臥楓堂夢石龕〔八〕。

【編年】

此詩正德四年（1509）作於貴州龍場。

【校注】

〔一〕酣：謂春意正濃。宋・陳與義《次韻王堯明郊祀顯相之作》：「可是天公須羯鼓，已回寒玉作春酣。」元・虞集《錢舜舉折枝夫容》：「白髮多情憶劍南，秋風溪上看春酣。」

〔二〕開野：開墾荒野。

〔三〕分流：將水流分道。

〔四〕浴種蠶：選蠶種的方法，將蠶種浸在水中，淘汰弱的，留下強的。南北朝・庾信《周儀同松滋公拓跋兢夫人尉遲氏墓誌銘》：「春水浴蠶，秋機秉杼。」宋・陳必復《百五節》：「冷煙寒食月，小雨浴蠶天。」

〔五〕密槿：指籬笆。槿，一種落葉灌木。南朝・謝靈運《田南樹園激流植援》：「激澗代汲井，插槿當列墉。」

〔六〕鳬：野鴨。《詩經・鄭風・女曰雞鳴》：「將翱將翔，弋鳬與雁。」宋・朱熹集傳：「鳬，水鳥，如鴨，青色，背上有文。」

〔七〕江客：江上旅客。唐・李端《送周長史》：「江客亦能傳好信，山僧多解說南朝。」唐・陸龜蒙《和吳中言懷寄南海二同年》：「江客漁歌衝白荇，野禽人語映紅蕉。」

〔八〕石龕：供奉神像的石閣，此處指家鄉的陽明洞。唐‧戴叔倫《遊少陵寺》：「石
　　　龕苔蘚積，香徑白雲深。」

【著錄】

　　明‧曹學佺編《石倉歷代詩選》卷四百五十五著錄此詩。

山途二首

【編年】

　　此詩正德四年（1509）作於貴州貴陽。

其一

　　上山見日下山陰，陰欲開時日欲沉。晚景〔一〕無多傷遠道〔二〕，朝
陽莫更沮雲岑〔三〕。人歸暝市分漁火〔四〕，客舍空林依暮禽〔五〕。世事驗
來還自領，古人先已得吾心。

【校注】

〔一〕晚景：夕陽。唐‧元稹《遣春三首》其三：「晚景行看謝，春心漸慾狂。」唐‧
　　　李商隱《九成宮》：「吳岳曉光連翠巘，甘泉晚景上丹梯。」

〔二〕遠道：遠途。唐‧杜甫《登舟將適漢陽》：「中原戎馬盛，遠道素書稀。」

〔三〕雲岑：雲霧繚繞的山峰。唐‧杜甫《過津口》：「和風引桂楫，春日漲雲岑。」
　　　唐‧李紳《泝西江》：「空闊遠看波浪息，楚山安穩過雲岑。」

〔四〕漁火：漁家的燈火。唐‧錢起《送元評事歸山居》：「水宿隨漁火，山行到竹
　　　扉。」元‧黃庚《偶書》：「松薪拾去朝炊黍，漁火分來夜讀書。」元‧許謙
　　　《春城晚步分我字》：「紅樓鼓歇烏輪墮，淺水橫舟弄漁火。」

〔五〕暮禽：日落後的歸鳥，多用以抒發懷舊思鄉的情懷。唐‧王維《歸嵩山作》
　　　詩：「流水如有意，暮禽相與還。」唐‧錢起《山園秋晚寄杜黃裳少府》：「終
　　　朝碧雲外，唯見暮禽還。」

【著錄】

　　明‧曹學佺編《石倉歷代詩選》卷四百五十五著錄此詩。

其二

　　南北驅馳任板輿〔一〕，讁鄉何地是安居？家家細雨殘燈後，處處荒
原野燒餘。江樹欲迷遊子望，朝雲〔二〕長斷故人書。茂陵多病〔三〕終蕭
散〔四〕，何事相如賦子虛〔五〕。

【校注】

〔一〕板輿：也作步輿，古代一種用人抬的代步工具。清·厲荃輯《事物異名錄》引《輿服雜事記》：「步輿，方四尺，素木為之，以皮為襻掆之，即板輿也。」唐·白居易《送唐州崔使君侍親赴任》：「烏府一拋霜簡去，朱輪四從板輿行。」元·貢奎《久留翰院思歸》：「竹外板輿春步小，花間銀燭夜筵遲。」

〔二〕朔雲：北方的雲氣。唐·李白《酬崔五郎中》：「朔雲橫高天萬里起秋色。」宋·朱熹《丁丑冬在溫陵陪敦宗李丈與一二道人同和東坡惠州梅花詩皆一再往及昨日見梅追省前事忽忽五年舊詩不復可記憶再和一篇呈諸友兄一笑同賦》：「朔雲為斷蜂蝶信，凍雨一洗煙塵昏。」

〔三〕茂陵多病：也作馬卿多病。《漢書·司馬相如傳下》：「相如既奏《大人賦》，天子大說。飄飄有陵雲氣遊天地之間意。相如既病，免，家居茂陵。天子曰：『司馬相如病甚，可往從悉取其書若後之矣。』使所忠往，而相如已死，家無遺書。」唐·張元宗《望終南山》：「唯有茂陵多病客，每來高處望南川。」

〔四〕蕭散：即消散。指古人已去。

〔五〕賦子虛：即司馬相如所作《子虛賦》。《漢書·司馬相如傳上》：「上讀《子虛賦》而善之曰：『朕獨不得與此人同時哉！』」司馬相如以此賦得漢武帝賞識，得官。

【著錄】

明·曹學佺編《石倉歷代詩選》卷四百五十五著錄此詩。

白雲

白雲冉冉出晴峰，客路無心處處逢。已逐肩輿〔一〕度青壁，還隨孤鶴下蒼松。此身愧爾長多繫〔二〕，他日從龍謾託蹤〔三〕。斷鶩殘鴉飛欲盡，故山回首意重重。

【編年】

此詩正德四年（1509）作於貴陽返龍場途中。

【校注】

〔一〕肩輿：轎子。清·厲荃輯《事物異名錄》引《稗編古》：「稱肩輿、腰輿、板輿、兜子，即今轎也。」

〔二〕繫：指牽掛。此處將白雲擬人化，實則是陽明心繫白雲。

〔三〕從龍謾託蹤：典出《周易・乾卦》：「雲從龍，風從虎，聖人作而萬物睹。」舊以龍為君象，因以稱隨從帝王或領袖創業。此處指陽明心繫天下，願以一己之力輔佐帝王。

答劉美之〔一〕見寄次韻

休疑遷客跡全貧，猶有沙鷗日見親。勳業〔二〕已辭滄海夢〔三〕，煙花多負故園春。百年長恐終無補〔四〕，萬里寧〔五〕期尚得身。念我不勞〔六〕傷鬢雪，知君亦欲拂衣塵〔七〕。

【編年】

此詩正德四年（1509）作於貴州龍場。

【校注】

〔一〕劉美之：劉瑜。束景南《王陽明年譜長編》考：「邊貢《華泉集》卷八有《省庵箴》云：『秋官郎中文登劉君美之，以『省庵』名其室，乞扁於少司寇豫章李公示警也。弘治甲子冬有銅仁之命，挈其扁以隨，曰：『吾將朝於斯，夕於斯，雖至蠻貊，不可棄也。』邦人太常博士某代為之箴。』《華泉集》卷一有《美之席上限韻送別二首》《次何遜落日泛江贈魚司馬之作奉送劉美之》，卷五有《秋官劉美之使還居接待院出訪》。魯鐸《文恪公集》卷三亦有《許州風節亭次韻劉束之御史美之正郎》。按《嘉靖貴州通志》卷五：『銅仁府，知府劉瑜，文登人。』弘治中陽明任刑部侍郎，劉瑜任刑部郎中，關係甚密。」〔註4〕

〔二〕勳業：即功業。指陽明想為國家建功立業的志向。

〔三〕滄海夢：《論語・公冶長》：「子曰：『道不行，乘桴浮於海。』」泛舟海上，隱居而去之意。唐・劉長卿《湘中憶歸》：「白雲意自深，滄海夢難隔。」

〔四〕終無補：終究無所幫助。唐・杜甫《野望》：「扁舟空老去，無補聖明朝。」

〔五〕寧：豈，難道。

〔六〕不勞：不費、不用。南朝・梁・劉勰《文心雕龍》：「詩人偶章，大夫聯辭。奇偶適變，不勞經營。」唐・杜荀鶴《和友人見題山居水閣八韻》：「修竹已多猶可種，豔花雖少不勞栽。」

〔註4〕束景南《王陽明年譜長編》，第517頁。

〔七〕拂衣塵：彈去衣服上的灰塵，對還鄉的頗切希冀。

【著錄】

　　明・曹學佺編《石倉歷代詩選》卷四百五十五著錄此詩。

寄徐掌教〔一〕

　　徐稚今安在？空梁楀久懸〔二〕。北門〔三〕傾蓋〔四〕日，東魯〔五〕校文年〔六〕。歲月成超忽〔七〕，風雲〔八〕易變遷。新詩勞寄我，不愧鳥鳴篇〔九〕。

【編年】

　　此詩正德四年（1509）作於貴州貴陽。

【校注】

〔一〕徐掌教：待考。

〔二〕空梁楀久懸：見前注《夜宿汪氏園》。

〔三〕北門：典出《詩經・邶風・北門》：「出自北門，憂心殷殷。」毛詩序：「北門，刺仕不得志也。」

　　　　另一種解釋：北門學士之謂也。唐高宗時，弘文館直學士劉禕之、著作郎元萬頃等，時奉詔於翰林院草製，密令參決，以分宰相之權。宋・葉夢得《石林燕語》：「唐翰林院在銀臺之北，乾封以後，劉禕之、元萬頃之徒時宣召，革制其間，因名北門學士。」

〔四〕傾蓋：典出《史記・魯仲連鄒陽列傳》：「諺曰：『白頭如新，傾蓋如故。』何則？知與不知也。」唐・司馬貞索隱引《志林》曰：「傾蓋者，道行相遇，軿車對語，兩蓋相切，小欹之，故曰傾。」唐・杜甫《贈王二十四侍御契》：「客即掛冠至，交非傾蓋新。」

〔五〕東魯：原指春秋魯國，因在東方，故稱東魯。唐・韓愈《短燈檠歌》：「太學儒生東魯客，二十辭家來射策。」

〔六〕校文年：指陽明弘治十七年主考山東鄉試一事。

〔七〕超忽：倏忽、迅速。唐・韋應物《元日寄諸弟兼呈崔都水》：「新正加我年，故歲去超忽。」

〔八〕風雲：比喻時勢動盪。

〔九〕鳥鳴篇：出自《詩經・小雅・伐木》：「伐木丁丁，鳥鳴嚶嚶。出自幽谷，遷

於喬木。嚶其鳴矣，求其友聲。」即陽明與友人共學互勉之意。

書庭蕉

簷前蕉葉綠成林，長夏全無暑氣侵。但得雨聲連夜靜，不妨月色半床陰。新詩舊葉題將滿，老莖疏梧根共深。莫笑鄭人談訟鹿〔一〕，至今醒夢兩難尋。

【編年】

此詩正德四年（1509）作於貴州貴陽。

【校注】

〔一〕莫笑鄭人談訟鹿：《列子·周穆王》：「鄭人有薪於野者，遇駭鹿，御而擊之，斃之。恐人見之也，遽而藏諸隍中，覆之以蕉。不勝其喜。俄而遺其所藏之處，遂以為夢焉。順塗而詠其事。傍人有聞者，用其言而取之。既歸，告其室人曰：『向薪者得鹿而不知其處；吾今得之，彼直真夢者矣。』室人曰『若將是夢見薪者之得鹿邪？詎有薪者邪？今真得鹿，是若之夢真邪？』夫曰：『吾據得鹿，何用知彼夢我夢邪？』薪者之歸，不厭失鹿。其夜真夢藏之之處，又夢得之之主。爽旦，案所夢而尋得之。遂訟而爭之，歸之士師。」後以「訟鹿」為計較名利得失之意。

【著錄】

明·曹學佺編《石倉歷代詩選》卷四百五十五、清·聖祖玄燁《佩文齋詠物詩選》卷三百七十一、清·錢謙益輯《列朝詩集》丙集卷四著錄此詩。

送張憲長〔一〕左遷滇南〔二〕大參次韻

世味〔三〕知公最飽諳〔四〕，百年清德〔五〕亦何慚！柏臺藩省〔六〕官非左，江漢滇池〔七〕道益南。絕域〔八〕煙花憐我遠，今宵風月好誰談？交遊若問居夷事，為說山泉頗自堪。

【編年】

此詩正德四年（1509）作於貴州貴陽。

【校注】

〔一〕張憲長：明·過庭訓《本朝分省人物考》：「張貫，蠡縣人。成化乙未進士，初授河南知縣……尋陞貴州按察使，以持法忤逆瑾，謫官參議。」《光緒蠡縣

　　誌》：「張貫，北大留人。成化乙未進士，授河南知縣。……弘治戊午，哈密犯順承，命出師平之，賜綵幣，升四川副使，貴州按察使。以持法忤逆瑾，謫官參議。」〔註5〕

〔二〕滇南：指今雲南省，因位於國土南部，故名滇南。

〔三〕世味：世間百味，人間百態。宋・蘇軾《送張安道赴南都留臺》：「我亦世味薄，因循鬢生絲。」宋・陸游《臨安春雨初霽》：「世味年來薄似紗，誰令騎馬客京華。」

〔四〕飽諳：最為熟知。唐・梅堯臣《依韻和春日偶書》：「高低趣向難為合，冷暖情懷固飽諳。」宋・蘇軾《第五橋》：「世事飽諳思縮手，主恩未報恥歸田。」

〔五〕清德：高潔的品德。《新唐書・李石傳》：「毛玠以清德為魏尚書，而人不敢鮮衣美食，況天子獨不可為法乎？」宋・趙抃《題周敦頤濂溪書堂》：「本源孕清德，游泳吐嘉話。」

〔六〕藩省：即一省之藩司，在明代為布政使。

〔七〕滇池：《史記・西南夷列傳》：「蹻至滇池，地方三百里。」唐・張守節正義引《括地志》：「滇池澤在昆州晉寧縣西南三十里。其水源深廣而（末）更淺狹，有似倒流，故謂滇池。」

〔八〕絕域：邊遠之地。《管子・七法》：「不遠道里，故能威絕域之民。」唐・杜甫《陪鄭廣文遊何將軍山林十首》其三：「異花開絕域，滋蔓匝清池。」

【著錄】

　　明・曹學佺編《石倉歷代詩選》卷四百五十五著錄此詩。

南庵〔一〕次韻二首

【編年】

　　此詩正德四年（1509）作於貴州貴陽。

【校注】

〔一〕南庵：《大清一統志》：「南門外涵碧潭上有南庵。」束景南《王陽明年譜長編》考證：「南庵即聖壽寺，後為武侯祠。《嘉靖貴州通志》卷七：『武侯祠，在治城南門外，舊聖壽寺。正德間，巡按貴州監察御史胡瓊改為武侯祠。」〔註6〕

〔註5〕束景南《王陽明年譜長編》，第498頁。
〔註6〕束景南《王陽明年譜長編》，第531頁。

其一

隔水樵漁亦幾家，緣〔一〕岡石路入溪斜。松林晚映千峰雨，楓葉秋連萬樹霞。漸覺形骸〔二〕逃物外〔三〕，未妨遊樂在天涯。頻來不用勞〔四〕僧榻，已僭〔五〕汀鷗一席沙。

【校注】

〔一〕緣：沿著。

〔二〕形骸：人的軀體。《莊子·天地》：「汝方將忘汝神气，墮汝形骸，而庶几乎？」又《莊子·德充符》：「今子與我遊於形骸之內，而子索我於形骸之外。不亦過乎？」

〔三〕物外：即世外，超脫於塵世之外。漢·張衡《歸田賦》：「苟縱心於物外，安知榮辱之所如！」

〔四〕勞：勞煩、麻煩。唐·姚合《答孟侍御早朝見寄》：「疏懶勞相問，登山有舊梯。」

〔五〕僭：本義是指超越本分的行為，此處指佔用、借用。

【著錄】

明·曹學佺編《石倉歷代詩選》著錄此詩；清·張豫章輯《四朝詩》卷七十八、清·陳田輯《明詩紀事》丁籤卷十三著錄此詩；清·鄂爾泰修，杜詮纂《乾隆貴州通志》卷四十六著錄此詩，題為《武侯祠》。

其二

斜日江波動客衣，水南深竹見巖扉〔一〕。漁人收網舟初集，野老忘機〔二〕坐未歸。漸覺雲間棲翼亂，愁看天北暮雲飛。年年歲晚長為客，閒殺西湖舊釣磯〔三〕。

【校注】

〔一〕巖扉：巖洞的門。唐·孟浩然《夜歸鹿門歌》：「巖扉松徑長寂寥，惟有幽人自來去。」

〔二〕忘機：消除機詐之心，此處指甘於淡泊，與世無爭之心。唐·陳子昂《南山家園林木交映盛夏五月幽然清涼獨坐思遠率成十韻》：「忘機委人代，閉牖察天心。」唐·杜甫《遣興》其三：「但訝鹿皮翁，忘機對芳草。」

〔三〕釣磯：釣魚時坐的巖石。漢·孔融《離合作郡姓名字詩》：「呂公磯釣，闔口渭傍。」宋·陸游《晚春感事》：「幽居自喜渾無事，又向湖陰坐釣磯。」

【著錄】

　　明‧曹學佺編《石倉歷代詩選》卷四百五十五、清‧張豫章輯《四朝詩》卷七十八著錄此詩；清‧鄂爾泰修，杜詮纂《乾隆貴州通志》卷四十六著錄此詩，題為《武侯祠》。

觀傀儡〔一〕次韻

　　處處相逢是戲場，何須傀儡夜登堂？繁華過眼〔二〕三更促，名利牽人〔三〕一線長。稚子自應爭詫〔四〕說，矮人亦復浪悲傷。本來面目還誰識？且向樽前學楚狂〔五〕。

【編年】

　　此詩正德四年（1509）作於貴州貴陽。

【校注】

〔一〕傀儡：《列子‧湯問》記周穆王時巧匠偃師造假物倡者，即後來的木偶人。傀儡在漢代用於喪樂及嘉會，隋唐已用於表演故事，宋代更加盛行。有杖頭傀儡、懸線傀儡、藥發傀儡、水傀儡、肉傀儡等。唐‧吳兢《貞觀政要‧慎所好》：「貞觀七年，工部尚書段綸進巧人楊思齊至，太宗令試，綸遣造傀儡戲具。」宋‧高承《事物紀原‧博弈嬉戲‧傀儡》：「世傳傀儡起於漢高祖平城之圍，用陳平計，刻木為美人，立之城上，以詐冒頓閼氏，後人因此為傀儡。」

〔二〕繁華過眼：指榮華富貴如浮雲，很快便消散。

〔三〕名利牽人：名聲和利祿始終牽絆人心。

〔四〕詫說：驚訝、詫異。

〔五〕楚狂：春秋時楚國狂士陸通，佯狂不仕。《論語‧微子》：「楚狂接輿歌而過孔子之門，曰：『鳳兮鳳兮，何德之衰也！往者不可諫也，來者猶可追也，已而已而今之從政者殆而。』」

【集評】

　　明‧釋真可《紫柏老人集》卷第二十一：「此陽明傀儡詩也。紫柏先生曰：陽明之看戲，戲亦道師。眾人之歡樂，何異傀儡。故周穆王之怒偃師，偃師析其傀儡，穆王始悟非真人也。今天下無論古今，或衣冠相揖，男女雜坐，談笑超然。若以頃刻散心，回觀我此身，果籍何物而成耶？設必由五行而有，五行生克無常，能有我者尚無常，況所有者乎？如是觀身，身不異戲，則

偃師所作，寧非廣長舌相哉？」

【著錄】

　　明・曹學佺編《石倉歷代詩選》卷四百五十五著錄此詩。

徐都憲〔一〕同遊南庵次韻

　　巖寺藏春長不夏，江花映日豔於桃。山陰入戶川光〔二〕暮，林影浮空暑氣高。樹老豈能知歲月，溪清真可鑒秋毫〔三〕。但逢佳景須行樂，莫遣風霜著鬢毛〔四〕。

【編年】

　　此詩正德四年（1510）作於貴州貴陽。

【校注】

〔一〕徐都憲：《明史》卷二百七十五：「徐文華，字用光，嘉定州人。正德三年進士，授大理評事。五年，擢監察御史，巡按貴州。」

〔二〕川光：指波光水色。唐・李白《北山獨酌寄韋六》：「川光晝昏凝，林氣夕淒緊。」唐・李白《留別曹南群官之江南》：「樓臺照海色，衣馬搖川光。」唐・岑參《林臥》：「遠峰帶雨色，落日搖川光。」

〔三〕秋毫：原指鳥獸在秋天新長出來的細毛，多用以指細微之物。《孟子・梁惠王》：「吾力足以舉百鈞而不足以舉一羽，明足以察秋毫之末而不見輿薪，則王許之乎？」

〔四〕鬢毛：兩鬢的毛髮。唐・賀知章《回鄉偶書》：「少小離家老大回，鄉音無改鬢毛衰。」

【著錄】

　　明・曹學佺編《石倉歷代詩選》卷四百五十五著錄此詩。

即席次王文濟少參韻二首

【編年】

　　此詩正德四年（1509）作於貴州貴陽。

　　其一

　　搖落〔一〕休教感客途，南來秋興〔二〕未全孤。肝腸已自成金石〔三〕，齒髮從渠變柳蒲〔四〕。傾倒酒杯金谷罰〔五〕，逼真詞格輞川圖〔六〕。謫鄉

莫道貧消骨，猶有新詩了舊逋。

【校注】

〔一〕搖落：草木凋零。《楚辭·九辯》：「悲哉秋之為氣也！蕭瑟兮草木搖落而變衰。」

〔二〕秋興：秋日的情懷和興發。晉·潘岳《〈秋興賦〉序》：「僕野人也，偃息不過茅屋茂林之下，談話不過農夫田父之客，攝官承乏，猥廁朝列，匪遑底寧，譬猶池魚籠鳥有江湖山藪之思。於是染翰操紙，慨然而賦。於時秋也，以秋興命篇。」

〔三〕金石：心志的堅定、忠貞。《荀子·勸學》：「鍥而舍之，朽木不折；鍥而不捨，金石可鏤。」

〔四〕柳蒲：柳和水楊。二者皆易生而早凋，因以喻體弱。語出南朝·宋·劉義慶《世說新語·言語》：「顧悅與簡文同年而髮蚤白。簡文曰：『卿何以先白？』對曰：『蒲柳之姿，望秋而落；松柏之質，經霜彌茂。』」

〔五〕金谷罰：依金谷之例罰酒。南北朝·劉孝彪注《世說新語》引《金谷詩序》：「遂各賦詩，以敘中懷，或不能者，罰酒三斗。」金谷，晉石崇所築的金谷園，北魏·酈道元《水經注·谷水》：「谷水又東，左會金谷水，水出太白原，東南流歷金谷，謂之金谷水。東南流逕晉衛尉卿石崇之故居。」

〔六〕輞川圖：唐代王維繪輞川別業二十勝景，名《輞川圖》。唐·朱景玄《唐朝名畫錄》：「（王維）畫《輞川圖》，山谷鬱盤，雲水飛動，意出塵外，怪生筆端。嘗自題詩云：『當世謬詞客，前身應畫師。』其自負也如此。」輞川，在陝西省藍田縣南，源出秦嶺北麓，北流至縣南入灞水。《新唐書·文藝傳中·王維》：「（王維）別墅在輞川，地奇勝，有華子岡、欹湖、竹里館、柳浪、茱萸沜、辛夷塢，與裴迪遊其中，賦詩相酬為樂。」

其二

此身未擬泣窮途〔一〕，隨處翻飛野鶴孤。霜冷幾枝存晚菊，溪春兩度見新蒲。荊西〔二〕寇盜紆籌策〔三〕，湘北〔四〕流移入畫圖〔五〕。莫怪當筵倍淒切，誅求〔六〕滿地促官逋〔七〕。

【校注】

〔一〕泣窮途：《晉書·阮籍傳》：「時率意獨駕，不由徑路，車迹所窮，輒慟哭而反。」

〔二〕荊西：即今湖南、湖北等地的西邊，與黔接壤處。

〔三〕紆籌策：謀劃計策未能施展。唐・杜甫《詠懷古蹟》其五：「三分割據紆籌策，
　　　萬古雲霄一羽毛。」

〔四〕湘北：即湘江以北的地區。

〔五〕流移入畫圖：宋鄭俠有《流民圖》上與朝廷。宋・李燾《續資治通鑑長編》：
　　　「俠獻流民圖，朝廷以為狂，笑而不問。」指百姓流離失所，朝廷不聞不問。

〔六〕誅求：強制徵索。

〔七〕促官逋：官府催促流民繳納拖欠的賦稅。

【著錄】

明・曹學佺編《石倉歷代詩選》卷四百五十五著錄此詩。

贈劉侍御〔一〕二首

　　蹇以反身〔二〕，困以遂志〔三〕。今日患難，正閣下受用處也。知之，
則處此當自別。病筆不能多及，然其餘亦無足言者。聊次韻。某頓首
〔四〕劉侍御大人契長〔五〕。

【編年】

此詩正德四年（1509）作於貴州貴陽。

【校注】

〔一〕劉御侍：即劉寓生，明・過庭訓《本朝分省人物考》：「劉寓生，字奇進，石
　　　首人。弘治乙丑進士，選庶吉士。與湛若水、穆孔暉講明性學。拜監察御史，
　　　抗直敢言，以忤逆瑾免。嘉靖初，起福建僉事，致仕杜門寡交，自奉類寒素
　　　云。」《乾隆貴州通志》：「巡按御史下有：正德，劉寓生，石首人。」

〔二〕蹇以反身：《周易・蹇卦》：「彖曰：蹇，難也，險在前也。」《周易・蹇卦》：
　　　「君子以反身修德。」此處指陽明處在困境之中，躬身反求諸己。

〔三〕困以遂志：《周易・困卦》：「澤無水，困，君子以致命遂志。」指陽明隨處困
　　　頓之中，不忘其志，不改其樂。

〔四〕頓首：原指舊時禮儀的一種，此處用在結尾表示致敬。

〔五〕契長：志同道合的長者。

　　其一
　　相送溪橋未隔年，相逢又過小春〔一〕天。憂時敢負君臣義〔二〕？念

別羞為兒女憐。

【校注】

〔一〕小春天：一指農曆十月，宋・陳元靚《歲時廣記》卷三七引《初學記》：「冬月之陽，萬物歸之。以其溫暖如春，故謂之小春，亦云小陽春。」宋・李芳叔《南鄉子》：「十月小春天，紅葉紅花半雨煙。」一指農曆八月，宋・贊寧《筍譜》：「大抵竹八月俗謂之小春。熱欲去，寒欲來，氣至而涼，故曰小春。」宋・邵雍《四小吟簡陳季常》：「八月小春天，小花開且殷。晚來經小雨，遂使小車閒。」

〔二〕君臣義：《孟子・滕文公上》：「君臣有義。」指陽明身處憂患之中亦不敢忘君臣之義。

其二

道自升沉寧有定，心存氣節不無偏。知君已得虛舟〔一〕意，隨處風波只宴然〔二〕。

【校注】

〔一〕虛舟：《莊子・山木》：「方舟而濟於河，有虛船來觸舟，雖有偏心之人不怒。」比喻心懷坦蕩、恬淡曠達。

〔二〕宴然：安定平和的樣子。

夜寒

簷際重陰覆夜寒，石爐松火坐更殘。窮荒正訝鄉書絕，險路仍愁歸夢難。仙侶〔一〕春風懷越嶠〔二〕，釣船明月負嚴灘〔三〕。未因謫宦傷憔悴，客鬢還羞鏡裏看。

【編年】

此詩正德四年（1509）作於貴州貴陽。

【校注】

〔一〕仙侶：指人品高尚、心神契合的朋友。《後漢書・郭太傳》：「林宗（郭太字）唯與李膺同舟而濟，眾賓望之，以為神仙焉。」唐・杜甫《秋興》其八：「佳人拾翠春相問，仙侶同舟晚更移。」

〔二〕越嶠：此處指陽明的家鄉。南朝・宋・鮑照《還都至三山望石頭城》：「南帆望越嶠，北榜指齊河。」宋・蘇軾《丙子重九二首》其一：「三年瘴海上，

越嶠真我家。」越，古國名。《左傳・宣公八年》：「盟吳越而還。」西晉・杜預注：「越國，今會稽山陰縣也。」嶠，原指高且銳的山，此處泛指高山或山嶺。《爾雅・釋山》：「銳而高，嶠。」宋・邢昺疏：「言山形鐵峻而高者名嶠。」

〔三〕嚴灘：指嚴光隱居垂釣處，在浙江桐廬縣南。《後漢書・逸民傳・嚴光》：「嚴光，字子陵，一名遵會，稽餘姚人也。少有高名，與光武同遊學。及光武即位，乃變名姓，隱身不見。……除為諫議大夫，不屈，乃耕於富春山，後人名其釣處為嚴陵瀨焉。」

【著錄】

明・曹學佺編《石倉歷代詩選》卷四百五十五著錄此詩。

冬至

客床無寐聽潛雷〔一〕，珍重初陽〔二〕夜半回。天地未嘗生意息〔三〕，冰霜不耐鬢毛催。春添衮線〔四〕誰能補？歲晚心丹自動灰〔五〕。料得重闈強健在，早看消息〔六〕報窗梅。

【編年】

此詩正德四年（1509）作於貴州貴陽。

【校注】

〔一〕潛雷：元・虞集《題張希孟凝雲石》：「潛雷起神谷，震驚天上聞。」

〔二〕初陽：古謂冬至一陽始生，因以冬至至立春以前的一段時間為初陽。

〔三〕天地未嘗生意息：指陰陽往復，宇宙萬物生生不息。

〔四〕衮線：古代帝王及上公穿的繪有卷龍的禮服。《詩經・大雅・烝民》：「衮職有闕，維仲山能補之。」《周禮・春官・司服》：「享先王則衮冕。」漢・鄭玄注引鄭司農曰：「衮，卷龍衣也。」清・孫詒讓正義：「案卷龍者，謂畫龍於衣，其形卷曲，其字《禮記》多作卷。」

〔五〕歲晚心丹自動灰：指陽明內心感受到季節的轉換帶來的變化。《後漢書・律曆志》：「候氣之法，為室三重戶閉，塗釁必周密，布緹縵室中，以木為案。每律各一，內庳外高，從其方位，加律其上，以葭莩灰抑其內端，案曆而候之，氣至者灰動。其為氣所動者，其灰散人及風所動者，其灰聚殿中。」

〔六〕消息：指音信。漢・蔡琰《悲憤詩》：「迎問其消息，輒復非鄉里。」

春日花間偶集示門生

閒來聊與二三子，單夾初成行暮春〔一〕。改課講題〔二〕非我事，研幾悟道〔三〕是何人？階前細草雨還碧，簷下小桃晴更新。坐起詠歌〔四〕俱實學〔五〕，毫釐〔六〕須遣認教真。

【編年】

此詩正德四年（1509）作於貴州貴陽。

【校注】

〔一〕暮春：指農曆三月。

〔二〕改課講題：指苦練八股文章為考取功名之教。

〔三〕研幾悟道：窮究精微之理及體悟天地之道。《周易・繫辭上》：「夫易，聖人之所以極深而研幾也。」晉・韓康伯注：「極未形之理則曰深，動適微之會則曰幾。」

〔四〕坐起詠歌：《禮記・儒行》：「儒有居處齊難，其坐起恭敬。」吟詠歌唱。《國語・周語下》：「五曰夷則，所詠歌九則，平民無貳也。」

〔五〕實學：切實有用的學問。宋・朱熹《中庸章句》編年引程子曰：「其書始言一理，中散為萬事，末復合為一理，放之則彌六合，卷之則退藏於密，其味無窮，皆實學也。」

〔六〕毫釐：比喻微小的事物。

【著錄】

明・曹學佺編《石倉歷代詩選》卷四百五十五著錄此詩。

次韻送陸文順僉憲

貴陽東望楚山〔一〕平，無奈天涯又送行。杯酒豫期〔二〕傾蓋日，封書煩慰倚門情〔三〕。心馳魏闕〔四〕星辰迥〔五〕，路繞鄉山草木榮。京國交遊零落盡，空將秋月寄猿聲。

【編年】

此詩正德四年（1509）作於貴州貴陽。

【校注】

〔一〕楚山：泛指湖南、湖北之山。

〔二〕豫期：也作預期，期望之意。

〔三〕倚門情：《戰國策‧齊策六》：「王孫賈年十五，事閔王。王出走，失王之處。
　　　其母曰：『女朝出而晚來，則吾倚門而望；女暮出而不還，則吾倚閭而望。』」
　　　後因以「倚門」或「倚閭」謂父母望子歸來之心殷切。

〔四〕魏闕：古代宮門外兩邊高聳的樓觀，樓觀下常為懸布法令之所。此處借指朝
　　　廷。《莊子‧讓王》：「身在江海之上，心居乎魏闕之下。」唐‧嚴維《書情獻
　　　相公》：「魏闕望來何日見，商歌奏罷復誰聽？」

〔五〕迴：遙遠。

次韻陸僉憲病起見寄

　　一賦歸來〔一〕不願餘，文園〔二〕多病滯相如。籬邊竹笋青應滿，洞
口桃花紅自舒。荷蕢有心還擊磬〔三〕，周公無夢欲刪書〔四〕。雲間〔五〕
憲伯〔六〕能相慰，尺素長題問謫居。

【編年】

　　此詩正德四年（1509）作於貴州貴陽。

【校注】

〔一〕歸來：即東晉陶潛所作《歸去來兮辭》。五代‧梁震《荊臺道院》：「桑田一變
　　　賦歸來，爵祿焉能浼我哉！」

〔二〕文園：司馬相如曾經擔任文園令。詳見前注「茂陵多病」。唐‧杜甫《贈李八
　　　祕書別三十韻》：「文園多病後，中散舊交疏。」唐‧杜牧《為人題》：「文園
　　　終病渴，休詠白頭吟。」

〔三〕荷蕢有心還擊磬：《論語‧憲問》：「子擊磬於衛，有荷蕢而過孔氏之門者曰：
　　　『有心哉，擊磬乎！』既而曰：『鄙哉，硜硜乎！莫己知也，斯己而已矣。深
　　　則厲，淺則揭。』」

〔四〕周公無夢欲刪書：《論語‧述而》：「子曰：『甚矣吾衰也，久矣吾不復夢見周
　　　公。』」相傳孔子晚年刪《詩》，序《書》。此處陽明頗有多病年衰之義。

〔五〕雲間：指遙遠的地方。也可理解為上級與下級的差距，尊稱陸僉憲之高位。
　　　此處陽明剛剛病愈，收到了長官的慰問，心中十分感激。

〔六〕憲伯：陽明對陸僉憲的尊稱。古時下級對上級稱「憲」，對掌管一方的長官
　　　稱「伯」。

次韻胡少參見過

旋管〔一〕小酌典〔二〕春裘〔三〕，佳客真慚竟日留。長怪嶺雲迷楚望，忽聞吳語破鄉愁。鏡湖〔四〕自昔堪歸老，杞國何人獨抱憂〔五〕！莫訝臨花倍惆悵，賞心原不在枝頭。

【編年】

此詩正德四年（1509）作於貴州貴陽。

【校注】

〔一〕旋管：提筆揮豪。

〔二〕典：典賣、典當。

〔三〕春裘：初春乍暖還寒的時候穿的禦寒的皮衣。裘，用毛皮製成的禦寒衣服。

〔四〕鏡湖：也作鑒湖。《雍正浙江通志》：「鏡湖，《名勝志》：在城南三里，一名鑑湖。任昉《述異記》：軒轅氏鑄鏡，湖邊或云黃帝獲寶鏡於此。又云本王羲之語：『山陰路上行，如在鏡中游。』」此處代指陽明的故鄉。唐·李白《越女詞》其五：「鏡湖水如月，耶溪女如雪。」

〔五〕杞國何人獨抱憂：《列子·天瑞》：「杞國有人憂天地崩墜，身亡所寄廢寢食者，又有憂彼之所憂者，因往曉之曰：『天積氣耳！亡處亡氣，若屈伸呼吸。終日在天中行止，奈何憂崩墜乎？』」此句陽明自嘲是杞人憂天，表達了對朝事的關心。

【著錄】

明·曹學佺編《石倉歷代詩選》卷四百五十五著錄此詩。

雪中桃次韻

雪裏桃花強自春，蕭疏終覺損精神〔一〕。卻慚幽竹節逾勁〔二〕，始信寒梅骨自真〔三〕。遭際本非甘冷淡，飄零須信委風塵〔四〕。從來此事還希闊〔五〕，莫怪臨軒賞更新〔六〕。

【編年】

此詩正德四年（1509）作於貴州貴陽。

【校注】

〔一〕精神：風采神韻。

〔二〕勁：堅韌。

〔三〕真：正。〈古詩十九首・今日良宴會〉：「令德唱高言，識曲聽其真。」唐・李善注：「真，猶正也。」

〔四〕委風塵：委身於平庸的世俗之中。

〔五〕希闊：也作稀闊，罕見、少見。宋・范成大《重九獨坐玉麟堂》：「人生笑口真希闊，況值官忙閔雨時。」宋・楊萬里《和馬公弼夜雨》：「都人得此正希闊，遠客翻然成寂寥。」

〔六〕更新：除舊布新，此處指雪中盛開的桃花。

舟中除夕二首

【編年】

此詩正德五年（1510）作於赴廬陵任上。

其一

扁舟除夕尚窮途，荊楚還憐俗未殊。處處送神懸楮馬〔一〕，家家迎歲換桃符〔二〕。江醪〔三〕信薄聊相慰，世路多歧謾自籲！白髮頻年傷遠別，彩衣〔四〕何日是庭趨？

【校注】

〔一〕楮馬：即紙糊的假馬。《嘉靖常德府志・風俗》：「以草為船，實以紙馬，送至江滸焚之，謂之禳災。」

〔二〕桃符：古代掛在大門上的兩塊畫著神荼、鬱壘二神的桃木。唐・徐堅《初學記・果木部》：「桃者，五木之精也。故厭伏邪氣，制百鬼。故今人作桃符著門以厭邪，此仙木也。」

〔三〕江醪：即江米酒。宋・黃庭堅《次韻師厚食蟹》：「海饌糖蟹肥，江醪白蟻醇。」

〔四〕彩衣：即斑衣戲蝶之典，見前注。

其二

遠客天涯又歲除〔一〕，孤航隨處亦吾廬。也知世上風波滿，還戀山中木石居。事業無心從齒髮，親交多難絕音書，江湖未就新春計，夜半樵歌忽起予〔二〕。

【校注】

〔一〕歲除：年末、年終。舊俗於臘歲（冬至後三戌之後）前一日擊鼓驅疫，謂之逐除，故謂歲除。唐・孟浩然《歲暮歸南山》：「白髮摧年老，青陽逼歲除。」

唐·賈島《送于中丞使回紇冊立》：「旌旗來往幾多日，應向途中見歲除。」

〔二〕起予：得到啟發。《論語·八佾》：「子曰：『起予者商也，始可與言詩已矣。』」

淑浦山〔一〕夜泊

淑浦山邊泊，雲間見驛樓。灘聲回遠樹，崖影落中流。柳放〔二〕新年綠，人歸隔歲舟。客途時極目〔三〕，天北〔四〕暮陰愁。

【編年】

此詩正德五年（1510）作於湖南漵浦。

【校注】

〔一〕淑浦山：應為漵浦山，在今湖南漵浦縣。《光緒湖南通志》：「漵浦，上武德五年，析辰溪，置个縣。」

〔二〕放：綻放，綻開。宋·韓維《登湖光亭》：「翠痕滿地初生草，紅氣通林未放花。」

〔三〕極目：用盡目力遠望。三國·魏·王粲《登樓賦》：「平原遠而極目兮，蔽荊山之高岑。」唐·杜甫《自京赴奉先縣詠懷五百字》：「群水從西下，極目高崒兀。」

〔四〕天北：北方，此處指京城。

過江門崖〔一〕

三年謫宦沮蠻氛，天放扁舟下楚雲〔二〕。歸信應先春雁到，開心期與白鷗群。晴溪欲轉新年色，蒼壁多遺古篆文〔三〕。此地從來山水勝，它時回首憶江門。

【編年】

此詩正德五年（1510）作於湖南江門崖。

【校注】

〔一〕江門崖：待考查。

〔二〕下楚雲：因從西自東是從高往下順流而下，好像從雲中穿過。

〔三〕篆文：即古篆體字。指摩崖上多用篆體石刻。

【著錄】

明·曹學佺編《石倉歷代詩選》卷四百五十五著錄此詩。

辰州〔一〕虎溪〔二〕龍興寺〔三〕聞楊名父〔四〕將到留韻壁間

杖藜一過虎溪頭，何處僧房是惠休〔五〕？雲起峰頭沉閣影，林疏地底見江流。煙花日暖猶含雨，鷗鷺春閒欲滿洲。好景同來不同賞，詩篇還為故人留。

【編年】

此詩正德五年（1510）作於湖南辰州。

【校注】

〔一〕辰州：即辰州府。《光緒湖南通志》：「辰州府，屬湖廣布政使司，本朝因之。」

〔二〕虎溪：即虎溪山。《光緒湖南通志》：「虎溪山，在縣西二里，虎溪水出焉。上有陽明書院，明王守仁講學處。」《光緒湖南通志‧人物志》：「王守仁，餘姚人，正德初以兵部主事，謫貴州龍場驛丞，道出辰州，愛虎谿山之勝，宿僧房彌月，名其軒曰松雲。沅陵進士唐愈賢從之遊。」

〔三〕龍興寺：應為隆興寺。《光緒湖南通志》：「隆興寺，在縣西虎谿山。舊志明王守仁虎谿隆興寺聞楊名父將到留韻壁間詩。」

〔四〕楊名父：即楊子器。明‧過庭訓《本朝分省人物考》：「楊子器，字名父，慈谿人。成化丙午經魁，明年丁未進士，除知崑山縣，以父憂去。弘治甲寅，起復知常熟縣，召拜吏部考功主事。正德丙寅，轉驗封員外郎，尋陞郎中。又四年，遷湖廣參議。」

〔五〕惠休：南朝宋僧。南朝‧梁‧沈約《宋書‧徐湛之傳》：「時有沙門釋惠休，善屬文，辭采綺豔，湛之與之甚厚。世祖命使還俗，本姓湯位，至揚州從事史。」其詩受民歌影响多寫儿女之情，詩風清新流暢，頗具情致。

【著錄】

明‧曹學佺編《石倉歷代詩選》卷四百五十五著錄此詩。

武陵〔一〕潮音閣〔二〕懷元明

高閣憑虛〔三〕臺十尋，卷簾疏雨動微吟。江天雲鳥自來去，楚澤風煙〔四〕無古今。山色漸疑衡嶽〔五〕近，花源欲問武陵深。新春尚沮東歸楫，落日誰堪話此心？

【編年】

此詩正德五年（1510）作於湖南武陵。

【校注】

〔一〕武陵：在今之常德市。《嘉靖常德府志》：「武陵，《漢書》劉昭注云：晉太守趙厥問主簿潘京曰：『貴郡何以名？』武陵京曰：『鄙郡本名義陵，在辰陽縣界，與夷相接，為所攻破。光武時，移東出，遂得見全，共議易號傳曰：止戈。為武高平曰陵，於是改名焉。』」

〔二〕潮音閣：《光緒湖南通志》：「潮音閣，在寓賢閣右。舊志明王守仁潮音閣詩。」

〔三〕憑虛：凌空、無所依託。指閣樓之高。

〔四〕風煙：風光景色。唐·白居易《西湖留別》：「征途行色慘風煙，祖帳離聲咽管弦。」

〔五〕衡嶽：指衡山。晉·左思《吳都賦》：「指衡嶽以鎮野，目龍川而帶坰。」

【著錄】

明·曹學佺編《石倉歷代詩選》卷四百五十五著錄此詩。

閣中坐雨

臺下春雲及寺門，懶夫睡起正開軒。煙蕪〔一〕漲野平堤綠，江雨隨風入夜喧。道意〔二〕蕭疏慚歲月，歸心迢遞憶鄉園。年來身跡如漂梗〔三〕，自笑迂癡〔四〕欲手援〔五〕。

【編年】

此詩正德五年（1510）作於湖南常德。

【校注】

〔一〕煙蕪：指雲煙迷茫的草地。唐·權德輿《奉和李大夫九日龍沙宴會》：「煙蕪斂暝色，霜菊發寒姿。」

〔二〕道意：表示或傳達某種意願。

〔三〕漂梗：也作浮梗，漂浮的桃梗，指漂泊無依的境況。《戰國策·齊策三》：「有土偶人與桃梗相與語。桃梗謂土偶人曰：『子，西岸之土也，挺子以為人，至歲八月，降雨下，淄水至，則汝殘矣。』土偶曰：『不然。吾西岸之土也，土則復西岸耳。今子東國之桃梗也，削子以為人，降雨下，淄水至，流子而去，則子漂漂者將何如？』唐·駱賓王《晚渡天山有懷京邑》：「旅思徒漂梗，歸期未及瓜。」

〔四〕迂癡：迂腐癡狂，不合時宜。

〔五〕欲手援：想以一己之力匡扶天下。典出《孟子·離婁上》：「天下溺援之以道，嫂溺援之以手，子欲手援天下乎？」

霽夜

雨霽僧堂鐘磬〔一〕清，春溪月色特分明。沙邊宿鷺寒無影，洞口流雲夜有聲。靜後始知群動妄〔二〕，閒來還覺道心〔三〕驚。問津久已慚沮溺〔四〕，歸向東皋〔五〕學耦耕〔六〕。

【編年】

此詩正德五年（1510）作於湖南常德。

【校注】

〔一〕鐘磬：古代兩種禮樂器，亦指佛教法器。唐·常建《題破山寺後禪院》：「萬籟此俱寂，但餘鐘磬音。」

〔二〕靜後始知群動妄：待詳解。

〔三〕道心：存天理、義理之心謂之道心。《尚書·大禹謨》：「人心惟危，道心惟微。」宋·蔡沈集傳：「心者，人之知覺，主於中而應於外者也。指其發於形氣者而言，則謂之人心，指其發於義理者而言，則謂之道心。」

〔四〕問津久已慚沮溺：《論語·微子》：「長沮桀溺耦而耕，孔子過之，使子路問津焉。長沮曰：『夫執輿者為誰？』子路曰：『為孔丘。』曰：『是魯孔丘與？』對曰：『是也。』曰：『是知津矣。』問於桀溺，桀溺曰：『子為誰？』曰：『為仲由。』曰：『是魯孔丘之徒與？』對曰：『然。』曰：『滔滔者，天下皆是也，而誰以易之。且而與其從避人之士，豈若從避世之士哉？』耰而不輟。」陽明用此典寓意天下久無可為人指點迷津的智者了。

〔五〕東皋：水邊向陽高地，泛指田園。三國·魏·阮籍《辭蔣太尉辟命奏記》：「方將耕於東皋之陽，輸黍稷之稅，以避當塗者之路。」晉·陶潛《歸園田居》其六：「種苗在東皋，苗生滿阡陌。」晉·潘岳〈秋興賦〉：「耕東皋之沃壤兮，輸黍稷之餘稅。」唐·李善注：「水田曰皋，東者，取其春意。」

〔六〕耦耕：二人並耕，泛指農事或務農。《禮記·月令》：「命農計耦耕事，脩耒耜，具田器。」晉·陶潛《辛丑歲七月赴假還江陵夜行塗口》：「商歌非吾事，依依在耦耕。」

【著錄】

清·彭孫貽輯《明詩鈔》卷九著錄此詩。

僧齋

盡日僧齋不厭閒，獨餘春睡得相關。簷前水漲遂無地，江外雲晴忽有山。遠客趁墟〔一〕招渡急，舟人曬網得魚還。也知世事終無補，亦復心存出處〔二〕間。

【編年】

此詩正德五年（1510）作於湖南常德。

【校注】

〔一〕趁墟：也作趁虛，趕集。墟，指鄉村市集。唐・柳宗元《柳州峒氓》：「青箬裹鹽歸峒客，綠荷包飯趁虛人。」宋・黃庭堅《上蕭家峽》：「趁虛人集春蔬好，桑菌竹萌煙蕨芽。」

〔二〕出處：謂出仕和隱退。宋・劉克莊《寄湯季庸待郎》：「高情常寄紛華外，晚節全觀出處間。」

德山寺〔一〕次壁間韻

乘興看山薄暮來，山僧迎客寺門開。雨昏碧草春申墓〔二〕，雲卷青峰善卷臺〔三〕。性愛煙霞終是僻〔四〕，詩留名姓不須猜。巖根老衲〔五〕成灰色，枯坐何年解結胎〔六〕？

【編年】

此詩正德五年（1510）作於湖南常德。

【校注】

〔一〕德山寺：泛指德山之上的寺廟，而非傳指。德山，又名善德山。《嘉靖常德府志》：「德山，府東南十五里。一名枉山，山有乾明寺、白龍井寺，後岡巒瞰江壁立名曰孤峰。」

〔二〕春申墓：《嘉靖常德府志》：「春申君墓在譙樓下，故不欲由之，此亦無稽之說。」可知，春申墓已不可尋，陽明經過只是感懷，並非實寫。

〔三〕善卷臺：《嘉靖常德府志》：「善德山上有善卷古壇並讀書臺。」善卷，上古隱逸之人。《莊子・讓王》：「舜以天下讓善卷，善卷曰：『余立於宇宙之中，冬日衣皮毛，夏日衣葛絺，春耕種形足以勞動，秋收斂身足以休食，日出而作，日入而息，逍遙於天地之間，而心意自得，吾何以天下為哉？悲夫子之不知余也。』遂不受，於是去而入深山，莫知其處。」

〔四〕性愛煙霞終是僻：生性喜愛遊山樂水，成為了一大癖好。煙霞，指山水等自然景觀。唐・王仲舒《寄李十員外》：「唯愁又入煙霞去，知在廬山第幾重。」

〔五〕老衲：多用於老僧自稱，此處指年老的僧人。唐・戴叔倫《題橫山寺》：「老衲供茶碗，斜陽送客舟。」

〔六〕結胎：道教術語，即結聖胎。

沅江晚泊二首

【編年】

此詩正德五年（1510）作於湖南沅江。

其一

去時煙雨沅江暮，此日沅江暮雨歸。水漫遠沙村市改，泊依舊店主人非。草深廨宇〔一〕無官住，花落僧房有鳥啼。處處春光蕭索甚，正思荊棘掩巖扉。

【校注】

〔一〕廨宇：指官舍、官署。唐・孟浩然《同獨孤使君東齋作》：「廨宇宜新霽，田家賀有秋。」

其二

春來客思獨蕭騷〔一〕，處處東田沒野蒿。雷雨滿江喧日夜，扁舟經月住風濤。流民失業乘時橫〔二〕，原獸〔三〕爭群薄暮號。卻憶鹿門棲隱地，杖藜壺榼餉東皋。

【校注】

〔一〕蕭騷：原指風吹樹林的颯颯聲，此處指陽明的心緒波動。

〔二〕流民失業乘時橫：失去了本業的農民成為了流寇，趁著動蕩之時肆意任為。《管子・四時》：「禁遷徙，止流民，圉分異。」流民，即失去土地，不斷遷徙流動的民眾。橫，放縱、蠻橫。

〔三〕原獸：即野獸。《左傳・襄公四年》：「不脩民事，而淫於原獸。」唐・錢起《漢武出獵》：「且貪原獸輕黃屋，寧畏漁人犯白龍。」

夜泊江思湖憶元明

扁舟泊近漁家晚，茅屋深環柳港清。雷雨驟開江霧散，星河〔一〕不

動暮川平。夢回客枕人千里，月上春堤夜四更。欲寄愁心無過雁，披衣坐聽野雞鳴。

【編年】

　　此詩正德五年（1510）作於沅江之上。

【校注】

　〔一〕星河：銀河。南朝·齊·張融《海賦》：「渱轉則日月似驚，浪動而星河如覆。」唐·王昌齡《蕭駙馬宅花燭》：「可憐今夜千家里，銀漢星河一道通。」唐·杜甫《閣夜》：「五更鼓角聲悲壯，三峽星河影動搖。」

【著錄】

　　清·彭孫貽輯《明詩鈔》卷九、清·張豫章輯《四朝詩》卷七十八著錄此詩。

睡起寫懷

　　江日熙熙〔一〕春睡醒，江雲飛盡楚山青。閒觀物態〔二〕皆生意，靜悟天機〔三〕入窅冥〔四〕。道在險夷隨地樂〔五〕，心忘魚鳥自流形〔六〕。未須更覓羲唐〔七〕事，一曲滄浪擊壤〔八〕聽。

【編年】

　　此詩正德五年（1510）作於湖南。

【校注】

　〔一〕熙熙：光明溫暖的樣子。

　〔二〕物態：指景物。唐·張旭《山行留客》：「山光物態弄春輝，莫為輕陰便擬歸。」

　〔三〕天機：造化的奧秘。宋·陸游《醉中草書因戲作此詩》：「稚子問翁新悟處，欲言直恐泄天機。」

　〔四〕窅冥：深遠、遠空。指悟得一種與天地合的境界。

　〔五〕此句謂無論艱難或順利，陽明都能根據外部環境調整自己的心態。《禮記》：「君子素其位而行，不願乎其外。素富貴行乎富貴，素貧賤行乎貧賤，素夷狄行乎夷狄，素患難行乎患難，君子無入而不自得焉。」

　〔六〕流形：謂萬物受自然之滋育而運動變化其形體。《周易·乾卦》：「雲行雨施，品物流形。」

　〔七〕羲唐：即伏羲和唐堯。南朝·宋·謝靈運〈初去郡〉詩：「即是羲唐化，獲我

擊壤聲。」唐・李善注：「羲，庖羲也。唐，唐堯也。」

〔八〕擊壤：即《擊壤歌》。漢・王充《論衡・藝增》：「傳曰：有年五十擊壤於路者，
觀者曰：『大哉，堯德乎！』擊壤者曰：『吾日出而作，日入而息，鑿井而
飲，耕田而食，堯何等力！』」元・馬端臨《文獻通考・樂考》：「擊壤，壤之
為器，以木為之，形如覆節，長一寸餘，前廣後銳，童子之樂也。與堯時擊
壤而歌者異矣。」

三山晚眺

南望長沙杳靄中，鵝羊〔一〕只在暮雲東。天高雙櫓哀明月，江闊千
帆舞逆風。花暗漸驚春事晚，水流應與客愁窮。北飛亦有衡陽雁，上苑
封書〔二〕未易通。

【編年】

此詩正德五年（1510）作於湖南鵝羊山。

【校注】

〔一〕鵝羊：即鵝羊山。《嘉靖長沙府志》：「鵝羊，在縣北二十里，成少卿昇化之
所，七十二福地之第二十二也。山石如鵝如羊，故名。」

〔二〕封書：指密封的奏章。

【著錄】

清・錢謙益輯《列朝詩集》丙集卷四著錄此詩。

鵝羊山

福地〔一〕相傳楚水阿〔二〕，三年春色兩經過。羊亡但有初平石〔三〕，
書罷誰籠道士鵝〔四〕。禮斗壇〔五〕空松影靜，步虛臺〔六〕迥月明多。巖
房一宿猶緣薄，遙憶開雲住薛蘿〔七〕。

【編年】

此詩正德五年（1510）作於湖南鵝羊山。

【校注】

〔一〕福地：指神仙居住之處。道教有七十二福地之說，舊時常以稱道觀寺院。

〔二〕阿：（山、水或其他的）彎曲處，曲隅。屈原《楚辭九歌・少司命》：「與女沐
兮咸池，晞女髮兮陽之阿。」漢・王逸注：「阿，曲隅，日所行也。」

〔三〕羊亡但有初平石：晉・葛洪《神仙傳》：「皇初平者，丹谿人也。年十五而家使牧羊，有道士見其良謹，使將至金華山石室中四十餘年，忽然不復念家。其兄初起入山索初平，歷年不能得見，後在市中有道士善卜，乃問之曰：『吾有弟名初平，因令牧羊，失之。今四十餘年，不知死生所在，願道君為占之。』道士曰：『金華山中有一牧羊兒，姓皇名初平，是卿弟非耶？』初起聞之驚喜，即隨道士去尋求，果得相見，兄弟悲喜，因問弟曰：『羊皆何在？』初平曰：『羊近在山東。』初起往視，了不見羊，但見白石無數，還謂初平曰：『山東無羊也。』初平曰：『羊在耳，但兄自不見之。』初平便乃俱往看之，乃叱曰羊起，於是白石皆變為羊數萬頭。」

〔四〕書罷誰籠道士鵝：《晉書・王羲之傳》：「山陰有一道士，養好鵝，羲之往觀焉，意甚悅，固求市之。道士云：『為寫《道德經》，當舉群相贈耳。』羲之欣然寫畢，籠鵝而歸，甚以為樂。」

〔五〕禮斗壇：道人為禮拜北斗星而設之壇。禮斗，又稱拜斗，道教祈禱的一種。

〔六〕步虛臺：道士唱經禮贊的高臺。步虛，即步虛詞，道教唱經禮贊之頌詞。南北朝・劉敬叔《異苑》：「陳思王曹植嘗登魚山，臨東阿，忽聞巖岫裏有誦經聲，清通深亮，遠谷流響，肅然有靈氣，不覺斂衿祗敬，便有終焉之志，帛效而則之。今之梵唱，皆植依擬所造一云。陳思王遊山，忽聞空裏誦經聲，清遠遒亮，解音者則而寫之，為神仙聲。道士效之，作步虛聲也。」唐・王建《贈王處士》：「道士寫將行氣法，家童授與步虛詞。」

〔七〕薜蘿：指薜荔和女蘿，兩者皆野生植物，常攀緣於山野林木或屋壁之上。屈原《楚辭九歌・山鬼》：「若有人兮山之阿，被薜荔兮帶女蘿。」漢・王逸注：「女蘿，兔絲也。言山鬼仿佛若人，見於山之阿，被薜荔之衣，以兔絲為帶也。」此處借指隱居之地。唐・韓偓《雪中過重湖信筆偶題》：「道方時險擬如何，謫去甘心隱薜蘿。」

泗州寺〔一〕

淥水〔二〕西頭泗洲寺，經過轉眼又三年。老僧熟認直呼姓，笑我清癯〔三〕只似前。每有客來看宿處，詩留佛壁作燈傳〔四〕。開軒掃榻還相慰，慚愧維摩〔五〕世外緣。

【編年】

此詩正德五年（1510）作於湖南長沙泗州寺。

【校注】

〔一〕泗州寺：《嘉慶大清一統志》：「泗州寺，在醴陵縣西，一名崇林寺，唐建。亦王守仁講學地。」

〔二〕淥水：即淥江。《嘉慶大清一統志》：「淥江，在醴陵縣南，源出江西袁州府萍鄉縣，西流入縣界，又西流入湘潭縣，東南入湘水，一名漉水，又名淥水。」

〔三〕清癯：清瘦、消瘦。

〔四〕燈傳：即傳燈。佛法如明燈，能破除黑暗。唐·靈一《靜林精舍》：「燈傳三世火，樹老萬株松。」唐·劉禹錫《送僧元暠南遊》：「傳鐙已悟無為理，濡露猶懷罔極情。」

〔五〕維摩：即維摩詰的簡稱。佛門之外人稱為世外之人，故後句稱世外緣。

再經武雲觀〔一〕書林玉璣〔二〕道士壁

碧山道士曾相約，歸路還來宿武雲。月滿仙臺依鶴侶〔三〕，書留蒼壁看鵝群〔四〕。春巖多雨林芳淡，暗水穿花石溜分。奔走連年家尚遠，空餘魂夢到柴門〔五〕。

【編年】

此詩正德五年（1510）作於江西江西萍鄉。

【校注】

〔一〕武雲觀：在萍鄉。

〔二〕林玉璣：待考。

〔三〕鶴侶：以鶴為伴。唐·盧綸《諷金部王郎中省中春日見寄》：「鶴侶正宜芳景引，玉人那為簿書沈。」宋·梅堯臣《同道損世則元輔遊西湖於卞氏借雙鶴以觀》：「想像華亭墅，但欠鳴鶴侶。」

〔四〕鵝群：即鵝群帖。

〔五〕柴門：簡陋的木門，指貧寒之家。此處陽明指自己的家。唐·杜甫《絕句漫興九首》其六：「懶慢無堪不出村，呼兒自在掩柴門。」

再過濂溪祠〔一〕用前韻

曾向圖書識面真，半生長自愧儒巾〔二〕。斯文〔三〕久已無先覺〔四〕，聖世今應有逸民〔五〕。一自支離〔六〕乖〔七〕學術，競將雕刻〔八〕費精神。瞻依〔九〕多少高山意〔十〕，水漫蓮池長綠蘋〔十一〕。

【編年】

此詩正德五年（1510）作於江西萍鄉。

【校注】

〔一〕濂溪祠：周敦頤祠。《雍正江西通志》卷一百八：「周濂溪祠，在萍鄉蘆溪鎮。昔周子謫鎮監稅，名士多從之遊，後人遂立祠於鎮之橋東。」

〔二〕儒巾：古代儒生所戴的一種頭巾。明代通稱方巾，為生員的服飾。

〔三〕斯文：指禮樂教化、典章制度。《論語·子罕》：「天之將喪斯文也，後死者不得與於斯文也。」

〔四〕先覺：指智者、先知之人。《孟子·萬章上》：「天之生此民也，使先知覺後知，使先覺覺後覺也。」

〔五〕逸民：指有德而遁世隱居的人。《論語·微子》：「逸民：伯夷、叔齊、虞仲、夷逸、朱張、柳下惠、少連。」何晏集解：「逸民者，節行超逸也。」

〔六〕支離：分散、分裂。

〔七〕乖：違背。

〔八〕雕刻：指刻意修飾文辭。唐·杜甫《寄劉峽州伯華使君》：「雕刻初誰料，纖毫欲自矜。」

〔九〕瞻依：瞻仰依恃，表示對尊長的敬意。《詩經·小雅·小弁》：「靡瞻匪父，靡依匪母。」漢·鄭玄箋：「此言人無不瞻仰其父取法則者，無不依恃其母以長大者。」

〔十〕高山意：《詩經·小雅·車舝》：「高山仰止，景行行止。」後用以謂崇敬仰慕。

〔十一〕綠蘋：水中綠色的浮萍。唐·杜審言《和晉陵陸丞早春遊望》：「淑氣催黃鳥，晴光轉綠蘋。」唐·溫庭筠《春日訪李十四處士》：「一局殘棋千點雨，綠蘋池上暮方還。」